丛书编委会

主编 思 美

编委（以姓氏笔画为序）

于爱军　石惠文　付西猛　成　奇
成　虎　刘海生　孙有进　李中臣
吴成刚　赵冬冰　段廉洁　费清天
徐心悦　徐志华　徐建伟　徐森林
黄达鹏　章青海　梁　乐　梁海英
彭　泽　满　涛　颜胤豪

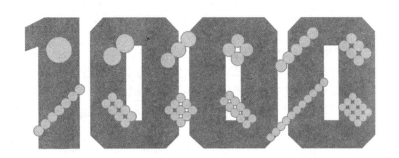

初中数学千题解

主编 思 美

代数综合与圆

段廉洁 赵冬冰 章青海 彭 泽 编

中国科学技术大学出版社

内容简介

《初中数学千题解》是"浙江思美数学"团队为初中学生与数学教师量身打造的精品丛书.本分册由代数综合 100 题和圆 100 题及其解析组成.前者包括数与式、方程与不等式、函数与代数综合以及数论等内容;后者包括圆与折叠、圆与相似、圆中的动点问题、隐形圆问题、圆幂定理相关拓展、圆的综合等内容.书中题目都有详解,并设"思路点拨"栏目,使学生不仅知其然,更知其所以然.

书中题目精选自全国各地知名中学的经典考题,具有很高的实战价值,同时兼顾重点高中的自主招生考试,个别习题难度较大,适合尖子生研习.

图书在版编目(CIP)数据

代数综合与圆/段廉洁等编.—合肥:中国科学技术大学出版社,2020.6(2023.10 重印)
(初中数学千题解/思美主编)
ISBN 978-7-312-04948-4

Ⅰ.代… Ⅱ.段… Ⅲ.中学数学课—初中—题解—升学参考资料 Ⅳ.G634.605

中国版本图书馆 CIP 数据核字(2020)第 071930 号

出版	中国科学技术大学出版社
	安徽省合肥市金寨路 96 号,230026
	http://press.ustc.edu.cn
	https://zgkxjsdxcbs.tmall.com
印刷	合肥市宏基印刷有限公司
发行	中国科学技术大学出版社
经销	全国新华书店
开本	787 mm×1092 mm 1/16
印张	18.75
字数	378 千
版次	2020 年 6 月第 1 版
印次	2023 年 10 月第 5 次印刷
印数	16001—20000 册
定价	48.00 元

总　　序

相遇,是多么动人的词语.茫茫人海中,我们因数学而相识,因数学而结缘.

2017年5月,我被邀请加入"浙江思美数学"微信群,里面汇聚了来自全国各地的近500位数学精英,有大咖,有职业教练,有一线数学教师,也有狂热的业余爱好者.虽然与他们未曾谋面,也与他们有着不同的背景和学历,我却特别感动,因为他们有诚挚的心,以及发自内心的对数学的痴迷和执着的追求,怀揣原创初中数学题的梦想,踏上了兢兢业业研发高端品牌教辅的创作之路.

数学之缘让一切等待不再是等待,因为这些数学爱好者选择了数学研究,一生因数学而生.他们大多数来自一线,从事过多年的数学教育培训,了解学生对数学知识的需求,掌握初中数学命题的规律,善于抓住数学教学中的重点,并巧妙攻克疑难问题.他们针对一线教学中遇到的问题,进行系统总结,摸索出一套解题方法,以题与解的形式呈现给读者.丛书定名为《初中数学千题解》,共分6册:《全等与几何综合》《反比例与最值问题》《二次函数与相似》《一次函数与四边形》《代数综合与圆》《中考压轴题》.丛书拒绝目前一些教辅图书粗制滥造的编写模式,每个题目都经过编者的精心研究,抓住中考数学难题的考查方向,以专题的形式深度剖析解题过程,从不同的角度给学生全程全方位的辅导,希望能够帮助学生从实践运用中找到突破口,寻找问题本质,发散数学思维,提升解题技能.书中的题目解法别致,精彩美妙,令人不禁感叹"高手在民间",相信它一定会给读者一种茅塞顿开之感,帮助读者从中领略到数学之美.

值此新书发行之际,我想对《初中数学千题解》说:"遇见你是广大读者的缘.祝贺浙江思美数学团队!希望你们为数学教育做出更大的努力和贡献."

2019年6月

前　言

本书是《初中数学千题解》的第 4 册.前 3 册《全等与几何综合》《反比例与最值问题》《二次函数与相似》的销量和口碑都很不错,编者备受鼓舞,马不停蹄地投入新书的创作,力求精益求精,使其成为学生学习数学的好帮手.

本书分为 4 个部分,由代数综合 100 题和圆 100 题及其解析组成,紧扣课程标准,突出重点,注重启发引导、抽丝剥茧,提升学生的构思能力和解题能力.本书解析细致,推理严谨,通过思路点拨,一定会让学生面对数学问题时豁然开朗.

本书也特别适合作为初中生中考、自主招生考试数学学科的教学辅导书.书中各章节知识点经过精心打磨,直剖问题本质,不仅破解了各类疑难问题,同时引导设问,循循善诱,使读者面对各类疑难问题时能够寻根究底.

我们希望这本书可以带给广大初中学子成功的体验,帮助大家领略"波澜壮阔之势,运筹帷幄之能,对称和谐之美,茅塞顿开之境".

我们特别感谢中国科学技术大学苏淳教授对晚辈们的鼓励与支持,也非常感谢参与教研的广大数学题友,欢迎读者朋友加入 QQ 群 731330929 讨论交流.

书中可能存在不足与错误之处,望广大读者批评指正!

编　者
2020 年 3 月

目 录

总序   I

前言   III

第一部分　代数综合100题   001

第二部分　代数综合100题解析   043

第三部分　圆100题   111

第四部分　圆100题解析   169

第一部分　代数综合100题

1. 已知 $abc \neq 0$,且 $\dfrac{a+b-c}{c} = \dfrac{a-b+c}{b} = \dfrac{-a+b+c}{a}$,求 $\dfrac{(a+b)(b+c)(a+c)}{abc}$ 的值.

2. 如果 $a+b+|\sqrt{c-1}-1| = 4\sqrt{a-2} + 2\sqrt{b+1} - 4$,求 $a+2b-3c$ 的值.

3. 实数 a,b 满足 $\sqrt{a^2-2a+1} + \sqrt{25-10a+a^2} = 10-|b+4|-|b-2|$,求 a^2+b^2 的最大值.

4. 已知 a,b,c 均为正整数,且 $a^5=b^4, c^3=d^2, a-c=65$,求 $b-d$ 的值.

5. 已知 $a=-\dfrac{2020\times 2020-2020}{2019\times 2019+2019}, b=-\dfrac{2021\times 2021-2021}{2020\times 2020+2020}, c=-\dfrac{2022\times 2022-2022}{2021\times 2021+2021}$,求 abc 的值.

6. 已知 a,b,c 是不为零的实数,且 $\dfrac{ab}{a+b}=\dfrac{1}{3}, \dfrac{bc}{b+c}=\dfrac{1}{4}, \dfrac{ca}{c+a}=\dfrac{1}{5}$,求 $\dfrac{abc}{ab+bc+ca}$ 的值.

7. 已知 $6^x = 32^y = 192$,求 $(-2019)^{(x-1)(y-1)-2}$ 的值.

8. 已知 $\dfrac{x}{b+c-a} = \dfrac{y}{c+a-b} = \dfrac{z}{a+b-c}$,求 $(b-c)x + (c-a)y + (a-b)z$ 的值.

9. 已知 $a^2 - 3a - 1 = 0$,求 $a^6 + 120a^{-2}$ 的值.

10. 已知 $(a-2019)^2+(2020-a)^2=5$，求 $(a-2019)(a-2020)$ 的值.

11. 已知 $\sqrt{19-x^2}-\sqrt{15-x^2}=2$，求 $\sqrt{19-x^2}+\sqrt{15-x^2}$ 的值.

12. 在有理数范围内分解因式：$(6x-1)(4x-1)(3x-1)(x-1)+9x^4$.

13. 如果 $|a-b|=1, |b+c|=1, |a+c|=2$，求 $|a+b+2c|$ 的值.

14. 已知 $\dfrac{1}{x} - |x| = 1$，求 $\dfrac{1}{x} + |x|$ 的值.

15. 已知 a, b, x, y 都为实数，且 $y + |\sqrt{x} - 2| = 1 - a^2$，$|x-4| = 3y - 3 - b^2$，求 $a + b + x + y$ 的值.

16. x, y 为有理数,求 $|x+y-2|+|x+2y-1|+|x-3y+4|$ 的最小值.

17. 已知 b 为正数,a 为 b 的小数部分,且 $a^2+b^2=27$,求 ab 的值.

18. 已知 a, b, c, d 是四个不同的实数,且 $(b+d)(b+a)=1$,$(c+d)(c+a)=1$,求 $(b+d)(c+d)$ 的值.

19. 已知 $x>0, y>0, x^2+y^2=24, (\sqrt{x}+\sqrt{y})^4+(\sqrt{x}-\sqrt{y})^4=180$,求 xy 的值.

20. 已知 $3x^4-30x^3+77x^2-10x-5=0$ 且 $x\geqslant 5$,求 x^2-5x 的值.

21. 已知实数 x,y 满足 $(2x+1)^2+y^2+(y-2x)^2=\dfrac{1}{3}$,求 $x+y$ 的值.

22. 已知 x, y, z 都是整数,且 $x + y + z = 3$,$x^3 + y^3 + z^3 = 3$,求 $x^2 + y^2 + z^2$.

23. 已知 $abc = 1, a + b + c = 2, a^2 + b^2 + c^2 = 3$,求 $\dfrac{1}{ab+c-1} + \dfrac{1}{bc+a-1} + \dfrac{1}{ca+b-1}$ 的值.

24. 已知 $x = \sqrt{19 - 8\sqrt{3}}$,求代数式 $\dfrac{x^4 - 6x^3 - 2x^2 + 18x + 23}{x^2 - 8x + 15}$ 的值.

25. 已知实数 x, y 满足 $x^2 - 2x + 4y = 5$,求 $x + 2y$ 的最大值.

26. 设实数 x, y, z 满足 $x + y + z = 1$,求 $M = xy + 2yz + 3xz$ 的最大值.

27. 若 $y = \sqrt{x^2 - 2x + 2} + \sqrt{x^2 - 4x + 13}$,求 y 的最小值.

28. 整数 $x, y, z, x \leqslant y \leqslant z$, 满足 $\begin{cases} |x+y| + |y+z| + |z+x| = 4 \\ |x-y| + |y-z| + |z-x| = 2 \end{cases}$, 求 $x^2 + y^2 + z^2$.

29. 设方程 $x^2 + x - 1 = 0$ 的两个根分别是 α 和 β, 求下列代数式的值:

(1) $2\alpha^2 + 5\alpha - 2 + \dfrac{3}{\alpha^2 - 1}$;

(2) $(\alpha^3 + \alpha + 3)(\beta^3 + \beta + 3)$;

(3) $4\alpha^5 + 10\beta^3$.

30. 实数 $a \neq b$, 且满足 $(a+1)^2 = 3 - 3(a+1)$, $3(b+1) = 3 - (b+1)^2$, 求 $b\sqrt{\dfrac{b}{a}} + a\sqrt{\dfrac{a}{b}}$ 的值.

31. 设实数 a,b 满足 $a^2(b^2+1)+b(b+2a)=40$,$a(b+1)+b=8$,求 $\dfrac{1}{a^2}+\dfrac{1}{b^2}$ 的值.

32. 如果关于 x 的方程 $x^2+kx+\dfrac{3}{4}k^2-3k+\dfrac{9}{2}=0$ 的两个实数根分别为 x_1,x_2,求 $\dfrac{x_1^{2018}}{x_2^{2019}}$ 的值.

33. 方程 $x^2+ax+b=0$ 的两根为 x_1,x_2,且 $x_1+x_2=x_1^2+x_2^2=x_1^3+x_2^3$,求有序实数对 (a,b).

34. 如果关于 x 的方程 $x^2 - ax + a^2 - 3 = 0$ 至少有一个正根,求实数 a 的取值范围.

35. 已知关于 x 的方程 $\sqrt{x} = x + k$ 有两个不同的实数根,求实数 k 的取值范围.

36. 关于 x 的方程 $\dfrac{x^2}{x^2+1} - \dfrac{6|x|}{\sqrt{x^2+1}} + 2 - a = 0$ 有实数根,求 a 的取值范围.

37. 若满足 $\frac{1}{2} < x \leq 1$ 的任意实数 x，都能使不等式 $2x^3 - x^2 - mx > 2$ 成立，求实数 m 的取值范围．

38. 已知关于 x 的一元二次方程 $x^2 + \sqrt{a^2 + 2a + 2} \cdot x + (m+1) = 0$ 对任意的实数 a 均有实数根，求实数 m 的取值范围．

39. 不相等的正整数 p, q 使得关于 x 的方程 $x^2 - px + q = 0$ 和 $x^2 - qx + p = 0$ 都有两个正整数根，求 $|p - q|$ 的值．

40. 对于任意实数 k,方程 $(k^2+1)x^2-2(k+a)^2x+k^2+4k+b=0$ 总有一个根是 1. 求:
(1) 实数 a,b;
(2) 另一个根的取值范围.

41. 已知关于 x 的方程 $(x-1)(x^2-3x+m)=0$, m 为实数.
(1) 当 $m=4$ 时,求方程的根.
(2) 若方程的三个实根中恰好有两个实根相等,求 m 的值.
(3) 若方程的三个实根恰好能成为一个三角形的三边长,求 m 的取值范围.

42. 关于 x 的方程 $m^2x^2+(2m+3)x+1=0$ 的两个实根 α,β 互为倒数,方程 $x^2+2(a+m)x+2a-m^2+6m-4=0$ 有大于 0 且小于 2 的根. 求:
(1) $\alpha^2-\beta^2$ 的值;
(2) a 的取值范围.

43. 已知关于 x 的方程 $\dfrac{x^2+kx+3}{x-1}=3x+k$.

(1) 存在两个不同的正实数解，求 k 的取值范围.

(2) 恰好只有一个正实数解，求 k 的取值范围.

44. 已知关于 x 的一元四次方程 $x^4+3x^3+(k+3)x^2+(k+2)x+k=0$ 有实数根，求 k 的取值范围.

45. 若只存在一个 x 值满足方程 $x^3+(1-2a)x^2+(a^2+a-3)x-a^2+a+1=0$，求 a 的取值范围.

46. 当 m 是什么实数时,方程 $x^2-4|x|+5=m$ 有 4 个互不相等的实数根?

47. 若方程 $(x^2-1)(x^2-4)=k$ 有 4 个非零实数根,且它们在数轴上对应的 4 个点等距排列,求实数 k 的值.

48. 关于 x 的方程 $(x+1)^2+\left(\dfrac{1}{x}+1\right)^2=a$ 有 4 个相异的实数根,求 a 的取值范围.

49. 设一元二次方程 $ax^2+bx+c=0(a\neq 0)$ 的两个根分别为 x_1,x_2,则 $ax^2+bx+c=a(x-x_1)(x-x_2)$,从而可得一元二次方程根与系数的关系:$x_1+x_2=-\dfrac{b}{a}$,$x_1x_2=\dfrac{c}{a}$.

(1) 根据以上信息,设三次方程 $ax^3+bx^2+cx+d=0(a\neq 0)$ 的三个根分别为 x_1,x_2,x_3,请推证一元三次方程根与系数的关系,即用系数 a,b,c,d 表示 $x_1+x_2+x_3$,$x_1x_2+x_1x_3+x_2x_3$,$x_1x_2x_3$ 的值.

(2) 若三次方程 $x^3+ax^2+bx+c=0$ 的三个根分别为 a,b,c,并且 a,b,c 是不全为零的整数,求 a,b,c 的值.

50. 已知 a,b 为实数,只有三个不同的 x 值满足方程 $|x^2+ax+b|=2$.

(1) 求 b 的最小值.

(2) 若满足该方程的三个不同的 x 值恰为一个三角形三内角的度数,求证:该三角形必有一个内角为 $60°$.

(3) 若满足该方程的三个不同的 x 值恰为一个直角三角形的三条边,求 a 和 b 的值.

51. 已知关于 x 的方程 $x^2-(2m-3)x+m-4=0$ 的两个根分别为 α_1,α_2,且满足 $-3<\alpha_1<-2,\alpha_2>0$,求 m 的取值范围.

52. 已知 m,n 是关于 x 的一元二次方程 $x^2-2tx+t^2-2t+4=0$ 的两个实数根,求 $(m+2)(n+2)$ 的最小值.

53. 已知 $m^2-2m-1=0,n^2+2n-1=0$ 且 $mn\neq 1$,则 $\dfrac{mn+n+1}{n}$ 的值为 _____.

54. 如果关于 x 的一元二次方程 $ax^2+bx+c=0$ 有两个实数根,且其中一个根为另一个根的 2 倍,则称这样的方程为"倍根方程".以下关于倍根方程的说法,正确的是 _____ (写出所有正确说法的序号).

① 方程 $x^2-x-2=0$ 是倍根方程.

② 若 $(x-2)(mx+n)=0$ 是倍根方程,则 $4m^2+5mn+n^2=0$.

③ 若点 (p,q) 在反比例函数 $y=\dfrac{2}{x}$ 的图像上,则关于 x 的方程 $px^2+3x+q=0$ 是倍根方程.

④ 若方程 $ax^2+bx+c=0$ 是倍根方程,且相异两点 $M(1+t,s),N(4-t,s)$ 都在抛物线 $y=ax^2+bx+c$ 上,则方程 $ax^2+bx+c=0$ 的一个根为 $\dfrac{5}{4}$.

55. 已知在关于 x 的分式方程 $\dfrac{k-1}{x-1}=2$ ①和一元二次方程 $(2-k)x^2+3mx+(3-k)n=0$ ②中,k,m,n 均为实数,方程①的根为非负数.

(1) 求 k 的取值范围.

(2) 当方程②有两个整数根 x_1,x_2,k 为整数,且 $k=m+2,n=1$ 时,求方程②的整数根.

(3) 当方程②有两个实数根 x_1,x_2,满足 $x_1(x_1-k)+x_2(x_2-k)=(x_1-k)(x_2-k)$,且 k 为负整数时,试判断 $|m|\leqslant 2$ 是否成立,请说明理由.

56. 已知关于 x 的一元二次方程 $x^2+2x-m^2-m=0(m>0)$,当 $m=1,2,3,\cdots,2019$ 时,相应的一元二次方程的两个根分别记为 $\alpha_1,\beta_1;\alpha_2,\beta_2;\cdots;\alpha_{2019},\beta_{2019}$. 求 $\dfrac{1}{\alpha_1}+\dfrac{1}{\beta_1}+\dfrac{1}{\alpha_2}+\dfrac{1}{\beta_2}+\cdots+\dfrac{1}{\alpha_{2019}}+\dfrac{1}{\beta_{2019}}$ 的值.

57. 二次函数 $y=x^2+bx$ 的图像如图 1.1 所示,对称轴为直线 $x=1$. 若关于 x 的一元二次方程 $x^2+bx-t=0$(t 为实数)在 $-1<x<4$ 范围内有解,则 t 的取值范围是 _____.

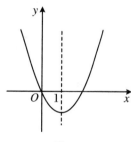

图 1.1

58. 设 m 是不小于 -1 的实数,使得关于 x 的方程 $x^2+2(m-2)x+m^2-3m+3=0$ 有两个不相等的实数根 x_1,x_2.

(1) 若 $\dfrac{1}{x_1}+\dfrac{1}{x_2}=1$,求 $\dfrac{1}{3-2m}$ 的值.

(2) 求 $\dfrac{mx_1}{1-x_1}+\dfrac{mx_2}{1-x_2}-m^2$ 的最大值.

59. 设 m,k 为整数,方程 $mx^2-kx+2=0$ 在区间 $(0,1)$ 内有两个不同的根,求 $m+k$ 的最小值.

60. 已知关于 x 的一元二次方程 $x^2-(a+b+c)x+ab+bc+ca=0$,且 $a>b>c>0$.

(1) 若方程有实数根,求证:a,b,c 不能构成一个三角形的三边长.

(2) 若方程有实数根 x_0,求证:$b+c<x_0<a$.

(3) 若方程的实数根为 6 和 9,求正整数 a,b,c 的值.

61. 已知方程 $x^2+2ax+a-4=0$ 有两个不同的实数根，方程 $x^2+2ax+k=0$ 也有两个不同的实数根，且后者的两根介于前者的两根之间，求 k 的取值范围．

62. 已知 a,b 是一元二次方程 $t^2-t-1=0$ 的两根，解关于 x,y 的方程组 $\begin{cases} \dfrac{x}{a}+\dfrac{y}{b}=x+1 \\ \dfrac{x}{b}+\dfrac{y}{a}=y+1 \end{cases}.$

63. 解方程：$\sqrt{x+2\sqrt{x-1}}+\sqrt{x-2\sqrt{x-1}}=x-1$.

64. 解方程：$\sqrt{x-\dfrac{1}{x}}+\sqrt{1-\dfrac{1}{x}}=x$.

65. 求使不等式 $|2x-\sqrt{3}|+k<x$ 有解的实数 k 的取值范围.

66. 对于满足 $0\leqslant p\leqslant 4$ 的一切实数，不等式 $x^2+px>4x+p-3$ 恒成立，求实数 x 的取值范围.

67. 互不相等的正整数 a,b,c 满足 $(a+b)(a+c)=(b+c)^2$. 证明：$(b-c)^2 > 4(b+c)$.

68. 已知函数 $f(x) = ax + bx^3 + \dfrac{c}{x} + \dfrac{d}{\sqrt[3]{x}} + 1000$，其中 a,b,c,d 为常数，且 $f(5) = 2019$，求 $f(-5)$.

69. 已知函数 $f(x) = \dfrac{1}{1+x^2}$，求 $f(2019) + \cdots + f(2) + f(1) + f\left(\dfrac{1}{2}\right) + f\left(\dfrac{1}{3}\right) + \cdots + f\left(\dfrac{1}{2019}\right)$.

70. 已知函数 $y=f(x)=\dfrac{1}{\sqrt[3]{(x+1)^2}+\sqrt[3]{x^2+x}+\sqrt[3]{x^2}}$,求 $f(1)+f(2)+\cdots+f(511)$.

71. 不论 m 取任何实数,抛物线 $y=x^2+2mx+m^2+m-1$ 的顶点都在同一条直线上,求这条直线的解析式.

72. 二次函数 $y=2x^2-8x+m$ 满足:当 $-2<x<-1$ 时,它的图像位于 x 轴的下方;当 $6<x<7$ 时,它的图像位于 x 轴的上方.求 m 的值.

73. 二次函数 $y = x^2 + 2ax + a$ 在 $-1 \leqslant x \leqslant 2$ 上有最小值 -4，求 a 的值.

74. 若函数 $y = 3x^2 - (9+a)x + 6 + 2a$（$x$ 是自变量且 x 为整数）在 $x = 6$ 或 $x = 7$ 时取得最小值，求 a 的取值范围.

75. 当 $-1 \leqslant x \leqslant 2$ 时，求函数 $f(x) = 2x^2 - 4ax + a^2 + 2a + 2$ 的最小值；若最小值为 -1，求 a 所有可能的值.

76. 已知二次函数 $y = -x^2 + 6x - 7$：

(1) 当 $t \leq x \leq t+2$ 时有最大值 $y = -(t-3)^2 + 2$，求 t 的取值范围；

(2) 当 $t \leq x \leq t+2$ 时 y 的最大值为 1，求 t；

(3) 当 $t \leq x \leq t+2$ 时 y 的最大值为 2，求 t 的取值范围；

(4) 当 $t \leq x \leq t+2$ 时 y 的最小值为 a，求 a 的最大值；

(5) 当 $1 \leq x \leq t$ 时 y 的最大值为 2，最小值为 -2，求 t 的取值范围.

77. 已知函数 $y = |x^2 - 2x - 3|$：

(1) 函数图像与直线 $y = x + m$ 有三个不同的交点，求 m 的值；

(2) 函数图像与直线 $y = x + m$ 有四个不同的交点，求 m 的取值范围；

(3) 函数图像与直线 $y = 6x + m$ 有两个不同的交点，求 m 的取值范围.

78. 如图 1.2 所示,抛物线 $y = ax^2 + bx + c(a,b,c$ 是常数,$a \neq 0)$ 与 x 轴交于 A,B 两点,顶点 $P(m,n)$. 给出下列结论:① $2a+c<0$. ② 若 $\left(-\dfrac{3}{2},y_1\right),\left(-\dfrac{1}{2},y_2\right),\left(\dfrac{1}{2},y_3\right)$ 在抛物线上,则 $y_1>y_2>y_3$. ③ 关于 x 的方程 $ax^2+bx+k=0$ 有实数解,则 $k>c-n$. ④ 当 $n=-\dfrac{1}{a}$ 时,$\triangle ABP$ 为等腰直角三角形. 其中正确的结论是_____.

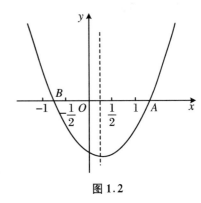

图 1.2

79. 已知实数 x_1,x_2 满足 $x_1(x_1+1)=1,x_2(x_2+1)=1,\dfrac{x_1^3}{x_2^3}+\dfrac{x_2^3}{x_1^3}=m$. 当 $-2 \leqslant x \leqslant 1$ 时,函数 $f(x)=\dfrac{m-2}{20}x^2+2nx-4n \leqslant 0$ 恒成立,求常数 n 的取值范围.

80. 已知二次函数 $y = x^2 + bx + c$,其中 b,c 满足 $b^2 + c^2 - 2b - 22c + 122 \leqslant 0$.

(1) 求 b,c 的值.

(2) 若过 x 轴上动点 $A(a,0)$,比例系数分别为 k_1,k_2 的两个一次函数的图像与二次函数 $y = x^2 + bx + c$ 的图像都有且只有一个交点,求证:$k_1 \cdot k_2 = -43$.

(3) 二次函数的图像上是否存在这样的点,其横坐标为一个正整数,纵坐标为一个完全平方数? 若存在,求出这个点的坐标;若不存在,请说明理由.

81. 在平面直角坐标系 xOy 中,已知点 M,N 的坐标分别为 $(-1,2),(2,1)$.若抛物线 $y = ax^2 - x + 2(a \neq 0)$ 与线段 MN 有两个不同的交点,求 a 的取值范围.

82. 对于三个数 a,b,c,用 $M\{a,b,c\}$ 表示这三个数的中位数,用 $\max\{a,b,c\}$ 表示这三个数中的最大数,例如 $M\{-2,-1,0\}=-1$,$\max\{-2,-1,0\}=0$,$\max\{-2,-1,a\}=\begin{cases}a & (a\geqslant -1)\\ -1 & (a<-1)\end{cases}$.

解答以下问题:

(1) 填空:$M\{\sin 45°,\cos 60°,\tan 60°\}=$ _____ ;如果 $\max\{3,5-3x,2x-6\}=3$,则 x 的取值范围为 _____ .

(2) 如果 $2\times M\{2,x+2,x+4\}=\max\{2,x+2,x+4\}$,求 x 的值.

(3) 如果 $M\{9,x^2,3x-2\}=\max\{9,x^2,3x-2\}$,求 x 的值.

83. 已知 x,y,z 满足 $\begin{cases}x+[y]+\{z\}=-0.9\\ [x]+\{y\}+z=0.2\\ \{x\}+y+[z]=1.3\end{cases}$. 对于数 a,$[a]$ 表示不大于 a 的最大整数,$\{a\}=a-[a]$,求 $10(x+y)+z$ 的值.

84. 已知整数 $x_1, x_2, x_3, \cdots, x_{2020}$ 满足：① $-1 \leqslant x_n \leqslant 2, n=1,2,\cdots,2020$；② $x_1+x_2+\cdots+x_{2020}=200$；③ $x_1^2+x_2^2+\cdots+x_{2020}^2=2020$. 求 $x_1^3+x_2^3+\cdots+x_{2020}^3$ 的最小值和最大值.

85. 以 $[x]$ 表示不大于 x 的最大整数，例如 $[3.7]=3, [3]=3$，求 $[(\sqrt{6}+\sqrt{5})^6]$.

86. 如果把一个奇数位的自然数各数位上的数字从最高位到个位依次排列，与从个位到最高位依次排列的一串数字完全相同，相邻两个数位上的数字之差的绝对值相等（不等于零），且该数正中间的数字与其余数字均不同，我们把这样的自然数称为"阶梯数"，例如自然数 12321，从最高位到个位依次排列的一串数字是 1,2,3,2,1，从个位到最高位依次排列的一串数字仍是 1,2,3,2,1，且 $|1-2|=|2-3|=|3-2|=|2-1|=1$，因此 12321 是一个"阶梯数". 又如 262, 85258,$\cdots$，都是"阶梯数". 若一个"阶梯数" t 从左数到右，奇数位上的数字之和为 M，偶数位上的数字之和为 N，记 $P(t)=2N-M, Q(t)=M+N$.

(1) 已知一个三位"阶梯数" t，其中 $P(t)=12$，且 $Q(t)$ 为一个完全平方数，求这个三位数.

(2) 已知一个五位"阶梯数" t 能被 4 整除，且 $Q(t)$ 除以 4 余 2，求该五位"阶梯数" t 的最大值与最小值.

87. 对于任意一个四位数 n，如果千位与十位上的数字之和为 9，百位与个位上的数字之和也为 9，则称 n 为"极数".

（1）请任意写出三个"极数"；猜想任意一个"极数"是否是 99 的倍数，请说明理由.

（2）如果一个正整数 a 是另一个正整数 b 的平方，则正整数 a 是完全平方数.若四位数 m 为"极数"，记 $D(m) = \dfrac{m}{33}$. 求满足 $D(m)$ 是完全平方数的所有 m.

88. 对任意一个三位数 n，如果 n 满足各数位上的数字互不相同，且都不为零，那么称这个数为"相异数".将一个"相异数"任意两个数位上的数字对调后可以得到三个不同的新三位数.把这三个新三位数的和与 111 的商记为 $F(n)$. 例如 $n = 123$，对调百位与十位上的数字得到 213，对调百位与个位上的数字得到 321，对调十位与个位上的数字得到 132，这三个新三位数的和为 $213 + 321 + 132 = 666$，$666 \div 111 = 6$，所以 $F(123) = 6$.

（1）计算 $F(243)$，$F(617)$.

（2）若 s, t 都是"相异数"，其中 $s = 100x + 32$，$t = 150 + y(1 \leqslant x \leqslant 9, 1 \leqslant y \leqslant 9, x, y$ 都是正整数），规定 $k = \dfrac{F(s)}{F(t)}$. 当 $F(s) + F(t) = 18$ 时，求 k 的最大值.

89. 任意一个正整数 n 都可以进行这样的分解：$n = p \times q$（p,q 是正整数，且 $p \leqslant q$）．在 n 的所有这种分解中，如果 p,q 两因数之差的绝对值最小，我们就称 $p \times q$ 是 n 的最佳分解，并规定 $F(n) = \dfrac{p}{q}$．例如，12 可以分解成 $1 \times 12, 2 \times 6$ 或 3×4，因为 $12 - 1 > 6 - 2 > 4 - 3$，所以 3×4 是 12 的最佳分解，则 $F(12) = \dfrac{3}{4}$．

(1) 如果一个正整数 a 是另一个正整数 b 的平方，我们称正整数 a 是完全平方数．求证：对任意一个完全平方数 m，总有 $F(m) = 1$．

(2) 如果有一个两位正整数 $t, t = 10x + y$（$1 \leqslant x \leqslant y \leqslant 9, x, y$ 为自然数），交换其个位上的数与十位上的数得到的新数减去原来的两位正整数所得的差为 18，那么我们称这个数 t 为"吉祥数"．求所有"吉祥数"中 $F(t)$ 的最大值．

90. 对于一个三位正整数 t，将各数位上的数字重新排序后，得到一个新的三位数 $\overline{abc}$（$a \leqslant c$），在所有重新排列的三位数（包括本身）中，当 $|a + c - 2b|$ 最小时，称此时的 $\overline{abc}$ 为 t 的"最优组合"，并规定 $F(t) = |a - b| - |b - c|$．例如，124 重新排序后为 142, 214，因为 $|1 + 4 - 4| = 1, |1 + 2 - 8| = 5, |2 + 4 - 2| = 4$，所以 124 为 124 的"最优组合"，此时 $F(124) = -1$．

(1) 在三位正整数 t 中，有一个数位上的数字是另外两数位上的数字的平均数，求证：$F(t) = 0$．

(2) 有一个正整数，由 N 个数字组成，若从左向右它的第一位数能被 1 整除，它的前两位数能被 2 整除，前三位数能被 3 整除……前 N 位数能被 N 整除，我们称这样的数为"善雅数"．例如，123 的第一位数 1 能被 1 整除，前两位数 12 能被 2 整除，前三位数 123 能被 3 整除，则 123 是一个"善雅数"．若三位"善雅数" $m = 200 + 10x + y$（$0 \leqslant x \leqslant 9, 0 \leqslant y \leqslant 9, x, y$ 为整数）的各位数字之和为一个完全平方数，求出所有符合条件的"善雅数"中 $F(m)$ 的最大值．

91. 如果在一个多位自然数的任意两个相邻数位上,左边数位上的数字总比右边数位上的数字大1,那么我们把这样的自然数叫作"递减数". 例如,321,5432,87,43210,…都是"递减数".

(1) 有一个"递减数",它是其个位数字的13倍,请求出这个"递减数".

(2) 将一个自然数 $m(1\leqslant m\leqslant 9)$ 放置于一个三位"递减数"的左边,得到一个四位自然数 t,若数 t 恰好能被11整除,且数 m 与这个三位"递减数"各数位上的数字之和是一个完全平方数,求出所有符合条件的数 m 和 t 的值.

92. 阅读下列材料:

t 是一个三位正整数,且 $t=100a+10b+c(1\leqslant a\leqslant 9,0\leqslant b\leqslant 9,0\leqslant c\leqslant 9$,且 a,b,c 为整数),若 t 的百位、个位数字之和与十位数字之差为6,则我们称这个三位数 t 是"和顺数",并规定 $F(t)=3a-c$. 例如,534 是和顺数,$F(534)=3\times5-4=11$.

(1) 若"和顺数" t 既能被3整除又能被10整除,求符合条件的 t 值.

(2) 若两个"和顺数" t_1,t_2 的十位数字均为 y,百位数字分别为 $x,m(x\neq m)$,个位数字分别为 $z,n(z\neq n)$,且 $3F(t_1)=4F(t_2)-2$,证明:$3x-n=17$.

93. 对任意一个二位以上的自然数 n，如果能被 13 整除，且各数位上的数字只能从 1，3，5，6，9 五个数字中选取，那么称这个自然数为"转运数"。例如自然数 13 或 39，能被 13 整除，则 13 或 39 称为"转运数"；26 能被 13 整除，但其十位上的数字 2 不是从 1，3，5，6，9 五个数字中选取的，所以 26 不能称为"转运数"。

(1) 请你直接写出不同于题中所给的两个二位"转运数" $\overline{ab}$。

(2) 在(1)的条件下，记"转运数" $\overline{ab}$ 为 s。已知四位"转运数" $t = \overline{cdab}$ ($1 \leqslant c, d \leqslant 3$，且 c，d 互异)，满足 $\dfrac{2018s + t}{s}$ 为整数，求 t 的值。

94. 如果一个三位数满足各位数字都不为 0，且个位数字比十位数字大 1，则称这个三位数为"圆梦数"。若 m，n 都是"圆梦数"，将组成 m 的各位数字中最大的数字作为两位数 p 的十位数字，组成 n 的各位数字中最大的数字作为两位数 p 的个位数字；再将组成 m 的各位数字中最小的数字作为另一个两位数 q 的十位数字，组成 n 的各位数字中最小的数字作为两位数 q 的个位数字。所得的这两个二位数 p，q 之和记为 $F(m,n)$。

例如：$5 + 1 = 6$，$2 + 1 = 3$，则 556 和 923 都是"圆梦数"，$F(556, 923) = 69 + 52 = 121$；$1 + 1 = 2$，$8 + 1 = 9$，则 212 和 689 都是"圆梦数"，$F(212, 689) = 29 + 16 = 45$。

(1) 计算 $F(767, 634)$，$F(978, 445)$。

(2) 若 s 和 t 都是"圆梦数"，其中 $s = 500 + 10x + y$，$t = 210 + 100a + b$ ($1 \leqslant x \leqslant 8, 0 \leqslant a \leqslant 7, 0 \leqslant y, b \leqslant 9$)，规定 $K(s,t) = |s - t|$，当 $F(s, 312) - F(t, 678) = 20$ 时，求 $K(s,t)$ 的最大值。

95. 对于一个二位正整数 A(十位、个位都不为 0),如果把 A 的十位数字添在 A 的个位数字之后,同时将 A 的个位数字添在 A 的十位数字之前,这样得到一个新的四位数 A_1,我们把 A_1 称为 A 的"外同源数";如果把 A 的十位数字和个位数字互换位置,可得到另一个二位数 B,再把 B 放到 A 的十位数字与个位数字之间,这样又得到一个新的四位数 A_2,我们把 A_2 称为 A 的"内同源数".

例如,23 的"外同源数"为 3232,23 的"内同源数"为 2323.

同时我们发现,一个二位正整数 A 的"外同源数"A_1 与"内同源数"A_2 的各数位上的数字之和相等,我们把这个和称为 A 的"同源和",记为 $G(A)$.

例如,23 的"同源和"$G(23)=2+2+3+3=10$.

(1) 如果二位正整数 A 的"外同源数"可以被 3 整除,且 A 的"内同源数"能被 5 整除,求 A 的值.

(2) 已知 M,N,P 为三个不相同的二位数,若 $39G(M)+G(P)=386-37G(N)$,求证:$G(M)\cdot G(N)$ 的值必为 8 的倍数.

96. 有两个多位正整数,若它们各数位上的数字和相等,则称这两个多位数互为"调和数".例如 37 与 82,它们各数位上的数字和为 $3+7=8+2=10$,则称 37 与 82 互为"调和数";又如 123 与 51,它们各数位上的数字和为 $1+2+3=5+1=6$,则称 123 与 51 互为"调和数".

(1) 若两个三位数 $\overline{a43},\overline{2bc}(1\leqslant a\leqslant 9,0\leqslant b\leqslant 9,0\leqslant c\leqslant 9,$且 a,b,c 为整数)互为"调和数",且这两个三位数之和为 99 的倍数,求这两个"调和数".

(2) 若 A,B 是两个不相等的两位数,$A=\overline{xy},B=\overline{mn},A,B$ 互为"调和数",且 A 与 B 之和是 B 与 A 之差的 3 倍,求证:$y=-x+9$.

97. **材料一** 已知一个正整数,把其个位数字去掉,再把余下的数加上个位数字的 4 倍,如果和是 13 的倍数,则称原数为"自觉数".如果和太大不能直接观察出来,就重复过程.例如 416,$41+4\times 6=65$,$65\div 13=5$,所以 416 是"自觉数";又例如 25281,$2528+4\times 1=2532$,$253+4\times 2=261$,$26+4\times 1=30$,因为 30 不能被 13 整除,所以 25281 不是"自觉数".

材料二 在数学世界里,数与数之间存在各种奇妙的关系.例如:对任意一个几位正整数 t,若去掉其个位数字,将余下的数加上原个位数字的两倍,得到一个新数 t',若 t' 能被 19 整除,则原数 t 就能被 19 整除.

(1) 判断 7365 是否为"自觉数",并证明任意一个能被 13 整除的正整数一定是"自觉数".

(2) 请证明:对任意一个几位正整数 t,若去掉其个位数字,将余下的数加上原个位数字的 2 倍,其和 t' 能被 19 整除,则原数 t 一定能被 19 整除.

(3) 若将一个多位自然数分解为个位数与个位之前的数,让个位之前的数减去个位数的 K(K 为正整数,$1\leqslant K\leqslant 5$)倍,所得之差能被 7 整除,求当 K 为何值时原多位自然数一定能被 7 整除.

(4) 如果一个四位数,满足各位数字都不为零,且其前两位组成的两位数和后两位组成的两位数都是完全平方数,则称这个四位数是"双喜临门数".例如,8136,1649 都是"双喜临门数".若一个四位数 n 是"双喜临门数",且 n 能被 65 整除,求出满足条件的所有四位数 n.

98. 阅读下列材料,解答下列问题:

材料一 有一个三位以上的自然数,如果该自然数的末三位表示的数与末三位之前的数字表示的数之差是 11 的倍数,我们称满足此特征的数为"网红数". 例如:65362,362 - 65 = 297 = 11×27.

材料二 任意的自然数 P 均可分解为 $P = 100x + 10y + z$ ($x \geq 0, 0 \leq y \leq 9, 0 \leq z \leq 9$ 且 x, y, z 均为整数),如 $5278 = 52 \times 100 + 10 \times 7 + 8$,规定
$$G(P) = \frac{x^2 + x - z(1+x) + 1}{x - z}.$$

(1) 求证:"网红数"一定能被 11 整除.

(2) 有一个三位以上的自然数,如果该自然数的末三位表示的数与末三位之前的数字表示的数之差是 K 的倍数,那么这个自然数就能被 K 整除. 求所有满足条件的正整数 K.

(3) 已知 $s = 300 + 10b + a$, $t = 1000b + 100a + 1142$ ($1 \leq a \leq 7, 0 \leq b \leq 5$,且 a, b 均为整数). 当 $s + t$ 为"网红数"时,求 $G(t)$ 的最大值.

99. **材料一** 有一个四位正整数,它的千位数字与个位数字相同,百位数字与十位数字相同,且千位数字小于百位数字,则称这个四位数为"美好数".例如,3443 为"美好数".

材料二 一个正整数 x 能写成 $x = a^2 - b^2$(a,b 均为正整数,且 $a \neq b$),则称 x 为"美满数",a,b 为 x 的一个平方差分解.在 x 的所有平方差分解中,若 $a^2 + b^2$ 最大,则称 a,b 为 x 的最佳平方差分解,此时 $F(x) = \dfrac{a}{b}$.例如:$21 = 5^2 - 2^2$,21 为"美满数",5 和 2 为 21 的一个平方差分解,$48 = 13^2 - 11^2 = 8^2 - 4^2 = 7^2 - 1^2$,因为 $13^2 + 11^2 > 8^2 + 4^2 > 7^2 + 1^2$,所以 13 和 11 是 48 的最佳平方差分解,则 $F(48) = \dfrac{13}{11}$.

根据材料回答:

(1) 试证明:2018 不是"美满数".

(2) 1～2019 这 2019 个自然数中一共有多少个"美满数"?

(3) 求证:若一个"美满数"的各数位上的数字之和为 6 的倍数,则这个美好数一定能被 33 整除.

(4) 若一个数 m 既是"美好数"又是"美满数",并且另一个"美好数"的前两位数字所组成的两位数与后两位数字所组成的两位数恰好是 m 的一个平方差分解,请求所有满足条件的数 m 中 $F(m)$ 的最大值.

100. 有一个三位数 n，如果 n 满足各个数位上的数字均不为零，且该数任意两个数位上的数字之和大于另一个数位上的数字，那么我们就把该数称为"三角形数". 现把 n 的百位数字替换成"十位数字加上个位数字后与百位数字的差"，其余数位保持不变，得到一个新数 n_1；把 n 的十位数字替换成"百位数字加上个位数字后与十位数字的差"，其余数位保持不变，得到一个新数 n_2；把 n 的个位数字替换成"百位数字加上十位数字后与个位数字的差"，其余数位保持不变，得到一个新数 n_3（若出现替换后的数位上的数字大于等于 10，则该数位上的数字向前一位进位）. 我们把 n_1, n_2, n_3 的和记作 $F(n)$. 例如，$n = 345$，则 $n_1 = 645$，$n_2 = 345$，$n_3 = 342$，$F(n) = 645 + 345 + 342 = 1332$；又例如 $n = 839$，则 $n_1 = 439$，$n_2 = 949$，$n_3 = 832$，$F(n) = 439 + 949 + 832 = 2220$.

(1) 计算 $F(212), F(739)$.

(2) 如果一个"三角形数" $t = 100x + 10y + z (2 \leqslant x \leqslant 9, 1 \leqslant y \leqslant 9, 1 \leqslant z \leqslant 9, x, y, z$ 均为整数)满足 $x + y + z = 17$，正整数 $s = 100x + 30y + 109$ 和正整数 $m = 204 + 10y$ 满足 $s - m$ 得到的新数的各个数位上的数字之和是 18，规定 $k(t) = \left| \dfrac{t - t_2}{t - t_1} \right|$，求 $k(t)$ 的最大值.

第二部分 代数综合100题解析

1. 方法1 ∵ $\dfrac{a+b-c}{c} = \dfrac{a-b+c}{b}$,

∴ $b(a+b-c) = c(a-b+c)$,

∴ $ab + b^2 - bc - ac + bc - c^2 = 0$,

∴ $(b-c)(a+b+c) = 0$,

∴ $b = c$ 或 $a+b = -c$.

同理, $a = b$ 或 $b+c = -a$, $a = c$ 或 $a+c = -b$.

当 $b = c, a = b, a = c$ 时, 原式 $= 8$.

当 $a+b = -c, b+c = -a, a+c = -b$ 时, 原式 $= -1$.

综上所述, 原式等于 8 或 -1.

方法2 设

$$\dfrac{a+b-c}{c} = \dfrac{a-b+c}{b} = \dfrac{-a+b+c}{a} = k.$$

∴ $a+b-c = ck, a-b+c = bk, -a+b+c = ak$,

∴ 三式叠加为 $a+b+c = (a+b+c)k$.

若 $a+b+c = 0$, 则 $a+b = -c, b+c = -a, a+c = -b$, 原式 $= -1$.

若 $k = 1$, 则 $a+b = 2c, b+c = 2a, a+c = 2b$, 原式 $= 8$.

综上所述, 原式等于 8 或 -1.

方法3 若 $a+b+c = 0$, 则 $a+b = -c, b+c = -a, a+c = -b$, 原式 $= -1$.

若 $a+b+c \neq 0$, 则利用等比性质有

$$\dfrac{a+b-c}{c} = \dfrac{a-b+c}{b} = \dfrac{-a+b+c}{a}$$
$$= \dfrac{a+b+c}{a+b+c} = 1.$$

∴ $a+b = 2c, b+c = 2a, a+c = 2b$, 原式 $= 8$.

综上所述, 原式等于 8 或 -1.

思路点拨

对于多个分式连等问题, 可以考虑设比例常数 k 或利用等比性质来解决; 注意解答过程中的分类讨论, 小心遗漏.

(1) 先根据已知条件, 两两结合, 利用比例性质化简, 可得两式乘积等于零, 那么每一个式子都可能等于零, 从而求出 a, b, c 的关系, 然后分两种情况代入所求式即可.

(2) 设比例常数为 k, 然后将得到的三个乘积进行叠加, 从而解出 a, b, c 的关系.

(3) 根据分式的等比性质可直接得出最终结果.

2. 已知条件可变形为 $a+b+|\sqrt{c-1}-1|-4\sqrt{a-2}-2\sqrt{b+1}+4=0 \Leftrightarrow a-2-4\sqrt{a-2}+4+b+1-2\sqrt{b+1}+1+|\sqrt{c-1}-1|=0 \Leftrightarrow (\sqrt{a-2}-2)^2+(\sqrt{b+1}-1)^2+|\sqrt{c-1}-1|=0$.

∴ $\sqrt{a-2}-2=0, \sqrt{b+1}-1=0, \sqrt{c-1}-1=0$,

∴ $a-2=4, b+1=1, c-1=1$,

∴ $a=6, b=0, c=2$.

∴ $a+2b-3c=6+0-3\times 2=0$.

思路点拨

要从一个式子中同时求多个变量,可以从"多个非负数的和为零"出发考虑问题.

先将已知条件移项,然后将等号左边的式子配成两个完全平方式加一个绝对值式,从而根据三个非负数的和为零,得到三式均为零,可求出 a,b,c 的值.

3. ∵ $\sqrt{a^2-2a+1}+\sqrt{25-10a+a^2}=10-|b+4|-|b-2|$,

∴ $|a-1|+|a-5|+|b+4|+|b-2|=10$.

∵ $|a-1|+|a-5|\geqslant 4, |b+4|+|b-2|\geqslant 6$,

∴ $|a-1|+|a-5|=4, |b+4|+|b-2|=6$,

∴ $1\leqslant a\leqslant 5, -4\leqslant b\leqslant 2$,

∴ a^2+b^2 的最大值为 $5^2+(-4)^2=41$.

思路点拨

本题要求掌握二次根式的性质和化简,以及绝对值的几何意义.

首先将已知条件化简可得 $|a-1|+|a-5|+|b+4|+|b-2|=10$,然后根据绝对值的几何意义可得 $|a-1|+|a-5|\geqslant 4, |b+4|+|b-2|\geqslant 6$,从而判断出 a,b 的取值范围,最后求出最值.

4. ∵ $a^5=b^4, c^3=d^2$,

∴ 可设 $a=m^4, b=m^5, c=x^2, d=x^3(m,x$ 为正整数$)$.

∵ $a-c=65$,

∴ $m^4-x^2=65$,即 $(m^2+x)(m^2-x)=65$,

∴ $\begin{cases}m^2+x=65\\m^2-x=1\end{cases}$ 或 $\begin{cases}m^2+x=13\\m^2-x=5\end{cases}$,

∴ 正整数解为 $\begin{cases}m=3\\x=4\end{cases}$,

∴ $b - d = m^5 - x^3 = 243 - 64 = 179$.

> **思路点拨**
>
> 此题借助了巧妙的设法,运用因式分解的方法达到降指数的目的.
>
> 设 $a = m^4, b = m^5, c = x^2, d = x^3$ (m, x 为正整数),根据已知条件 $a - c = 65$,运用因式分解的方法得到关于 m, x 的方程组,从而求解.

5. ∵ $-\dfrac{(x+1)^2 - (x+1)}{x^2 + x} = -\dfrac{x(x+1)}{x(x+1)} = -1$,

∴ 将 x 分别取为 $2019, 2020, 2021$,即可得 a, b, c,

∴ $a = b = c = -1$,

∴ $abc = (-1) \times (-1) \times (-1) = -1$.

> **思路点拨**
>
> 抓住式子中数字的特点,用字母代替数字进行因式分解和约分化简,更能体现本质.

6. ∵ $\dfrac{ab}{a+b} = \dfrac{1}{3}$,

∴ $\dfrac{a+b}{ab} = 3$,即 $\dfrac{1}{a} + \dfrac{1}{b} = 3$.

同理,$\dfrac{1}{b} + \dfrac{1}{c} = 4$,$\dfrac{1}{c} + \dfrac{1}{a} = 5$.

三式相加可得

$$2\left(\dfrac{1}{a} + \dfrac{1}{b} + \dfrac{1}{c}\right) = 3 + 4 + 5 = 12,$$

∴ $\dfrac{1}{a} + \dfrac{1}{b} + \dfrac{1}{c} = 6$,即 $\dfrac{ab + bc + ca}{abc} = 6$,

∴ $\dfrac{abc}{ab + bc + ca} = \dfrac{1}{6}$.

> **思路点拨**
>
> 分母和差、分子乘积的形式可以先转化为倒数,使计算更加简便.
>
> 本题先将已知条件的分子、分母颠倒,再将分式化简,然后叠加,最后取倒数.

7. **方法 1** ∵ $6^x = 192, 32^y = 192$,

∴ $6^{x-1} = 192 \div 6 = 32, 32^{y-1} = 192 \div 32 = 6$,

∴ $(6^{x-1})^{y-1} = 32^{y-1} = 6$,即 $6^{(x-1)(y-1)} = 6$,

第二部分 代数综合100题解析

$\therefore (x-1)(y-1) = 1$,

$\therefore (-2019)^{(x-1)(y-1)-2} = (-2019)^{-1} = -\dfrac{1}{2019}$.

方法2 $\because 6^x = 192, 32^y = 192$,

$\therefore 6^{xy} = 192^y, 32^{xy} = 192^x$,

$\therefore 6^{xy} \cdot 32^{xy} = 192^x \cdot 192^y$, 即 $192^{xy} = 192^{x+y}$,

$\therefore xy = x+y$,

$\therefore (-2019)^{(x-1)(y-1)-2} = (-2019)^{xy-x-y-1} = (-2019)^{-1}$

$= -\dfrac{1}{2019}$.

思路点拨

此题涉及幂的乘方与积的乘方,需要灵活运用知识构造与结果有关的指数形式,从而解决问题.

8. 设

$$\dfrac{x}{b+c-a} = \dfrac{y}{c+a-b} = \dfrac{z}{a+b-c} = k,$$

则

$$b+c-a = \dfrac{x}{k},\qquad ①$$

$$c+a-b = \dfrac{y}{k},\qquad ②$$

$$a+b-c = \dfrac{z}{k}.\qquad ③$$

③ - ② 得

$$b-c = \dfrac{z-y}{2k}.$$

① - ③ 得

$$c-a = \dfrac{x-z}{2k}.$$

② - ① 得

$$a-b = \dfrac{y-x}{2k}.$$

将以上三式代入所求式,得

$(b-c)x + (c-a)y + (a-b)z$

$= \dfrac{z-y}{2k} \cdot x + \dfrac{x-z}{2k} \cdot y + \dfrac{y-x}{2k} \cdot z$

$= \dfrac{zx - yx + xy - zy + yz - xz}{2k} = 0.$

出现分式连等的复杂形式时,可以设比例常数为 k,再运用整体思想解决问题.

9. **方法1** $\because a^2-3a-1=0$,

$\therefore a^2=3a+1$,

$\therefore a^6=(a^2)^3=(3a+1)^3=(9a^2+6a+1)(3a+1)=[9\times(3a+1)+6a+1](3a+1)=(33a+10)(3a+1)=99a^2+63a+10=99(3a+1)+63a+10=360a+109.$

$\because a^2-3a=1$,

$\therefore 120a^{-2}=120a^{-2}(a^2-3a)=120-\dfrac{360}{a}=120-\dfrac{360}{a}(a^2-3a)=120-360a+1080.$

$\therefore a^6+120a^{-2}=360a+109+120-360a+1080=1309.$

方法2 $\because a^2-3a-1=0$,

$\therefore a-\dfrac{1}{a}=3\Leftrightarrow a^2+\dfrac{1}{a^2}=11\Leftrightarrow a^4+\dfrac{1}{a^4}=119$,

$\therefore a^6+120a^{-2}=a^2\left(a^4+\dfrac{1}{a^4}+119\dfrac{1}{a^4}\right)=a^2\left(119+119\dfrac{1}{a^4}\right)=119\left(a^2+\dfrac{1}{a^2}\right)=1309.$

方法1:运用整体思想进行求值,指数不一致的时候可以利用指数的升降达到化简的目的. 由已知等式得到 $a^2=3a+1$,从而化简 a^6,再利用 $a^2-3a=1$ 化简 $120a^{-2}$,然后相加即可.

方法2:根据待求式中两项的次数分别是 6 和 -2,考虑提取 a^2,形成 $a^4+\dfrac{1}{a^4}$. 然后将已知等式转换成 $a-\dfrac{1}{a}=3$,再利用乘法公式进行求解.

10. 设 $x=a-2019$,$y=a-2020$,则 $x^2+y^2=5$.

$\because x-y=(a-2019)-(a-2020)=1$,

$\therefore xy=\dfrac{x^2+y^2-(x-y)^2}{2}=2$,

$\therefore (a-2019)(a-2020)=2.$

> **思路点拨**
>
> 已知和待求的代数式形式大部分相同,可以考虑先换元,但此时条件不够,需要找到换元后变量之间的关系,才能解决问题.

11. 设 $m = \sqrt{19-x^2}, n = \sqrt{15-x^2}$,则 $m - n = 2$.

$\because m^2 - n^2 = (19-x^2) - (15-x^2) = 4$,

$\therefore m + n = \dfrac{m^2 - n^2}{m - n} = 2$,

$\therefore \sqrt{19-x^2} + \sqrt{15-x^2} = 2.$

> **思路点拨**
>
> 考虑整体换元,再找到换元后变量之间的关系,最后利用平方差公式解决问题.

12. **方法 1**

$(6x-1)(4x-1)(3x-1)(x-1) + 9x^4$

$= [(6x-1)(x-1)][(3x-1)(4x-1)] + 9x^4$

$= (6x^2 - 7x + 1)(12x^2 - 7x + 1) + 9x^4.$

设 $t = 6x^2 - 7x + 1$,则

原式 $= t(t + 6x^2) + 9x^4 = t^2 + 6tx^2 + 9x^4$

$= (t + 3x^2)^2 = (6x^2 - 7x + 1 + 3x^2)^2$

$= (9x^2 - 7x + 1)^2.$

方法 2

原式 $= (6x^2 - 7x + 1)(12x^2 - 7x + 1) + 9x^4.$

设 $t = 9x^2 - 7x + 1$,则

原式 $= (t - 3x^2)(t + 3x^2) + 9x^4 = t^2$

$= (9x^2 - 7x + 1)^2.$

> **思路点拨**
>
> 对多个乘积加单项式的形式进行因式分解,可先重组乘积项,使得乘积结果出现尽可能多的相同形式,然后进行整体换元(考虑换平均数).

13. $\because |a-b| = 1, |b+c| = 1, |a+c| = 2,$

$\therefore a - b = \pm 1, b + c = \pm 1, a + c = \pm 2.$

$\because (a-b) + (b+c) = a + c,$

$\therefore$ 只有以下两种情况:

(1) $a - b = 1, b + c = 1, a + c = 2$,则

$|a+b+2c|=|(a+c)+(b+c)|=|3|=3$.

(2) $a-b=-1, b+c=-1, a+c=-2$, 则

$|a+b+2c|=|(a+c)+(b+c)|=|-3|=3$.

综上所述, $|a+b+2c|=3$.

找到隐含关系 $(a-b)+(b+c)=a+c$ 是关键, 可以减少讨论的情况.

14. $\because \dfrac{1}{x}=|x|+1>0$, 又 $x>0$,

$\therefore \dfrac{1}{x}-|x|=\dfrac{1}{x}-x=1$,

$\therefore \left(\dfrac{1}{x}+x\right)^2=\left(\dfrac{1}{x}-x\right)^2+4=5$.

$\because \dfrac{1}{x}+|x|=\dfrac{1}{x}+x>0$,

$\therefore \dfrac{1}{x}+|x|=\sqrt{5}$.

本题中条件和结论都含有 $|x|$, 要取绝对值首先要确定 x 的符号. 可以通过等式变形直接确定 x 的符号, 从而避免了分类讨论.

15. $\because y+|\sqrt{x}-2|=1-a^2$,

$\therefore y-1=-a^2-|\sqrt{x}-2|$,

$\therefore |x-4|=3(y-1)-b^2=3(-a^2-|\sqrt{x}-2|)-b^2$,

$\therefore |x-4|+3a^2+3|\sqrt{x}-2|+b^2=0$,

$\therefore |x-4|=0, a^2=0, |\sqrt{x}-2|=0, b^2=0$,

$\therefore x=4, a=0, b=0, y=1$,

$\therefore a+b+x+y=5$.

思路点拨

本题条件中有绝对值和平方, 用两个条件解四个未知数, 考虑利用非负性, 需要凑成几个非负数的和为零的形式.

这里利用代入法消掉 $y-1$, 只留下含有绝对值和平方的项.

16. 原式 $= |y+(x-2)| + 2\left|y+\left(\dfrac{1}{2}x-\dfrac{1}{2}\right)\right| + 3\left|y-\left(\dfrac{1}{3}x+\dfrac{4}{3}\right)\right|$.

∵ 原式的系数 $1+2=3$,

∴ 当 $y=\dfrac{1}{3}x+\dfrac{4}{3}$ 时,原式取到最小值,

原式 $=\left|\dfrac{1}{3}x+\dfrac{4}{3}+(x-2)\right|+2\left|\dfrac{1}{3}x+\dfrac{4}{3}+\left(\dfrac{1}{2}x-\dfrac{1}{2}\right)\right|$

$=\left|\dfrac{4}{3}x-\dfrac{2}{3}\right|+\left|\dfrac{5}{3}x+\dfrac{5}{3}\right|$

$=\dfrac{4}{3}\left|x-\dfrac{1}{2}\right|+\dfrac{5}{3}|x+1|$.

∵ 系数 $\dfrac{4}{3}<\dfrac{5}{3}$,

∴ 当 $x=-1$ 时,原式取最小值 2.

思路点拨

求解多个绝对值和的最小值时,可以考虑利用绝对值的几何意义.先确定零点个数(有系数的要算多个),再从小到大排序,然后取中间的一个零点(奇数个零点),或中间两个中的任意一个(偶数个零点),最后利用代入法计算即可.

17. ∵ $0 \leqslant a < 1$,

∴ $0 \leqslant a^2 < 1$,

∴ $26 < b^2 \leqslant 27$,

∴ $5 < b < 6$,

∴ $b-a=5$,

∴ $ab=\dfrac{a^2+b^2-(b-a)^2}{2}=\dfrac{27-5^2}{2}=1$.

思路点拨

(1) 熟练掌握两个公式:
$$ab=\dfrac{(b+a)^2-(a^2+b^2)}{2},$$
$$ab=\dfrac{a^2+b^2-(b-a)^2}{2}.$$

(2) 已知 a^2+b^2,求 ab,需要求出 $a+b$ 或 $b-a$.

(3) 本题中 $b-a$ 是 b 的整数部分,我们采用不等式估算方法求得.

18. 方法 1 由已知条件得

$$b^2 + ab + db + ad = 1,$$
$$c^2 + ac + dc + ad = 1.$$

两式相减可得
$$(a+b+c+d)(b-c) = 0.$$

∵ $b \neq c$,

∴ $a+b+c+d = 0$, 得 $c+d = -(b+a)$,

∴ $(b+d)(c+d) = -(b+d)(b+a) = -1$.

方法 2 由条件可知,b 和 c 是关于 x 的二次方程 $(x+d)(x+a) = 1$ 的相异实根.

∴ 由韦达定理得 $b+c = -a-d$,得 $c+d = -(b+a)$,

∴ $(b+d)(c+d) = -(b+d)(b+a) = -1$.

思路点拨

方法 1 是将已知等式展开,发现有几项是相同的,于是我们想到用先相减后分解因式的办法寻找 4 个数的关系.

方法 2 中,根据两个式子的形式相同,构造二次方程,利用韦达定理推出 4 个数的关系.

19. ∵ $(\sqrt{x}+\sqrt{y})^4 + (\sqrt{x}-\sqrt{y})^4 = (x+y+2\sqrt{xy})^2 + (x+y-2\sqrt{xy})^2 = 2(x+y)^2 + 2(2\sqrt{xy})^2 = 2(x^2+y^2) + 12xy$,

∴ $xy = \dfrac{180-2(x^2+y^2)}{12} = \dfrac{180-2\times 24}{12} = 11$.

思路点拨

乘法公式的变形计算,通常会把 x^2+y^2,xy,$x+y$,$x-y$ 当作整体.对高次代数式可以先化简,凑出 x^2+y^2 和 xy.

20. **方法 1**

$3x^4 - 30x^3 + 77x^2 - 10x - 5$
$= 3(x^4 - 10x^3) + 77x^2 - 10x - 5$
$= 3(x^4 - 10x^3 + 25x^2) + 2x^2 - 10x - 5$
$= 3(x^2 - 5x)^2 + 2(x^2 - 5x) - 5 = 0.$

令 $x^2 - 5x = t$,由 $x \geq 5$ 得 $t \geq 0$,则
$$3t^2 + 2t - 5 = 0,$$

∴ $(3t+5)(t-1) = 0$,

∴ $t_1 = -\dfrac{5}{3}$(舍去),$t_2 = 1$,

∴ $x^2 - 5x = 1$.

方法 2 令 $x^2 - 5x = t$,则
$$x^2 = 5x + t,$$
$$x^3 = x \cdot x^2 = 5x^2 + xt$$
$$= 5(5x + t) + xt = 25x + 5t + xt,$$
$$x^4 = (5x + t)^2 = 25x^2 + 10xt + t^2$$
$$= 25(5x + t) + 10xt + t^2$$
$$= 125x + 25t + 10xt + t^2.$$

将以上三式代入已知等式,得
$$3(125x + 25t + 10xt + t^2) - 30(25x + 5t + xt)$$
$$+ 77(5x + t) - 10x - 5 = 0,$$

化简得
$$3t^2 + 2t - 5 = 0,$$

∴ $(3t + 5)(t - 1) = 0$,

∴ $t_1 = -\dfrac{5}{3}$(舍去),$t_2 = 1$,

∴ $x^2 - 5x = 1$.

思路点拨

方法 1 是先凑出待求解式子的整体,再进行换元.
方法 2 是先换元,再利用降次法对原方程进行化简.

21. **方法 1** 由已知等式得
$$8x^2 + 2y^2 - 4xy + 4x + \dfrac{2}{3} = 0,$$
$$2(x^2 + y^2 - 2xy) + 6\left(x^2 + \dfrac{2}{3}x + \dfrac{1}{9}\right) = 0,$$
$$2(x - y)^2 + 6\left(x + \dfrac{1}{3}\right)^2 = 0,$$

∴ $x - y = 0, x + \dfrac{1}{3} = 0$,

∴ $x = y = -\dfrac{1}{3}$,

∴ $x + y = -\dfrac{2}{3}$.

方法 2 由已知等式得
$$8x^2 + 2y^2 - 4xy + 4x + \dfrac{2}{3} = 0,$$

将它看作关于 x 的一元二次方程:
$$8x^2 + (4 - 4y)x + 2y^2 + \dfrac{2}{3} = 0.$$

其根的判别式为

$$\Delta = (4-4y)^2 - 4 \times 8 \times \left(2y^2 + \frac{2}{3}\right)$$
$$= -48\left(y + \frac{1}{3}\right)^2 \geqslant 0,$$

解得 $y = -\frac{1}{3}$.

将 $y = -\frac{1}{3}$ 代入已知等式,得 $x = -\frac{1}{3}$.

∴ $x + y = -\frac{2}{3}$.

方法3 注意到 $(2x+1) + (-y) + (y-2x) = 1$,可以考虑换元.

令 $2x+1 = a, -y = b, y-2x = c$,则
$$a + b + c = 1, \quad a^2 + b^2 + c^2 = \frac{1}{3}.$$

∴ $a^2 + b^2 + c^2 - \frac{2}{3}(a+b+c) + \frac{1}{3} = 0$,

∴ $\left(a - \frac{1}{3}\right)^2 + \left(b - \frac{1}{3}\right)^2 + \left(c - \frac{1}{3}\right)^2 = 0$,

∴ $a = b = c = \frac{1}{3}$,即 $2x+1 = -y = y-2x = \frac{1}{3}$,

∴ $x = y = -\frac{1}{3}$,

∴ $x + y = -\frac{2}{3}$.

思路点拨

当高次多元方程是不定方程时,通常考虑利用非负性解题.

(1) 只有一个多元方程可以求解时,考虑构造非负数的和为零,从而得到字母的值.

(2) 利用主元法,把原方程看成一元二次方程,再利用判别式的非负性求解.

(3) 根据式子的隐含条件进行换元求解.

22. **方法1** ∵
$$x^3 + y^3 + z^3 - 3xyz$$
$$= (x+y+z)(x^2+y^2+z^2-xy-xz-yz),$$

∴ $3 - 3xyz = 3[(x+y+z)^2 - 3(xy+xz+yz)]$,

∴ $1 - xyz = 9 - 3(xy+xz+yz)$,

∴ $xyz - 3(xy+xz+yz) + 9(x+y+z) - 27 = -8$,

∴ $(x-3)(y-3)(z-3) = -8$.

又$(x-3)+(y-3)+(z-3)=-6$,

∴$(x-3,y-3,z-3)=(-2,-2,-2)$或$(-8,1,1)$,

∴$(x,y,z)=(1,1,1)$或$(-5,4,4)$,

∴$x^2+y^2+z^2=3$或57.

方法2 ∵
$$(x+y+z)^3-(x^3+y^3+z^3)$$
$$=3(x+y)(y+z)(x+z)=24,$$

∴$(x+y)(y+z)(x+z)=8$.

又$(x+y)+(y+z)+(x+z)=6$,

∴$(x+y,y+z,x+z)=(2,2,2)$或$(-1,8,-1)$,

∴$(x,y,z)=(1,1,1)$或$(-5,4,4)$,

∴$x^2+y^2+z^2=3$或57.

方法3 不妨设$x\geqslant y\geqslant z$,则$x+y\geqslant 2$,将$z=3-x-y$代入$x^3+y^3+z^3=3$可得
$$xy=3(x+y)-9+\frac{8}{x+y}.$$

∵x,y为整数,则只有

$$\begin{cases}x+y=2\\xy=1\end{cases},\begin{cases}x+y=4\\xy=5\end{cases},\begin{cases}x+y=8\\xy=16\end{cases}.$$

∴$(x,y,z)=(1,1,1)$或$(4,4,-5)$,

∴$x^2+y^2+z^2=3$或57.

思路点拨

对三元轮换式进行变形时,可考虑$x^3+y^3+z^3-3xyz=(x+y+z)(x^2+y^2+z^2-xy-xz-yz)$和$(x+y+z)^3-(x^3+y^3+z^3)=3(x+y)(y+z)(x+z)$这两个常用的公式;先利用消元法减少未知数的个数,再进行化简和讨论.

23. $ab+c-1=ab+(2-a-b)-1=(a-1)(b-1)$.

同理,$bc+a-1=(b-1)(c-1)$,$ca+b-1=(a-1)(c-1)$.

原式$=\dfrac{1}{(a-1)(b-1)}+\dfrac{1}{(b-1)(c-1)}+\dfrac{1}{(a-1)(c-1)}$

$=\dfrac{(a-1)+(b-1)+(c-1)}{(a-1)(b-1)(c-1)}$

$=\dfrac{(a+b+c)-3}{abc-(ab+ac+bc)+(a+b+c)-1}.$

∵$ab+ac+bc=\dfrac{(a+b+c)^2-(a^2+b^2+c^2)}{2}=\dfrac{1}{2}$,

∴ 原式 = $\dfrac{2-3}{1-\dfrac{1}{2}+2-1} = -\dfrac{2}{3}$.

思路点拨

三元对称式的变形方法很多,可结合要求的结果形式进行变形,思路更清晰.

对多个复杂分式的求和,考虑先利用已知条件将分式变成易通分的乘积式,再作代数变形.

24. ∵ $x = \sqrt{19-8\sqrt{3}} = 4-\sqrt{3}$,

∴ $x-4 = -\sqrt{3}$,两边平方得 $x^2 - 8x + 13 = 0$,

∴ $x^2 - 8x + 15 = 2$.

又 $x^4 - 6x^3 - 2x^2 + 18x + 23 = (x^2 + 2x + 1)(x^2 - 8x + 13) + 10 = 10$(或用降次法求值),

∴ 原式 $= 10 \div 2 = 5$.

思路点拨

已知低次求高次的题型,通常使用降次法,也可以使用大除法(因式分解)进行整体代换.

25. 方法1 ∵ $x^2 - 2x + 4y = 5$,

∴ $y = -\dfrac{1}{4}x^2 + \dfrac{1}{2}x + \dfrac{5}{4}$,

∴ $x + 2y = x + 2\left(-\dfrac{1}{4}x^2 + \dfrac{1}{2}x + \dfrac{5}{4}\right) = -\dfrac{1}{2}x^2 + 2x + \dfrac{5}{2} = -\dfrac{1}{2}(x-2)^2 + \dfrac{9}{2}$,

∴ 当 $x = 2$ 时,$x + 2y$ 的最大值为 $\dfrac{9}{2}$.

方法2 设 $x + 2y = t$,则 $2y = t - x$.

∴ 由已知条件得 $x^2 - 2x + 2t - 2x = 5$,

∴ $x^2 - 4x + (2t - 5) = 0$.

∵ 上述关于 x 的二次方程有根,

∴ $\Delta = 16 - 4(2t - 5) \geqslant 0$,

∴ $t \leqslant \dfrac{9}{2}$,

∴ $x + 2y$ 的最大值为 $\dfrac{9}{2}$.

思路点拨

代数中的最值问题一般与非负性有关.解决此类问题时,配方或者利用一元二次方程的判别式是常用的方法.

方法1中,利用代入法消元,再通过配方求最值.

方法2中,先换元,再利一元二次方程的判别式求最值.

26. **方法1** 由已知条件得 $y = 1 - x - z$,则
$$M = x(1-x-z) + 2(1-x-z)z + 3xz$$
$$= -x^2 + x - 2z^2 + 2z$$
$$= -\left(x - \frac{1}{2}\right)^2 - 2\left(z - \frac{1}{2}\right)^2 + \frac{3}{4}.$$

当 $x = \frac{1}{2}, z = \frac{1}{2}$ 时,M 取最大值 $\frac{3}{4}$.

方法2 由已知条件得 $z = 1 - x - y$,则
$$M = xy + 2y(1-x-y) + 3x(1-x-y)$$
$$= -3x^2 - 2y^2 - 4xy + 3x + 2y.$$

将上式中的 x 看作主元,配方为
$$M = -3x^2 + (3-4y)x - 2y^2 + 2y$$
$$= -3\left(x + \frac{4y-3}{6}\right)^2 + \frac{(4y-3)^2}{12} - 2y^2 + 2y$$
$$= -3\left(x + \frac{4y-3}{6}\right)^2 - \frac{2}{3}y^2 + \frac{3}{4}.$$

当 $y = 0, x = \frac{1}{2}$ 时,M 取最大值 $\frac{3}{4}$.

方法3 根据系数间的关系,得
$$M = xy + xz + 2yz + 2xz$$
$$= x(y+z) + 2z(x+y)$$
$$= x(1-x) + 2z(1-z)$$
$$= -x^2 + x - 2z^2 + 2z$$
$$= -\left(x - \frac{1}{2}\right)^2 - 2\left(z - \frac{1}{2}\right)^2 + \frac{3}{4}.$$

当 $x = \frac{1}{2}, z = \frac{1}{2}$ 时,M 取最大值 $\frac{3}{4}$.

方法4 消去 z,得
$$M = -3x^2 - 2y^2 - 4xy + 3x + 2y.$$
上式可以看作关于 x 的二次方程,即
$$-3x^2 + (3-4y)x - 2y^2 + 2y - M = 0.$$
$\therefore \Delta = (3-4y)^2 + 12(-2y^2 + 2y - M) \geqslant 0,$

$\therefore M \leqslant -\dfrac{2}{3}y^2 + \dfrac{3}{4} \leqslant \dfrac{3}{4}$,

$\therefore M$ 的最大值为 $\dfrac{3}{4}$.

思路点拨

本题涉及三个变量,可以通过消元变为两个变量,对于两个变量的最值问题我们首先考虑配方.

方法 1 和方法 3 对系数比较依赖.

方法 2 和方法 4 更具有一般性,可以用来解决任意二元二次多项式的最值.

27.
$$y = \sqrt{x^2-2x+2} + \sqrt{x^2-4x+13}$$
$$= \sqrt{(x-1)^2+(0-1)^2} + \sqrt{(x-2)^2+(0+3)^2}.$$

此式的几何意义为:在直角坐标系中,x 轴上的点 $(x,0)$ 到点 $A(1,1)$ 和 $B(2,-3)$ 的距离之和.

当点 $(x,0)$ 位于 AB 与 x 轴的交点时,y 取最小值,为
$$\sqrt{(1-2)^2+(1+3)^2} = \sqrt{17}.$$

思路点拨

对于根式之和的最值问题,可以考虑利用几何意义来解决.

对两个根号下的式子分别进行配方,形成两个差的平方,于是将问题转化为一个直线上的动点到两个固定点的距离之和的最值问题.

28. $\because x \leqslant y \leqslant z$,

$\therefore |x-y|+|y-z|+|z-x| = y-x+z-y+z-x = 2z-2x = 2$,

$\therefore z = x+1$.

$\because x \leqslant y \leqslant z = x+1$,

$\therefore y = x$ 或 $x+1$.

(1) 当 $y = x$ 时,$|x+y|+|y+z|+|z+x| = |2x|+2|2x+1| = 4$.

$\therefore 2|2x+1| \leqslant 4$,

$\therefore -2 \leqslant 2x+1 \leqslant 2$,

$\therefore -\dfrac{3}{2} \leqslant x \leqslant \dfrac{1}{2}$,

$\therefore x = -1$ 或 0. 经检验,$x = -1$ 满足方程,此时 $y =$

$-1, z = 0$.

∴ $x^2 + y^2 + z^2 = (-1)^2 + (-1)^2 + 0^2 = 2$.

(2) 当 $y = x + 1$ 时，$|x + y| + |y + z| + |z + x| = 2|2x+1| + |2x+2| = 4$.

∴ $2|2x + 1| \leqslant 4$,

∴ $-2 \leqslant 2x + 1 \leqslant 2$,

∴ $-\dfrac{3}{2} \leqslant x \leqslant \dfrac{1}{2}$,

∴ $x = -1$ 或 0. 经检验，$x = 0$ 满足方程，此时 $y = 1$, $z = 1$.

∴ $x^2 + y^2 + z^2 = 0^2 + 1^2 + 1^2 = 2$.

综上所述，$x^2 + y^2 + z^2$ 的值为 2.

思路点拨

本题通过分类消元得到了关于 x 的绝对值方程，但是它含有两个绝对值，零点分段法比较麻烦，我们可以利用不等式求出 x 的范围.

解绝对值方程的关键是去绝对值符号. 本题条件中给出了三个数的大小关系，从而第二个方程可以直接去绝对值符号，所以我们从第二个方程入手，去绝对值符号后找出三个数的数量关系.

29. (1) 由 $\alpha^2 + \alpha - 1 = 0$ 可得 $\alpha^2 = 1 - \alpha$.

利用代入法降次，得

$$2\alpha^2 + 5\alpha - 2 + \dfrac{3}{\alpha^2 - 1}$$
$$= 2(1 - \alpha) + 5\alpha - 2 + \dfrac{3}{1 - \alpha - 1}$$
$$= 3\alpha - \dfrac{3}{\alpha} = \dfrac{3(\alpha^2 - 1)}{\alpha}$$
$$= \dfrac{-3\alpha}{\alpha} = -3.$$

(2) ∵ $\alpha^2 = 1 - \alpha$,

∴ $\alpha^3 = \alpha \cdot \alpha^2 = \alpha \cdot (1 - \alpha) = \alpha - \alpha^2 = \alpha - (1 - \alpha) = 2\alpha - 1$.

同理，$\beta^3 = 2\beta - 1$.

利用代入法降次，得

$(\alpha^3 + \alpha + 3)(\beta^3 + \beta + 3)$
$= (3\alpha + 2)(3\beta + 2)$
$= 9\alpha\beta + 6(\alpha + \beta) + 4$
$= 9 \times (-1) + 6 \times (-1) + 4 = -11.$

(3) 利用代入法降次,得
$$\alpha^5 = \alpha^2 \cdot \alpha^3 = (1-\alpha)(2\alpha-1) = -2\alpha^2 + 3\alpha - 1$$
$$= -2(1-\alpha) + 3\alpha - 1 = 5\alpha - 3,$$
$$4\alpha^5 + 10\beta^3 = 4(5\alpha - 3) + 10(2\beta - 1) = 20(\alpha + \beta) - 22$$
$$= 20 \times (-1) - 22 = -42.$$

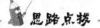
思路点拨

本题给定二次方程的根,可利用根的定义和韦达定理对原式进行变形、降次,达到化简的目的.

30. 由条件可知,a 和 b 是一元二次方程 $(x+1)^2 + 3(x+1) - 3 = 0$ 的两个不相等的实数根. 此方程化简得
$$x^2 + 5x + 1 = 0.$$
由韦达定理可得
$$a + b = -5, \quad ab = 1.$$
可见 a 和 b 都是负数,则
$$b\sqrt{\frac{b}{a}} + a\sqrt{\frac{a}{b}} = b\frac{\sqrt{ab}}{|a|} + a\frac{\sqrt{ab}}{|b|}$$
$$= -\frac{b}{a} - \frac{a}{b} = -\frac{a^2 + b^2}{ab}$$
$$= -a^2 - b^2 = -(a+b)^2 + 2ab = -23.$$

思路点拨

(1) 构造一元二次方程,利用韦达定理求值.
(2) 根式的化简一定要注意符号,可根据韦达定理推断两根的正负.

31. 由条件可得
$$(ab)^2 + (a+b)^2 = 40, \quad ab + (a+b) = 8.$$
利用代入法,得
$$ab(a+b) = \frac{[ab+(a+b)]^2 - [(ab)^2 + (a+b)^2]}{2}$$
$$= 12.$$
由韦达定理可知,ab 和 $a+b$ 是一元二次方程 $x^2 - 8x + 12 = 0$ 的两根,可得
$$\begin{cases} ab = 2 \\ a+b = 6 \end{cases} \text{或} \begin{cases} ab = 6 \\ a+b = 2 \end{cases}.$$
(1) 若 $\begin{cases} ab = 6 \\ a+b = 2 \end{cases}$,则 a 和 b 是一元二次方程 $x^2 - 2x + 6 = 0$ 的两根,但此时判别式 $\Delta = (-2)^2 - 4 \times 6 < 0$,不满足条件.

(2) 只能 $\begin{cases} ab = 2 \\ a+b = 6 \end{cases}$,则

$$\frac{1}{a^2} + \frac{1}{b^2} = \frac{a^2+b^2}{a^2b^2} = \frac{(a+b)^2-2ab}{(ab)^2} = 8.$$

综上所述,$\frac{1}{a^2} + \frac{1}{b^2}$ 的值为 8.

思路点拨

已知两式的积与和,可以逆用韦达定理构造一元二次方程,注意检验根的判别式.

32. ∵ 关于 x 的方程 $x^2 + kx + \frac{3}{4}k^2 - 3k + \frac{9}{2} = 0$ 有实数根,

∴ $\Delta = k^2 - 4 \times \left(\frac{3}{4}k^2 - 3k + \frac{9}{2}\right) = -2(k-3)^2 \geq 0$,

∴ 只能 $k=3$,方程为 $x^2 + 3x + \frac{9}{4} = 0$,解得 $x_1 = x_2 = -\frac{3}{2}$,

∴ $\frac{x_1^{2018}}{x_2^{2019}} = \frac{1}{x_2} = -\frac{2}{3}$.

思路点拨

利用判别式非负的性质,可以得到参数的范围.

33. 由韦达定理知 $x_1 + x_2 = -a, x_1 x_2 = b$,则
$x_1^2 + x_2^2 = (x_1+x_2)^2 - 2x_1 x_2 = a^2 - 2b$,
$x_1^3 + x_2^3 = (x_1+x_2)(x_1^2 - x_1 x_2 + x_2^2)$
$= (x_1+x_2)[(x_1+x_2)^2 - 3x_1 x_2]$
$= -a^3 + 3ab.$

由 $x_1 + x_2 = x_1^2 + x_2^2$ 得 $a^2 = 2b - a$.

由 $x_1 + x_2 = x_1^3 + x_2^3$ 得 $a(a^2 - 3b - 1) = 0$,则 $a = 0$ 或 $a^2 - 3b - 1 = 0$.

(1) 当 $a = 0$ 时,由 $a^2 = 2b - a$ 可得 $b = 0$.

(2) 当 $a^2 - 3b - 1 = 0$ 时,结合 $a^2 = 2b - a$ 可得 $a = -b - 1$.

由 $a^2 - 3b - 1 = (-b-1)^2 - 3b - 1 = 0$,解得 $b = 0$ 或 1.

当 $b = 0$ 时,$a = -b - 1 = -1$;当 $b = 1$ 时,$a = -b - 1 = -2$.

综上所述,有序实数对 $(a,b) = (0,0)$ 或 $(-1,0)$ 或 $(-2,1)$.

利用韦达定理,结合乘法公式对对称等式进行化简,然后解方程组即可.

34. **方法 1** 二次方程有实数根,则 $\Delta = a^2 - 4(a^2-3) \geqslant 0$,得 $-2 \leqslant a \leqslant 2$.

方程至少有一个正根,则只需较大根为正,即
$$\frac{a+\sqrt{12-3a^2}}{2} > 0.$$

当 $0 < a \leqslant 2$ 时,显然满足条件;

当 $a \leqslant 0$ 时,由 $\sqrt{12-3a^2} > -a$ 得 $12-3a^2 > a^2$,解得 $-\sqrt{3} < a \leqslant 0$.

综上所述,当 $-\sqrt{3} < a \leqslant 2$ 时,方程至少有一个正根.

方法 2 二次方程有实数根,则 $\Delta = a^2 - 4(a^2-3) \geqslant 0$,得 $-2 \leqslant a \leqslant 2$.

如果方程的两根 $x_1 \leqslant 0, x_2 \leqslant 0$,则由韦达定理可得
$$\begin{cases} x_1 + x_2 = a \leqslant 0 \\ x_1 x_2 = a^2 - 3 \geqslant 0 \end{cases},$$

解得 $a \leqslant -\sqrt{3}$,即当 $-2 \leqslant a \leqslant -\sqrt{3}$ 时,方程的两根均为非正根.

综上所述,当 $-\sqrt{3} < a \leqslant 2$ 时,方程至少有一个正根.

思路点拨

直接利用求根公式,列出关于根的不等式;利用判别式和韦达定理,列出需要满足条件的不等式.

35. **方法 1** 令 $\sqrt{x} = t$,方程变为 $t^2 - t + k = 0 (t \geqslant 0)$.

由题意知方程 $t^2 - t + k = 0$ 有两个不同的非负根,
$$\begin{cases} \Delta = 1 - 4k > 0 \\ x_1 + x_2 = 1 > 0, \\ x_1 x_2 = k \geqslant 0 \end{cases}$$

解得 $0 \leqslant k < \frac{1}{4}$.

方法 2 令 $\sqrt{x} = t$,方程变为 $t^2 - t + k = 0(t \geqslant 0)$,可变形为 $t^2 - t = -k(t \geqslant 0)$,即二次函数 $y = t^2 - t(t \geqslant 0)$ 与直线 $y = -k$ 有两个不同的交点,由图 2.1 可知 $-\frac{1}{4} < -k \leqslant 0$,得 $0 \leqslant k < \frac{1}{4}$.

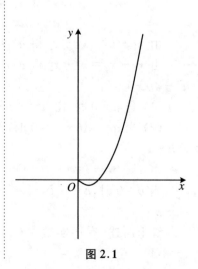

图 2.1

思路点拨

(1) 先换元,令 $\sqrt{x}=t$,将 $\sqrt{x}=x+k$ 变为一元二次方程.注意到 t 的非负性,再根据判别式和韦达定理确定参数范围.

(2) 换元后变为二次函数与直线交点的存在性问题,可利用图像得出 k 的取值范围.

36. 令 $\dfrac{|x|}{\sqrt{x^2+1}}=t$,则

$$a=t^2-6t+2=(t-3)^2-7,$$

$$0\leqslant t=\dfrac{|x|}{\sqrt{x^2+1}}<\dfrac{|x|}{\sqrt{x^2}}=1.$$

∵ $f(t)=(t-3)^2-7$ 在 $0\leqslant t<1$ 范围内随着 t 的增大而减小,

又 $f(0)=2,f(1)=-3$,

∴ $-3<a\leqslant 2$.

思路点拨

先换元,将原方程变成一元二次方程,然后在一定条件下根据二次函数和直线的交点情况确定参数的范围.

37. 方法 1 ∵ $2x^3-x^2-mx>2$,

∴ $m<2x^2-x-\dfrac{2}{x}$.

构造函数 $f(x)=2x^2-x-\dfrac{2}{x}=2\left(x-\dfrac{1}{4}\right)^2-\dfrac{2}{x}-\dfrac{1}{8}$.

由题意可知:对满足 $\dfrac{1}{2}<x\leqslant 1$ 的任意实数 x,都有 $m<f(x)$.

当 $\dfrac{1}{2}<x\leqslant 1$ 时,$2\left(x-\dfrac{1}{4}\right)^2$ 和 $-\dfrac{2}{x}$ 都随 x 的增大而增大,从而 $f(x)$ 随 x 的增大而增大.

∴ $m\leqslant f\left(\dfrac{1}{2}\right)=-4$.

方法 2 由题意,原不等式可转化为

$$2x^2-x-m>\dfrac{2}{x}.$$

设 $y_1=2x^2-x-m$,$y_2=\dfrac{2}{x}$,则此不等式可以理解为二次函数的图像在反比例函数的图像上方.

根据图 2.2 可知：只要 $x = \frac{1}{2}$ 时有 $y_1 \geqslant y_2$，$\frac{1}{2} < x \leqslant 1$ 范围内就一定有 $y_1 > y_2$.

当 $x = \frac{1}{2}$ 时，$y_1 = 2x^2 - x - m = -m$，$y_2 = \frac{2}{x} = 4$.

由 $y_1 \geqslant y_2$ 得 $m \leqslant -4$.

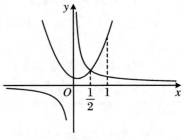

图 2.2

思路点拨

(1) 分离参数，构造新函数，根据一定自变量范围内的函数取值，确定参数的范围.

(2) 构造两个常规函数，根据一定自变量范围内图像交点的情况确定参数范围.

38. 一元二次方程有实数根，则
$$\Delta = a^2 + 2a + 2 - 4(m+1) \geqslant 0,$$
$$m \leqslant \frac{a^2 + 2a - 2}{4},$$

对任意的实数 a 均成立.

∵ $\frac{a^2 + 2a - 2}{4} = \frac{1}{4}(a+1)^2 - \frac{3}{4}$,

∴ 当 $a = -1$ 时上式取最小值 $-\frac{3}{4}$，

∴ $m \leqslant -\frac{3}{4}$.

思路点拨

根据一元二次方程有实根，列出判别式的范围，再分离常数，解决不等式中参数的范围问题.

39. 假设方程 $x^2 - px + q = 0$ 的两根分别为 x_1, x_2，方程 $x^2 - qx + p = 0$ 的两根分别为 x_3, x_4.

根据韦达定理可得

$x_1 + x_2 = p$, $x_1 x_2 = q$, $x_3 + x_4 = q$, $x_3 x_4 = p$.

结合这四个式子得

$$x_1 x_2 - x_1 - x_2 + x_3 x_4 - x_3 - x_4 = 0,$$

变形为

$$(x_1 - 1)(x_2 - 1) + (x_3 - 1)(x_4 - 1) = 2,$$

乘积式的值可能为

$$\begin{cases} (x_1 - 1)(x_2 - 1) = 1 \\ (x_3 - 1)(x_4 - 1) = 1 \end{cases}$$

或

$$\begin{cases}(x_1-1)(x_2-1)=0\\(x_3-1)(x_4-1)=2\end{cases}$$

或

$$\begin{cases}(x_1-1)(x_2-1)=2\\(x_3-1)(x_4-1)=0\end{cases}.$$

若 $\begin{cases}(x_1-1)(x_2-1)=1\\(x_3-1)(x_4-1)=1\end{cases}$,则 $x_1=x_2=x_3=x_4=2$,得 $p=q=4$,不满足条件;

若 $\begin{cases}(x_1-1)(x_2-1)=0\\(x_3-1)(x_4-1)=2\end{cases}$,则 $\begin{cases}x_3=2\\x_4=3\end{cases}$ 或 $\begin{cases}x_3=3\\x_4=2\end{cases}$,得 $p=6$, $q=5$;

若 $\begin{cases}(x_1-1)(x_2-1)=2\\(x_3-1)(x_4-1)=0\end{cases}$,则 $\begin{cases}x_1=2\\x_2=3\end{cases}$ 或 $\begin{cases}x_1=3\\x_2=2\end{cases}$,得 $p=5$, $q=6$.

综上所述, $|p-q|=1$.

思路点拨

由于方程系数相近,可以利用韦达定理,列出根和系数的关系式,结合四个式子进行变形,构造乘积式等于整数的形式,就可以分类讨论了.

40.(1) 将 $x=1$ 代入方程得

$$(k^2+1)-2(k+a)^2+k^2+4k+b=0,$$

化简得

$$(4-4a)k=2a^2-b-1.$$

上式对任意实数 k 均成立,则

$$\begin{cases}4-4a=0\\2a^2-b-1=0\end{cases},$$

解得 $a=1,b=1$.

(2) 由(1)知,方程为

$$(k^2+1)x^2-2(k+1)^2x+k^2+4k+1=0.$$

根据韦达定理有

$$x_1x_2=\frac{k^2+4k+1}{k^2+1}.$$

由 $x_1=1$ 得

$$x_2=\frac{k^2+4k+1}{k^2+1}=1+\frac{4k}{k^2+1}. \qquad ①$$

方法1 由 $(k+1)^2\geqslant 0$ 得 $k^2+1\geqslant -2k$,则

$$\frac{k}{k^2+1}\geqslant -\frac{1}{2}. \qquad ②$$

由 $(k-1)^2 \geq 0$ 得 $k^2+1 \geq 2k$, 则
$$\frac{k}{k^2+1} \leq \frac{1}{2}. \quad ③$$
由②③式得
$$-\frac{1}{2} \leq \frac{k}{k^2+1} \leq \frac{1}{2}. \quad ④$$
由①④式得 $-1 \leq x_2 \leq 3$.

方法 2 令 $= t$, 则 $tk^2 - k + t = 0$.

关于 k 的方程 $tk^2 - k + t = 0$ 有实数根, 则
$$\Delta = (-1)^2 - 4t^2 \geq 0,$$
解得 $-\frac{1}{2} \leq t \leq \frac{1}{2}$.

综上所述, $-1 \leq x_2 \leq 3$.

方法 3 由①式得
$$(x_2 - 1)k^2 - 4k + x_2 - 1 = 0.$$
由题意知, 这个关于 k 的方程有实根.

当 $x_2 = 1$ 时, 满足条件; 当 $x_2 \neq 1$ 时, $\Delta = 16 - 4(x_2-1)^2 \geq 0$, 得 $-1 \leq x_2 \leq 3$ 且 $x_2 \neq 1$.

综上所述, $-1 \leq x_2 \leq 3$.

思路点拨

(1) 先在原方程中代入根值, 再根据等式两边恒成立即可求出 a 和 b.

(2) 利用韦达定理列出另一根的表达式, 可以利用式子的特点求解取值范围; 也可以先换元, 然后利用一元二次方程的判别式求解.

41. (1) 将 $m = 4$ 代入原方程得
$$(x-1)(x^2 - 3x + 4) = 0.$$
经分析知 $x - 1 = 0$ 或 $x^2 - 3x + 4 = 0$.

$x^2 - 3x + 4 = 0$ 的根的判别式为
$$\Delta = (-3)^2 - 4 \times 4 = -7 < 0,$$
此二次方程无实根.

综上所述, 方程的根为 $x = 1$.

(2) 方程有一个根为 $x_1 = 1$, 分两种情况:

① 二次方程 $x^2 - 3x + m = 0$ 有一根为 1, 则 $1^2 - 3 \times 1 + m = 0$, 得 $m = 2$, 经检验符合题意.

② 二次方程 $x^2 - 3x + m = 0$ 有两个相等的实根, 则 $\Delta = (-3)^2 - 4m = 0$, 得 $m = \frac{9}{4}$.

综上所述，m 的值为 2 或 $\dfrac{9}{4}$.

(3) 设二次方程 $x^2 - 3x + m = 0$ 有两根 x_2, x_3.

由 $\Delta = (-3)^2 - 4m \geqslant 0$ 得 $m \leqslant \dfrac{9}{4}$.

根据韦达定理有 $x_2 + x_3 = 3 > 1, x_2 x_3 = m$.

$1, x_2, x_3$ 要成为三角形的三边长，只需再满足
$$|x_2 - x_3| < 1,$$
将上式两边平方得
$$(x_2 - x_3)^2 = (x_2 + x_3)^2 - 4x_2 x_3 < 1,$$
即 $3^2 - 4m < 1$，解得 $m > 2$.

综上所述，$2 < m \leqslant \dfrac{9}{4}$.

思路点拨

(1) 直接代入 $m = 4$ 求解即可.

(2) 讨论一元二次方程根的两种情况：一根为 1；两根相等.

(3) 利用三角形的三边关系，结合韦达定理列出不等式.

42. (1) 方程 $m^2 x^2 + (2m+3)x + 1 = 0$ 的根的判别式为
$$\Delta = (2m+3)^2 - 4m^2 \geqslant 0,$$
得 $m \geqslant -\dfrac{3}{4}$.

∵ α, β 互为倒数，

∴ 由韦达定理得 $\alpha\beta = \dfrac{1}{m^2} = 1$，

∴ $m_1 = -1$（舍去），$m_2 = 1$.

将 $m = 1$ 代入 $m^2 x^2 + (2m+3)x + 1 = 0$ 得
$$x^2 + 5x + 1 = 0.$$
由韦达定理得 $\alpha + \beta = -5, \alpha\beta = 1$.

∴ $(\alpha - \beta)^2 = (\alpha + \beta)^2 - 4\alpha\beta = 21$，

∴ $\alpha - \beta = \pm\sqrt{21}$，

∴ $\alpha^2 - \beta^2 = (\alpha - \beta)(\alpha + \beta) = \pm 5\sqrt{21}$.

(2) 将 $m = 1$ 代入另一方程得
$$x^2 + 2(a+1)x + 2a + 1 = 0,$$
分解因式，得
$$(x+1)(x+2a+1) = 0,$$
解得
$$x_1 = -1, x_2 = -2a - 1.$$

由 $0<x_2=-2a-1<2$ 得 $-\frac{3}{2}<a<-\frac{1}{2}$.

思路点拨

若一元二次方程的两根有和差积商的关系,可考虑用韦达定理;可利用因式分解法直接求根,先求出根,再列需要满足条件的式子.

43.(1) 将原方程变形为
$$2x^2-3x-(k+3)=0, \qquad ①$$
由题意得
$$\Delta=(-3)^2+8(k+3)>0,$$
$$x_1x_2=-\frac{k+3}{2}>0,$$
解得 $-\frac{33}{8}<k<-3$.

根据分母不能为零,知方程的正实数解不能为1,即 $2\times 1^2-3\times 1-(k+3)\neq 0$,得 $k\neq -4$.

综上所述,$-\frac{33}{8}<k<-3$ 且 $k\neq -4$.

(2) ① 当 $\Delta=0$ 时,$k=-\frac{33}{8}$,$x_1=x_2=\frac{3}{4}$,满足条件;

② 当 $x=1$ 是方程①的根时,得 $k=-4$,此时方程的另一根为 $\frac{1}{2}$,原方程也只有一个正实数根 $x=\frac{1}{2}$;

③ 当方程①有两个异号实根时,$x_1x_2=-\frac{k+3}{2}<0$,得 $k>-3$,此时原方程也只有一个正实根;

④ 当方程①有一根为0时,$k=-3$,则另一根为 $x=\frac{3}{2}$,此时方程也只有一个正实根.

综上所述,$k=-\frac{33}{8}$ 或 $k=-4$ 或 $k\geqslant -3$.

思路点拨

先将分式方程变形成一元二次方程,再根据题目要求列出判别式和韦达定理需要满足的条件,求解参数范围,一定要注意分类讨论的全面性.

44. 将原方程变为
$$x^4+3x^3+3x^2+2x+k(x^2+x+1)=0,$$
分解因式,得

$$(x^2+x+1)(x^2+2x+k)=0.$$

$\because x^2+x+1=\left(x+\dfrac{1}{2}\right)^2+\dfrac{3}{4}>0,$

$\therefore x^2+2x+k=0$ 必有实根,

$\therefore \Delta=4-4k\geqslant 0,$

$\therefore k\leqslant 1.$

思路点拨

先将四次方程的左边进行因数分解,化为两个二次式的乘积,再分别考虑它们的根的情况.

45. 当 $x=1$ 时,原方程左右两边相等,即 $x=1$ 是方程的根.

由此可见,方程左边含有因式 $x-1$,则原方程可化为(利用因式分解或大除法)

$$(x-1)[x^2+(2-2a)x+(a^2-a-1)]=0.$$

据题意,满足原方程的根只有 $x=1$,可分如下两种情况讨论方程 $x^2+(2-2a)x+(a^2-a-1)=0$ 的根:

① 无实根,则 $\Delta=(2-2a)^2-4(a^2-a-1)<0$,得 $a>2.$

② 有两个相等的实数根 $x_1=x_2=1$,得 $a=2.$

综上所述,$a\geqslant 2.$

思路点拨

先试根,然后利用因式定理提出因式,再讨论二次方程的根的情况.

46. **方法 1** 令 $|x|=t$,原方程化为
$$t^2-4t+5-m=0.$$

原方程有 4 个互不相等的实数根,等价于关于 t 的方程①有两个不同的正根,则

$$\begin{cases}\Delta=(-4)^2-4(5-m)>0,\\ t_1t_2=5-m>0,\end{cases}$$

解得 $1<m<5.$

方法 2 $f(x)=x^2-4|x|+5=\begin{cases}x^2-4x+5 & (x\geqslant 0)\\ x^2+4x+5 & (x<0)\end{cases}.$

函数的图像如图 2.3 所示,与直线 $y=m$ 有 4 个交点,则 $1<m<5.$

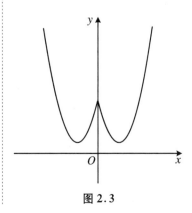

图 2.3

方法1：令$|x|=t$，通过换元将原方程变成一元二次方程，根据自变量的取值范围列出不等式组，即可求解m的取值范围．

方法2：将原方程左右两边分别看成两个函数，画出图像，将问题转化为函数与直线的交点问题．

47. 令$x^2=t$，原方程变为$t^2-5t+(4-k)=0$．

设此方程有实根$\alpha,\beta(0<\alpha<\beta)$，则原方程的4个实根为$\pm\sqrt{\alpha},\pm\sqrt{\beta}$．

据题意，$\sqrt{\beta}-\sqrt{\alpha}=\sqrt{\alpha}-(-\sqrt{\alpha})$，即
$$\beta=9\alpha. \qquad ①$$
由韦达定理得
$$\alpha+\beta=5, \qquad ②$$
$$\alpha\beta=4-k. \qquad ③$$

由①②式得$\alpha=\dfrac{1}{2},\beta=\dfrac{9}{2}$，代入③式得$k=\dfrac{7}{4}$．

当$k=\dfrac{7}{4}$时，$\Delta=25+4k-16>0$，符合要求．

思路点拨

通过换元将原方程变成二次方程，再利用题目中的等差条件得出两根的倍数关系，然后结合韦达定理求解参数k．注意最后要检验判别式的非负性．

48. 原方程变为
$$x^2+\dfrac{1}{x^2}+2+2\left(x+\dfrac{1}{x}\right)-a=0,$$

利用平方公式，得
$$\left(x+\dfrac{1}{x}\right)^2+2\left(x+\dfrac{1}{x}\right)-a=0. \qquad ①$$

令$x+\dfrac{1}{x}=t$，则方程①变为
$$t^2+2t-a=0. \qquad ②$$

由$x+\dfrac{1}{x}=t$得$x^2-tx+1=0,\Delta=t^2-4>0$，得$t>2$或$t<-2$．

已知原方程有4个相异的实根，则关于t的方程②有两个不同的实根，且$t>2$或$t<-2$．

令 $f(t)=t^2+2t-a$,对称轴为 $t=-1$,则 $f(t)=0$ 的两根不可能都大于 2,也不可能都小于 -2,只能 $t_1>2$, $t_2<-2$,需要满足 $\begin{cases} f(2)<0 \\ f(-2)<0 \end{cases}$,即

$$\begin{cases} 2^2+2\times 2-a<0 \\ (-2)^2+2\times(-2)-a<0 \end{cases},$$

得 $a>8$.

思路点拨

先将原方程变形为 $x^2+\dfrac{1}{x^2}+2+2\left(x+\dfrac{1}{x}\right)-a=0$,再令 $x+\dfrac{1}{x}=t$,进行整体换元变为二次方程,然后在一定的条件下讨论根的情况,从而得到参数范围.

49.(1) 由题意得

ax^3+bx^2+cx+d
$=a(x-x_1)(x-x_2)(x-x_3)$
$=ax^3-a(x_1+x_2+x_3)x^2$
$\quad +a(x_1x_2+x_1x_3+x_2x_3)x-ax_1x_2x_3$,

经比较得

$$x_1+x_2+x_3=-\dfrac{b}{a},$$

$$x_1x_2+x_1x_3+x_2x_3=\dfrac{c}{a},$$

$$x_1x_2x_3=-\dfrac{d}{a}.$$

(2) 根据(1)知

$\quad a+b+c=-a,$ ①
$\quad ab+ac+bc=b,$ ②
$\quad abc=-c.$ ③

将③式变形为 $(ab+1)c=0$,得 $c=0$ 或 $ab=-1$.

若 $c=0$,代入②式得 $ab=b$,即 $(a-1)b=0$,得 $b=0$ 或 $a=1$.若 $b=0$,代入①式得 $a=0$,不满足条件,则只能 $a=1$,再代入①式得 $b=-2$.

若 $c\neq 0$,则 $ab=-1$,那么 a,b 中一个为 1,另一个为 -1,则 $a+b=0$.再由②式得 $b=ab+c(a+b)=-1$,则 $a=1$,再代入①式得 $c=-1$.

综上所述,$a=1,b=-2,c=0$ 或 $a=1,b=-1,c=-1$.

思路点拨

(1) 类似于题中一元二次方程根与系数的关系,根据因式定理得到恒等式,再令系数相等,即可得到一元三次方程根与系数的关系.

(2) 根据(1)问的结论列出根与系数的关系式,再进行分类讨论和化简.

50. (1) 由原方程得
$$x^2 + ax + b - 2 = 0, \quad ①$$
$$x^2 + ax + b + 2 = 0. \quad ②$$

其根的判别式分别为
$$\Delta_1 = a^2 - 4b + 8, \quad \Delta_2 = a^2 - 4b - 8.$$

据题意,方程①②中一个方程有两个不等的实根,另一个方程有两个相等的实根.注意到 $\Delta_1 - \Delta_2 = 16$,则 $\Delta_2 = 0$,$\Delta_1 = 16$,即 $a^2 - 4b - 8 = 0$,得 $b = \frac{1}{4}a^2 - 2$. 当 $a = 0$ 时,b 的最小值为 -2.

(2) 设 $x^2 + ax + b = 2$ 的根为 x_1, x_2,$x^2 + ax + b = -2$ 的根为 x_3,则 $x_1 + x_2 = -a$,$x_3 = -\frac{a}{2}$.

由 $x_1 + x_2 + x_3 = -\frac{3a}{2} = 180$ 得 $a = -120$,则 $x_3 = 60$,即该三角形必有一个内角为 $60°$.

(3) $x^2 + ax + b = 2$ 的两个根分别为
$$x_1 = \frac{-a+4}{2}, \quad x_2 = \frac{-a-4}{2}.$$

$\because \frac{-a+4}{2} > \frac{-a}{2} > \frac{-a-4}{2},$

$\therefore \left(\frac{-a+4}{2}\right)^2 = \left(\frac{-a}{2}\right)^2 + \left(\frac{-a-4}{2}\right)^2,$

$\therefore a_1 = -16, a_2 = 0$(舍去),

$\therefore a = -16, b = \frac{a^2 - 8}{4} = 62.$

思路点拨

对于绝对值方程,可以先去掉绝对值符号,将其转化为熟悉的一元二次方程,再根据根的总体情况,结合题目条件分析、解决问题.

51. 令 $f(x) = x^2 - (2m-3)x + m - 4$,已知 $f(x) = 0$ 的两个根满足 $-3 < \alpha_1 < -2, \alpha_2 > 0$,则函数图像如图 2.4

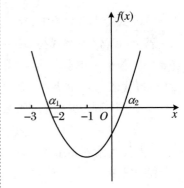

图 2.4

所示,只需
$$\begin{cases} f(-3)=9+3(2m-3)+m-4>0 \\ f(-2)=4+2(2m-3)+m-4<0, \\ f(0)=m-4<0 \end{cases}$$
解得 $\dfrac{4}{7}<m<\dfrac{6}{5}$.

先将二次方程的左边看成二次函数,根据根所在的范围,列出参数所应满足的不等式组,再求出不等式组的解集即可.

52. ∵ $\Delta=(2t)^2-4(t^2-2t+4)\geqslant 0$,
∴ $t\geqslant 2$.
又 $m+n=2t, mn=t^2-2t+4$,
∴ $(m+2)(n+2)=mn+2(m+n)+4=t^2-2t+4+2\times 2t+4=t^2+2t+8=(t+1)^2+7$.

令 $f(t)=(t+1)^2+7$,根据二次函数的性质,$t\geqslant -1$ 时,函数值随 t 的增大而增大,则当 $t=2$ 时 $(m+2)(n+2)$ 有最小值 16.

先利用二次方程判别式的非负性,求出参数 t 的取值范围;再利用韦达定理将所求式变成关于 t 的代数式,并将其配方;最后根据参数 t 的取值范围解得所求式的最值.

53. 由 $n^2+2n-1=0$ 可知 $n\neq 0$,则 $n^2+2n-1=0$ 两边同除以 n^2 得
$$\left(\dfrac{1}{n}\right)^2-\dfrac{2}{n}-1=0.$$

∵ $mn\neq 1$,
∴ $m\neq \dfrac{1}{n}$,
∴ m 和 $\dfrac{1}{n}$ 可以看作是方程 $x^2-2x-1=0$ 的两个根.

根据根与系数的关系,得 $m+\dfrac{1}{n}=2$,则
$$\dfrac{mn+n+1}{n}=m+\dfrac{1}{n}+1=2+1=3.$$

思路点拨

当题目中有两个一元二次方程,且各项系数相同或相反时,可以尝试将它们转化为形式相同的两个方程,构造同一个一元二次方程的两个根,再利用韦达定理进行解题.这样可以避免直接求根的麻烦.

54. **方法1** 研究一元二次方程 $ax^2+bx+c=0$ 是倍根方程的一般性结论,设其中一个根为 t,则另一个根为 $2t$,因此 $ax^2+bx+c=a(x-t)(x-2t)=ax^2-3atx+2t^2a$,经比较和计算得 $b^2-\frac{9}{2}ac=0$. 记 $K=b^2-\frac{9}{2}ac$,即 $K=0$ 时,方程 $ax^2+bx+c=0$ 为倍根方程.下面我们根据此结论来解决问题:

① $K=b^2-\frac{9}{2}ac=10$,即本选项错误.

② 关于 x 的方程为 $mx^2+(n-2m)x-2n=0$,则 $K=(n-2m)^2-\frac{9}{2}m(-2n)=0$,得 $4m^2+5mn+n^2=0$,即本选项正确.

③ 易知 $pq=2$,则 $K=3^2-\frac{9}{2}pq=0$,即本选项正确.

④ 由 $M(1+t,s),N(4-t,s)$ 知 $-\frac{b}{2a}=\frac{1+t+4-t}{2}=\frac{5}{2}$,得 $b=-5a$,由倍根方程的结论知 $b^2-\frac{9}{2}ac=0$,从而有 $c=\frac{50}{9}a$,所以方程变为 $ax^2-5ax+\frac{50}{9}a=0$,即 $9x^2-45x+50=0$,得 $x_1=\frac{10}{3},x_2=\frac{5}{3}$,即本选项错误.

综上所述,正确的选项有②③.

方法2 ① 解方程 $x^2-x-2=0$ 得 $x_1=2,x_2=-1$,即本选项错误.

② ∵ $(x-2)(mx+n)=0$ 是倍根方程,

∴ $x_1=2,x_2=-\frac{n}{m}$,

∴ $\frac{n}{m}=-1$ 或 -4,

∴ $m+n=0$ 或 $4m+n=0$,

∴ $4m^2+5mn+n^2=(4m+n)(m+n)=0$,即本选项正确.

③ ∵ 点 (p,q) 在反比例函数 $y=\frac{2}{x}$ 的图像上,

∴ $pq = 2$.

解方程 $px^2 + 3x + q = 0$ 得 $x_1 = -\dfrac{1}{p}, x_2 = -\dfrac{2}{p}$.

∴ $x_2 = 2x_1$,即本选项正确.

④ ∵ 相异两点 $M(1+t, s), N(4-t, s)$ 都在抛物线 $y = ax^2 + bx + c$ 上,

∴ 抛物线的对称轴为 $x = \dfrac{x_1 + x_2}{2} = \dfrac{1+t+4-t}{2} = \dfrac{5}{2}$,

∴ $x_1 + x_2 = 5$.

又根据题中条件可设 $x_2 = 2x_1$,

∴ $x_2 + 2x_2 = 5$,

∴ $x_2 = \dfrac{5}{3}$,即本选项错误.

综上所述,正确的选项有②③.

思路点拨

方法1:可以先研究一元二次方程满足"倍根方程"定义的一般性结论,然后根据结论去判断每个选项.

方法2:直接根据每个选项的具体情况进行分析.

55.（1）∵ 解分式方程①得 $x = \dfrac{k+1}{2}$,

又方程①的根为非负数,

∴ $\begin{cases} \dfrac{k+1}{2} \geqslant 0 \\ \dfrac{k+1}{2} \neq 1 \end{cases}$,

∴ $k \geqslant -1$ 且 $k \neq 1$.

又 $(2-k)x^2 + 3mx + (3-k)n = 0$ 中 $2 - k \neq 0$,

∴ $k \neq 2$.

综上所述,$k \geqslant -1$ 且 $k \neq 1, k \neq 2$.

(2) 将 $k = m+2, n = 1$ 代入方程②,得

$(2-k)x^2 + 3(k-2)x + (3-k) = 0$.

∵ $k \neq 2$,

∴ $x_1 + x_2 = 3, x_1 x_2 = \dfrac{3-k}{2-k} = 1 + \dfrac{1}{2-k}$.

∵ x_1, x_2, k 为整数,

∴ $2 - k = \pm 1$,即 $k = 1$ 或 3.

又 $k \geqslant -1$ 且 $k \neq 1$,

∴ $k = 3$.

当 $k = 3$ 时,方程②变为 $x^2 - 3x = 0$,解得 $x_1 = 3$, $x_2 = 0$.

(3) ∵ 由(1)知 $k \geqslant -1$ 且 $k \neq 1, k \neq 2$,

又 k 是负整数,

∴ $k = -1$,

∴ 方程②变为 $3x^2 + 3mx + 4n = 0$,

∴ $x_1 + x_2 = -m$, $x_1 x_2 = \dfrac{4n}{3}$.

化简 $x_1(x_1 - k) + x_2(x_2 - k) = (x_1 - k)(x_2 - k)$, 得

$$(x_1 + x_2)^2 = 3x_1 x_2 + 1,$$

∴ $m^2 = 4n + 1$, 即 $4n = m^2 - 1$.

∵ 对于 $3x^2 + 3mx + 4n = 0$, 有 $\Delta = 9m^2 - 4 \times 3 \times 4n \geqslant 0$, 即 $9m^2 - 12 \times (m^2 - 1) \geqslant 0$,

∴ $m^2 \leqslant 4$, 即 $|m| \leqslant 2$.

思路点拨

(1) 根据分式方程根的非负性和一元二次方程的定义求参数范围.

(2) 先将字母关系代入方程消元, 然后利用韦达定理得到两整数根的乘积等于分式的形式, 再讨论分式中字母的取值.

(3) 先求出 k 值并代入方程, 再将韦达定理代入对称等式化简后的式子, 得到 m 与 n 的关系, 最后利用判别式的非负性求解 m 的取值范围.

56. 由根与系数的关系得

$\alpha_m + \beta_m = -2$, $\alpha_m \beta_m = -m^2 - m = -m(m+1)$,

即

$\alpha_1 + \beta_1 = -2$, $\alpha_1 \beta_1 = -1 \times 2$;

$\alpha_2 + \beta_2 = -2$, $\alpha_2 \beta_2 = -2 \times 3$;

……

$\alpha_{2019} + \beta_{2019} = -2$, $\alpha_{2019} \beta_{2019} = -2019 \times 2020$.

$\dfrac{1}{\alpha_1} + \dfrac{1}{\beta_1} + \dfrac{1}{\alpha_2} + \dfrac{1}{\beta_2} + \cdots + \dfrac{1}{\alpha_{2019}} + \dfrac{1}{\beta_{2019}}$

$= \dfrac{\alpha_1 + \beta_1}{\alpha_1 \beta_1} + \dfrac{\alpha_2 + \beta_2}{\alpha_2 \beta_2} + \cdots + \dfrac{\alpha_{2019} + \beta_{2019}}{\alpha_{2019} \beta_{2019}}$

$= \dfrac{2}{1 \times 2} + \dfrac{2}{2 \times 3} + \cdots + \dfrac{2}{2019 \times 2020}$

$= 2 \times \left(1 - \dfrac{1}{2} + \dfrac{1}{2} - \dfrac{1}{3} + \cdots + \dfrac{1}{2019} - \dfrac{1}{2020}\right)$

$= 2 \times \left(1 - \dfrac{1}{2020}\right) = \dfrac{2019}{1010}$.

利用韦达定理求出 $\alpha_m + \beta_m$ 和 $\alpha_m \beta_m$ 的值,然后代入所求的式子并进行化简,最后利用裂差法进行计算即可.

57. ∵ 二次函数 $y = x^2 + bx$ 的对称轴为直线 $x = 1$,

∴ $b = -2$.

∵ $x^2 + bx - t = 0$,

∴ $x^2 - 2x = t$.

方程 $x^2 - 2x = t$(t 为实数)在 $-1 < x < 4$ 范围内有解,相当于函数 $y = x^2 - 2x$ 的图像与直线 $y = t$ 在 $-1 < x < 4$ 范围内有交点.

当 $x = 4$ 时,$t = 4^2 - 2 \times 4 = 8$;当 $x = 1$ 时,二次函数有最小值 $t_{\min} = 1^2 - 2 \times 1 = -1$.

综上所述,t 的取值范围是 $-1 \leqslant t < 8$.

先根据对称轴求出二次函数解析式,然后根据二次函数的图像与直线在一定条件下的交点情况,求解参数的范围.

58. (1) ∵ 关于 x 的方程 $x^2 + 2(m-2)x + m^2 - 3m + 3 = 0$ 有两个不相等的实数根,

∴ $\Delta = [2(m-2)]^2 - 4(m^2 - 3m + 3) = 4(-m+1) > 0$,

∴ $m < 1$.

又 $m \geqslant -1$,

∴ $-1 \leqslant m < 1$.

∵ 原方程有两个实数根为 x_1, x_2,

∴ $x_1 + x_2 = -2(m-2)$,$x_1 x_2 = m^2 - 3m + 3$,

∴ $\dfrac{1}{x_1} + \dfrac{1}{x_2} = \dfrac{x_1 + x_2}{x_1 x_2} = 1$,

∴ $x_1 + x_2 = x_1 x_2$,即 $-2(m-2) = m^2 - 3m + 3$,

∴ $m = \dfrac{1 \pm \sqrt{5}}{2}$.

∵ $-1 \leqslant m < 1$,

∴ $m = \dfrac{1 - \sqrt{5}}{2}$,

∴ $2m = 1 - \sqrt{5}$,

∴ $\dfrac{1}{3 - 2m} = \dfrac{1}{3 - (1 - \sqrt{5})} = \dfrac{1}{2 + \sqrt{5}} = \sqrt{5} - 2$.

(2) 设 $y = \dfrac{mx_1}{1-x_1} + \dfrac{mx_2}{1-x_2} - m^2$，则

$$y = \dfrac{mx_1(1-x_2) + mx_2(1-x_1)}{(1-x_1)(1-x_2)} - m^2$$

$$= \dfrac{mx_1 - mx_1x_2 + mx_2 - mx_1x_2}{1-(x_1+x_2)+x_1x_2} - m^2$$

$$= \dfrac{m(x_1+x_2) - 2mx_1x_2}{1-(x_1+x_2)+x_1x_2} - m^2.$$

由(1)得 $x_1 + x_2 = -2(m-2)$，$x_1x_2 = m^2 - 3m + 3$，则

$$y = \dfrac{-2m(m-2) - 2m(m^2-3m+3)}{1+2(m-2)+(m^2-3m+3)} - m^2$$

$$= \dfrac{-2m^3 + 4m^2 - 2m}{m^2 - m} - m^2$$

$$= \dfrac{-2m(m-1)^2}{m(m-1)} - m^2$$

$$= -(m+1)^2 + 3.$$

∵ $-1 \leq m < 1$，

∴ 当 $m = -1$ 时，$y_{\max} = 3$，即 $\dfrac{mx_1}{1-x_1} + \dfrac{mx_2}{1-x_2} - m^2$ 的最大值为 3.

思路点拨

(1) 利用韦达定理得到关于 m 的等式，求得 m 的值，将其代入所求式即可求值. 注意参数的取值范围.

(2) 利用韦达定理得到关于 m 的函数式，将其整理后配方，在一定范围内求最值.

59. 令 $f(x) = mx^2 - kx + 2$，显然函数图像过点 $(0, 2)$，要使得 $f(x) = 0$ 的两根满足 $0 < x_1 < x_2 < 1$，则

$$\begin{cases} m > 0 \\ \Delta = k^2 - 8m > 0 \\ 0 < \dfrac{k}{2m} < 1 \\ f(1) = m - k + 2 > 0 \end{cases} \Rightarrow \begin{cases} k^2 > 8m & ① \\ 0 < k < 2m & ② \\ k < m + 2 & ③ \end{cases}$$

由①式得 $k^2 \geq 8m + 1$.

由③式得 $k \leq m + 1$.

∴ $8m + 1 \leq k^2 \leq (m+1)^2 = m^2 + 2m + 1$，

∴ $m^2 \geq 6m$，得 $m \geq 6$.

当 $m = 6$ 时，由①②③式得 $k = 7$.

∴ $m + k$ 的最小值为 $6 + 7 = 13$.

> **思路点拨**
>
> 把方程左边当作二次函数,根据函数图像与 x 轴的交点情况,列出满足要求的不等式,推出参数的范围,再求解代数式的最值问题.

60.(1) ∵ 方程有实数根,

∴ $\Delta = (a+b+c)^2 - 4(ab+bc+ca) = a^2 + b^2 + c^2 - 2ab - 2bc - 2ca = a(a-b-c) + b(b-a-c) + c(c-a-b) \geq 0$,

∴ $a(a-b-c) \geq b(a+c-b) + c(a+b-c) > 0$,

∴ $a-b-c > 0$,即 $a > b+c$,

∴ a,b,c 不能构成三角形的三边长.

(2) ∵ 方程有实数根 x_0,

∴ $x_0^2 - (a+b+c)x_0 + ab + bc + ca = 0$,

∴ $(x_0 - a)(x_0 - b - c) = x_0^2 - (a+b+c)x_0 + ab + ac = -bc < 0$.

又由(1)知 $a > b + c$,

∴ $b + c < x_0 < a$.

(3) ∵ 由韦达定理知 $a+b+c=15, ab+bc+ca=54$,

∴ $a^2 + b^2 + c^2 = (a+b+c)^2 - 2(ab+bc+ca) = 117 < 11^2$,

∴ $a < 11$.

又由(2)知 $a > 9$,

∴ $a = 10$,

∴ $b^2 + c^2 = 17$,

∴ $b = 4, c = 1$.

综上所述,$a = 10, b = 4, c = 1$.

> **思路点拨**
>
> (1) 若一元二次方程有实根,则根的判别式 $\Delta \geq 0$,从而建立 a,b,c 的关系,再根据"两边之和大于第三边"进行证明.
>
> (2) 构造不等式 $(x_0-a)(x_0-b-c)<0$ 进行证明.
>
> (3) 利用根与系数的关系可得 a,b,c 的关系,进而解得 a,b,c 的值.

61.∵ 方程 $x^2 + 2ax + k = 0$ 有两个不同的实数根,

∴ $\Delta = 4a^2 - 4k > 0$,即 $k < a^2$.

∵ 二次函数 $y_1 = x^2 + 2ax + a - 4, y_2 = x^2 + 2ax + k$

有相同的开口方向和对称轴，y_2 的图像与 x 轴的两个交点都在 y_1 的图像与 x 轴的两个交点之间，

∴ y_2 的图像在 y_1 的图像上方，

∴ $k > a - 4$，

∴ k 的取值范围为 $a - 4 < k < a^2$.

思路点拨

根据一元二次方程判别式的非负性可以得到 k 的一个取值范围，然后将两个方程的左边看成二次函数，根据根之间的关系推出 k 的另一个范围.

62. ∵ 由韦达定理得 $a + b = 1, ab = -1$，

∴ $\dfrac{1}{a} + \dfrac{1}{b} = \dfrac{a+b}{ab} = -1, (b-a)^2 = (a+b)^2 - 4ab = 5$，

∴ $b - a = \pm\sqrt{5}$，

∴ $\dfrac{1}{a} - \dfrac{1}{b} = \dfrac{b-a}{ab} = \pm\sqrt{5}$.

∵ 原方程组的两式相加得 $(x+y)\left(\dfrac{1}{a} + \dfrac{1}{b}\right) = (x+y) + 2$，

∴ $-(x+y) = (x+y) + 2$，得 $x + y = -1$.

又原方程组的两式相减得 $x\left(\dfrac{1}{a} - \dfrac{1}{b}\right) - y\left(\dfrac{1}{a} - \dfrac{1}{b}\right) = x - y$，

∴ $\pm\sqrt{5}(x-y) = x - y$，得 $x = y$，

∴ $x = y = -\dfrac{1}{2}$，即原方程组的解为 $\begin{cases} x = -\dfrac{1}{2} \\ y = -\dfrac{1}{2} \end{cases}$.

思路点拨

先利用韦达定理推出 a 和 b 的关系，然后将方程组的两式相加减，再用整体代入法进行化简求解.

63. 令 $\sqrt{x-1} = t$，则 $x = t^2 + 1$，原方程变为

$$\sqrt{t^2 + 2t + 1} + \sqrt{t^2 - 2t + 1} = t^2,$$

将根式化简为

$$|t+1| + |t-1| = t^2.$$

∵ $t \geq 0$，

∴ $|t+1| = t + 1 \geq 1$，

∴ $t^2 \geq 1$，即 $t \geq 1$，

∴ 原方程化简为 $t+1+t-1=t^2$,解得 $t_1=0$(舍去),$t_2=2$,

∴ $x=t^2+1=5$,即原方程的解为 $x=5$.

思路点拨

先将 $\sqrt{x-1}$ 作为整体进行换元,再将根式化简,然后解方程.

64.
$$\sqrt{x-\frac{1}{x}}+\sqrt{1-\frac{1}{x}}=x, \quad ①$$

$$\sqrt{x-\frac{1}{x}}-\sqrt{1-\frac{1}{x}}=\frac{x-1}{\sqrt{x-\frac{1}{x}}+\sqrt{1-\frac{1}{x}}}$$

$$=\frac{x-1}{x}=1-\frac{1}{x}. \quad ②$$

①+②得

$$2\sqrt{x-\frac{1}{x}}=x-\frac{1}{x}+1.$$

令 $\sqrt{x-\frac{1}{x}}=t$,则 $2t=t^2+1$,解得 $t=1$.

∴ $\sqrt{x-\frac{1}{x}}=1$,可化简为 $x^2-x-1=0$,解得

$$x_1=\frac{1+\sqrt{5}}{2}, \quad x_2=\frac{1-\sqrt{5}}{2}(舍去),$$

∴ 原方程的解为 $x=\frac{1+\sqrt{5}}{2}$.

思路点拨

先利用分子有理化构造 $\sqrt{x-\frac{1}{x}}-\sqrt{1-\frac{1}{x}}$,再结合两个方程进行求解.

65. **方法1** 原不等式可变为 $k<x-|2x-\sqrt{3}|$.

令 $y=x-|2x-\sqrt{3}|$,函数的图像如图 2.5 所示,可见 k 的取值范围是 $k<\frac{\sqrt{3}}{2}$.

方法2 当 $x>\frac{\sqrt{3}}{2}$ 时,不等式变为 $2x-\sqrt{3}+k<x$,解得 $x<\sqrt{3}-k$.

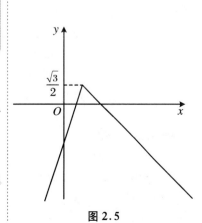

图 2.5

要使不等式有解,需满足 $\frac{\sqrt{3}}{2} < \sqrt{3} - k$ 即 $k < \frac{\sqrt{3}}{2}$.

当 $x \leqslant \frac{\sqrt{3}}{2}$ 时,不等式变为 $\sqrt{3} - 2x + k < x$,解得 $x > \frac{k + \sqrt{3}}{3}$.

要使不等式有解,需满足 $\frac{k + \sqrt{3}}{3} < \frac{\sqrt{3}}{2}$,即 $k < \frac{\sqrt{3}}{2}$.

综上所述,k 的取值范围是 $k < \frac{\sqrt{3}}{2}$.

思路点拨

方法1:分离参数,画出函数的图像,根据不等式要求直接写出范围.

方法2:分类讨论去绝对值符号,在一定范围内解不等式,然后合并范围.

66. **方法1** 不等式变为
$$(x-1)p + x^2 - 4x + 3 > 0.$$
将左边看成关于 p 的一次函数
$$f(p) = (x-1)p + x^2 - 4x + 3.$$
对于满足 $0 \leqslant p \leqslant 4$ 的一切实数,都有 $f(p) > 0$.

根据一次函数的性质,只需要满足
$$\begin{cases} f(0) = x^2 - 4x + 3 > 0 \\ f(4) = 4(x-1) + x^2 - 4x + 3 > 0 \end{cases},$$
解得 $x < -1$ 或 $x > 3$.

方法2 不等式变为 $x^2 + (p-4)x - p + 3 > 0$,分解因式得 $(x-1)(x+p-3) > 0$.

① 当 $x > 1$ 时,$x - 1 > 0$,那么 $x + p - 3 > 0$,即 $x > -p + 3$ 对任意 $0 \leqslant p \leqslant 4$ 都成立,而 $-p + 3$ 在 $0 \leqslant p \leqslant 4$ 范围内的最大值为 3(当 $p = 0$ 时),故 $x > 3$.

② 当 $x < 1$ 时,$x - 1 < 0$,那么 $x + p - 3 < 0$,即 $x < -p + 3$ 对任意 $0 \leqslant p \leqslant 4$ 都成立,而 $-p + 3$ 在 $0 \leqslant p \leqslant 4$ 范围内的最小值为 -1(当 $p = 4$ 时),故 $x < -1$.

综上所述,实数 x 的取值范围是 $x < -1$ 或 $x > 3$.

思路点拨

方法1:可以以 p 为主元,利用一次函数的知识解决.

方法2:把所有项移到不等式的一边,然后进行因式分解,直接用不等式解决.

67. **方法 1** 不妨设 $b>c$，如图 2.6 所示，在一条线段上取 $AB=a+c$，$BC=b-c$，以 BC 为直径作 $\odot O$，过点 A 作 $\odot O$ 的切线 AD.

由切割线定理得
$$AD^2 = AB \cdot AC = (a+c)(a+b) = (b+c)^2,$$
可得 $AD = b+c$.

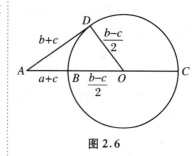

图 2.6

在 Rt$\triangle ADO$ 中，$AO>AD$，即
$$AO = a + \frac{b+c}{2} > b+c.$$

考虑到 a,b,c 为正整数，可知 $AO \geqslant b+c+\frac{1}{2}$.

在 Rt$\triangle ADO$ 中，利用勾股定理得
$$AD^2 + OD^2 = (b+c)^2 + \left(\frac{b-c}{2}\right)^2$$
$$= AO^2 \geqslant \left(b+c+\frac{1}{2}\right)^2,$$

变形为
$$\left(\frac{b-c}{2}\right)^2 \geqslant \left(b+c+\frac{1}{2}\right)^2 - (b+c)^2 = b+c+\frac{1}{4}$$
$$> b+c,$$

即 $(b-c)^2 > 4(b+c)$.

方法 2 不妨设 $b>c$，构造二次函数
$$f(x) = (x+b)(x+c) - (b+c)^2,$$
$f(x)$ 的对称轴 $x = -\frac{b+c}{2} < 0$，易知 $f(x)$ 在 $x>0$ 时随 x 的增大而增大.

$\because f\left(\frac{b+c}{2}\right) = -\frac{1}{4}(b-c)^2 < 0 = f(a)$，

$\therefore \frac{b+c}{2} < a$.

$\because a,b,c$ 为正整数，

$\therefore \frac{b+c+1}{2} \leqslant a$，

$\therefore f\left(\frac{b+c+1}{2}\right) = -\frac{1}{4}(b-c)^2 + b+c+\frac{1}{4} \leqslant f(a) = 0$，

$\therefore (b-c)^2 > 4(b+c)$.

方法 3 不妨设 $b>c$，构造二次函数
$$f(x) = (x+b)(x+c) - (b+c)^2.$$

由方法 2 可得
$\frac{b+c+1}{2} \leqslant a \Rightarrow b+c-2a+1 \leqslant 0 \Rightarrow c-a < a-b$.

再构造二次函数 $g(x) = x^2 + (b-c)x + (b+c)$，而
$g(c-a) = g(a-b) = (b+c)(b+c-2a+1) \leqslant 0$.

∵ $g(x)$ 的图像开口向上,在 $x = c - a, x = a - b$ 处都取非正值,

∴ $g(x)$ 的图像和 x 轴有两个交点,

∴ $\Delta = (b-c)^2 - 4(b+c) > 0$,即 $(b-c)^2 > 4(b+c)$.

方法 4 不妨设 $b > c$,由条件可得 $b > a > c$,可以考虑使用增量法.

设 $a = c + m, b = c + m + n$,其中 m, n 为正整数,代入已知等式,得

$$(2c + 2m + n)(2c + m) = (2c + m + n)^2,$$

变形为

$$(m - n)(m + n + 2c) = mn,$$

∴ $m - n \geq 1$,

∴ $(m + n)^2 > 4mn = 4(m - n)(m + n + 2c) \geq 4(m + n + 2c)$,

∴ $(b - c)^2 > 4(b + c)$.

思路点拨

从条件出发,可以联想到切割线定理,尝试构造几何图形;从结论出发,可以联想到二次方程根的判别式,尝试构造二次方程.

68.

$$f(x) + f(-x) = ax + bx^3 + \frac{c}{x} + \frac{d}{\sqrt[3]{x}} + 1000$$

$$+ \left(-ax - bx^3 - \frac{c}{x} - \frac{d}{\sqrt[3]{x}} + 1000\right)$$

$$= 2000,$$

则 $f(-5) = 2000 - f(5) = 2000 - 2019 = -19$.

思路点拨

先求 $f(-x)$ 与 $f(x)$ 的关系,再由 $f(5)$ 推出 $f(-5)$ 的值.

69. 当 $x = 1$ 时,有 $f(1) = \frac{1}{2}$.

当 $x = n$ 时,有

$$f(n) + f\left(\frac{1}{n}\right) = \frac{1}{1 + n^2} + \frac{1}{1 + \left(\frac{1}{n}\right)^2}$$

$$= \frac{1}{1 + n^2} + \frac{n^2}{1 + n^2} = 1.$$

$\therefore f(2)+f\left(\dfrac{1}{2}\right)=1, f(3)+f\left(\dfrac{1}{3}\right)=1,\cdots, f(2019)+f\left(\dfrac{1}{2019}\right)=1.$

$\therefore$ 原式 $= 2018\dfrac{1}{2}.$

思路点拨

先计算 $f(n)+f\left(\dfrac{1}{n}\right)$, 然后配对求值即可.

70. $\because 1=(x+1)-x=(\sqrt[3]{x+1})^3-(\sqrt[3]{x})^3=(\sqrt[3]{x+1}-\sqrt[3]{x})(\sqrt[3]{(x+1)^2}+\sqrt[3]{x^2+x}+\sqrt[3]{x^2})$,

$\therefore f(x)=\dfrac{1}{\sqrt[3]{(x+1)^2}+\sqrt[3]{x^2+x}+\sqrt[3]{x^2}}=\sqrt[3]{x+1}-\sqrt[3]{x}$,

$\therefore f(1)+f(2)+\cdots+f(511)=\sqrt[3]{2}-\sqrt[3]{1}+\sqrt[3]{3}-\sqrt[3]{2}+\cdots+\sqrt[3]{512}-\sqrt[3]{511}=\sqrt[3]{512}-\sqrt[3]{1}=7.$

思路点拨

先利用立方差公式对分母进行化简,变成可裂项的形式,然后代入自变量进行化简求值.

71. $\because y=x^2+2mx+m^2+m-1=(x+m)^2+m-1$,

$\therefore$ 抛物线的顶点为 $(-m, m-1)$.

令 $\begin{cases} x=-m \\ y=m-1 \end{cases}$, 消去 m 得 $y=-x-1$, 即为顶点所在直线的解析式.

思路点拨

将二次函数 $y=x^2+2mx+m^2+m-1$ 配方,求出顶点的坐标,再消去 m, 得到顶点横、纵坐标的关系,即得顶点所在直线的解析式.

72. $\because$ 二次函数的对称轴为 $x=-\dfrac{-8}{2\times 2}=2$,

又 $-2<x<-1$ 时,它的图像位于 x 轴的下方,

$\therefore 5<x<6$ 时,它的图像也位于 x 轴的下方.

$\because 6<x<7$ 时,它的图像位于 x 轴的上方,

$\therefore$ 二次函数必过点 $(6, 0)$,

$\therefore 2\times 6^2-8\times 6+m=0$, 得 $m=-24.$

根据二次函数的对称轴 $x=2$，得到 $5<x<6$ 时图像的位置，结合 $6<x<7$ 时的图像可以判断出抛物线与 x 轴的交点坐标.

73. 二次函数的对称轴为 $x=-\dfrac{2a}{2}=-a$.

① ∵ 当 $x=-a<-1$，即 $a>1$ 时，在 $-1\leqslant x\leqslant 2$ 范围内 y 随 x 的增大而增大，

∴ 二次函数在 $x=-1$ 时取最小值 -4，

∴ $(-1)^2+2a\times(-1)+a=-4$，解得 $a=5$，满足 $a>1$.

② ∵ 当 $-1\leqslant a\leqslant 2$，即 $-2\leqslant a\leqslant 1$ 时，二次函数在顶点处取最小值 -4，

∴ $(-a)^2+2a(-a)+a=-4$，解得 $a_1=\dfrac{1-\sqrt{17}}{2}$，$a_2=\dfrac{1+\sqrt{17}}{2}$（舍去）.

③ ∵ 当 $x=-a>2$，即 $a<-2$ 时，在 $-1\leqslant x\leqslant 2$ 范围内 y 随 x 的增大而减小，

∴ 二次函数在 $x=2$ 时取最小值 -4，

∴ $2^2+2a\times 2+a=-4$，解得 $a=-\dfrac{9}{5}$，不满足 $a<-2$.

综上所述，a 的值为 5 或 $\dfrac{1-\sqrt{17}}{2}$.

思路点拨

分三种情况考虑：对称轴在 $x=-1$ 的左边；对称轴在 -1 到 2 之间；对称轴在 $x=2$ 的右边. 当对称轴在 $x=-1$ 的左边和对称轴在 $x=2$ 的右边时，可根据二次函数的增减性来判断函数取最小值时的 x 值，然后把此时的 x 值与函数最小值 -4 代入二次函数解析式，即可求出 a 的值；当对称轴在 -1 到 2 之间时，顶点为最低点，则顶点的纵坐标为 -4，列出关于 a 的方程，即可得到满足题意的 a 值.

74. ∵ 函数图像的开口向上，对称轴为 $x=\dfrac{9+a}{6}$，距离对称轴越近，函数值越小，

∴ 函数要在 $x=6$ 或 7 时取最小值，必须满足 $5.5\leqslant$

$\frac{9+a}{6} \leqslant 7.5$,解得 $24 \leqslant a \leqslant 36$.

> **思路点拨**
> 根据在 $x=6$ 或 $x=7$ 时取得最小值,且 x 取整数,判断出对称轴的取值范围在 5.5 到 7.5 之间(包括端点),然后列出不等式组求解即可得到 a 的取值范围.

75. 二次函数的对称轴为 $x=-\frac{-4a}{4}=a$.

① 当 $a<-1$ 时,$f(x)$ 在 $-1 \leqslant x \leqslant 2$ 上随 x 的增大而增大,则 $f(x)$ 在 $x=-1$ 时取最小值,最小值为 $f(-1)=a^2+6a+4$.

② 当 $-1 \leqslant a \leqslant 2$ 时,$f(x)$ 在顶点处取最小值,最小值为 $f(a)=-a^2+2a+2$.

③ 当 $a>2$ 时,$f(x)$ 在 $-1 \leqslant x \leqslant 2$ 上随 x 的增大而减小,则 $f(x)$ 在 $x=2$ 时取最小值,最小值为 $f(2)=a^2-6a+10$.

若 $a^2+6a+4=-1$,则 $a_1=-1$(不满足 $a<-1$,舍去),$a_2=-5$.

若 $-a^2+2a+2=-1$,则 $a_1=3$(不满足 $-1 \leqslant a \leqslant 2$,舍去),$a_2=-1$.

若 $a^2-6a+10=-1$,则 $a^2-6a+11=0$,$\Delta=(-6)^2-4 \times 11 < 0$,无解.

综上所述,最小值为 -1 时,a 的取值为 -1 或 -5.

> **思路点拨**
> 先求出抛物线的对称轴 $x=a$,然后分 $a<-1$、$-1 \leqslant a \leqslant 2$、$a>2$ 三种情况,根据二次函数的增减性解答.将最小值 -1 分别代入关于 a 的一元二次方程即可求解 a 值.

76. (1) ∵ 在 $t \leqslant x \leqslant t+2$ 范围内,当 $x=t$ 时函数取最大值,

∴ y 随 x 的增大而减小,$x=t$ 在对称轴 $x=3$ 的右侧,

∴ $t \geqslant 3$.

(2) 由 $-x^2+6x-7=1$ 得 $x_1=2,x_2=4$.

当 $x=2$ 时,在对称轴左侧,y 随 x 的增大而增大,由 $t+2=2$ 得 $t=0$.

当 $x=4$ 时,在对称轴右侧,y 随 x 的增大而减小,则 $t=4$.

综上所述，$t=0$ 或 4.

(3) ∵ 在顶点处函数值恰好为2，

∴ 二次函数图像的顶点为$(3,2)$，

∴ $t \leqslant x \leqslant t+2$ 包含顶点的横坐标3，

∴ $t \leqslant 3 \leqslant t+2$，即 $1 \leqslant t \leqslant 3$.

(4) 当 $x=t$ 和 $x=t+2$ 关于对称轴 $x=3$ 对称时，a 最大. 此时 $t=2$，a 的最大值为 $-2^2+6\times 2-7=1$.

(5) 由 $-x^2+6x-7=-2$ 得 $x_1=1$，$x_2=5$.

∵ $1 \leqslant x \leqslant t$ 必须包含顶点，但不能包含 $x>5$ 的点，

∴ $3 \leqslant t \leqslant 5$.

思路点拨

(1) 在 $x=t$ 时函数取最大值，则取值范围应在对称轴的右侧.

(2)、(3) 先求出对应的 x 值，再分析 t 的取值情况.

(4) 根据图像的性质，当对称轴在取值范围内时，最小值 a 最大.

(5) 结合图像，分析 t 的取值范围.

77. (1) 函数 $y=|x^2-2x-3|$ 的图像是将 $y=x^2-2x-3$ 的图像在 x 轴下方的部分翻折到 x 轴上方，如图 2.7 所示.

函数图像与直线 $y=x+m$ 有三个不同的交点，分别为以下两种情况：

① 直线 $y=x+m$ 过点 $(-1,0)$，此时 $m=1$.

② 直线 $y=x+m$ 与函数图像在 $-1 \leqslant x \leqslant 3$ 部分相切.

由 $\begin{cases} y=x+m \\ y=-x^2+2x+3 \end{cases}$ 得 $x^2-x+(m-3)=0$.

再由 $\Delta=(-1)^2-4(m-3)=0$ 得 $m=\dfrac{13}{4}$.

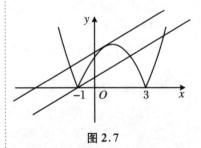

图 2.7

综上所述，$m=1$ 或 $\dfrac{13}{4}$.

(2) 由(1)的分析和图 2.7 可知，函数图像与直线 $y=x+m$ 有四个交点时 $1<m<\dfrac{13}{4}$.

(3) ① 直线 $y=6x+m$ 与函数 $y=x^2-2x-3$ 的图像相切.

由 $\begin{cases} y=6x+m \\ y=x^2-2x-3 \end{cases}$ 得 $x^2-8x-3-m=0$.

再由 $\Delta=(-8)^2-4(-3-m)=0$ 得 $m=-19$.

② 直线 $y=6x+m$ 与函数 $y=-x^2+2x+3$ 的图像相切.

由 $\begin{cases} y=6x+m \\ y=-x^2+2x+3 \end{cases}$ 得 $x^2+4x+m-3=0$.

再由 $\Delta=4^2-4(m-3)=0$ 得 $m=7$.

由图 2.8 可知,函数图像与直线 $y=6x+m$ 有两个不同交点时,$m>-19$.

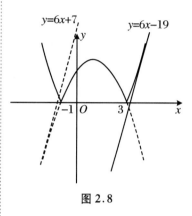

图 2.8

思路点拨

先根据函数解析式画出图形,然后结合图形找出它与直线有不同交点的情形,最后求得临界情况下直线的解析式,从而可求得 m 的取值范围.

78. ∵ 当 $x=-1$ 时,$y=a-b+c>0$,

又由 $x=-\dfrac{b}{2a}<\dfrac{1}{2}$,$a>0$ 得 $-b<a$,

∴ $0<a-b+c<a+a+c=2a+c$,

∴ $2a+c>0$,①错误.

结合图像易知②正确.

∵ 方程 $ax^2+bx+k=0$ 有实数解,即 $ax^2+bx+c=c-k$ 有实数解,

又 $y=ax^2+bx+c\geqslant n$,

∴ $c-k\geqslant n$,即 $k\leqslant c-n$,③错误.

设抛物线的解析式为 $y=-\dfrac{1}{n}(x-m)^2+n$ ($n<0$).

令 $-\dfrac{1}{n}(x-m)^2+n=0$.

∴ $n^2-(x-m)^2=0$,

∴ $(n-x+m)(n+x-m)=0$,

∴ $x_1=m+n$,$x_2=m-n$,$|AB|=|x_1-x_2|=-2n$.

又 $y_P=n$,设对称轴交 x 轴于点 H,

∴ $AH=BH=PH=-n$,$\triangle ABP$ 为等腰直角三角形,④正确.

综上所述,②④正确.

思路点拨

① 根据图 1.2 和取自变量为特殊值时函数值的范围,构造系数关系的不等式.② 根据二次函数图像的增减性和对称性比较函数值.③ 利用二次函数的图像与直线 $y=n$ 的位置关系,得到方程有解时的参数范围.④ 带参数求解 $\triangle ABP$ 中边的关系,得到结论.

79. (1) 当 $x_1 = x_2$ 时,$\dfrac{x_1^3}{x_2^3} + \dfrac{x_2^3}{x_1^3} = 2$,则函数为 $f(x) = 2nx - 4n$.

∵ 当 $-2 \leqslant x \leqslant 1$ 时,函数 $f(x) < 0$ 恒成立,

∴ $\begin{cases} f(-2) \leqslant 0 \\ f(1) \leqslant 0 \end{cases}$,

∴ $n \geqslant 0$.

∴ 当 $x_1 = x_2$ 时,n 的取值范围是 $n \geqslant 0$.

(2) 当 $x_1 \neq x_2$ 时,由题意得 x_1, x_2 是方程 $t^2 + t - 1 = 0$ 的两个根.

由韦达定理得 $x_1 + x_2 = -1$,$x_1 x_2 = -1$,则

$$m = \dfrac{x_1^3}{x_2^3} + \dfrac{x_2^3}{x_1^3} = \dfrac{x_1^6 + x_2^6}{x_1^3 x_2^3} = -(x_1^6 + x_2^6)$$
$$= -(x_1^2 + x_2^2)[(x_1^2 + x_2^2)^2 - 3x_1^2 x_2^2].$$

而 $x_1^2 + x_2^2 = (x_1 + x_2)^2 - 2x_1 x_2 = 3$,代入上式得 $m = -18$.

此时函数 $f(x) = -x^2 + 2nx - 4n = -(x - n)^2 + n^2 - 4n$.

当 $-2 \leqslant x \leqslant 1$ 时,$f(x) < 0$ 恒成立,可分三种情况考虑:

① 当 $n < -2$ 时,只需 $f(-2) = -4 - 4n - 4n \leqslant 0$,得 $n \geqslant -\dfrac{1}{2}$,这与 $n < -2$ 矛盾,舍去.

② 当 $-2 \leqslant n \leqslant 1$ 时,只需 $n^2 - 4n \leqslant 0$,得 $0 \leqslant n \leqslant 4$,故 n 的取值范围为 $0 \leqslant n \leqslant 1$.

③ 当 $n > 1$ 时,只需 $f(1) = -1 + 2n - 4n \leqslant 0$,得 $n \geqslant -\dfrac{1}{2}$,故 n 的取值范围为 $n > 1$.

由以上三种情况可知,当 $x_1 \neq x_2$ 时 n 的取值范围为 $n \geqslant 0$.

综合(1)(2)得 n 的取值范围为 $n \geqslant 0$.

思路点拨

首先分情况讨论,在 $x_1 = x_2$ 和 $x_1 \neq x_2$ 两种情况下分别求出 m 的值,再将 m 值代入函数化简,然后根据不同的函数形式分类讨论得到 n 的取值范围.

80. (1) ∵ $(b-1)^2 + (c-11)^2 \leqslant 0$,

∴ 只能 $b - 1 = 0$,$c - 11 = 0$,即 $b = 1$,$c = 11$.

(2) 过 $A(a, 0)$ 的直线解析式为 $y = k(x - a)$.

由 $\begin{cases} y = k(x - a) \\ y = x^2 + x + 11 \end{cases}$ 得 $x^2 + (1 - k)x + (11 - kx) = 0$.

∵ 上述方程有两个相等的实数根,

∴ $\Delta = (1-k)^2 - 4(11-ka) = 0$,即 $k^2 + (4a-2)k - 43 = 0$,

∴ 由韦达定理得 $k_1 k_2 = -43$.

(3) 方法1 设这个点为 $P(m, n^2)$,其中 m 为正整数,n 为自然数.

∴ $m^2 + m + 11 = n^2$,

∴ $4n^2 - (2m+1)^2 = 43$,

∴ $[2n + (2m+1)][2n - (2m+1)] = 43$.

∵ 43 是质数,且 $2n + (2m+1) > 2n - (2m+1)$,$2n + (2m+1) > 0$,

∴ $2n + (2m+1) = 43, 2n - (2m+1) = 1$,

∴ $m = 10, n = 11$,

∴ 存在满足条件的点,此点的坐标为 $(10, 121)$.

方法2 ∵ $x^2 < x^2 + x + 11 < (x+4)^2$,

∴ $x^2 + x + 11 = (x+1)^2$ 或 $(x+2)^2$ 或 $(x+3)^2$.

当 $x^2 + x + 11 = (x+1)^2$ 时,$x = 10$.

当 $x^2 + x + 11 = (x+2)^2$ 时,无整数解.

当 $x^2 + x + 11 = (x+3)^2$ 时,无整数解.

综上所述,存在满足条件的点,此点的坐标为 $(10, 121)$.

思路点拨

(1) 先对已知不等式的左边进行配方,再利用代数式的非负性求出 b, c 的值.

(2) 根据函数只有一个公共点,得到联立后的方程判别式为 0,从而求出 k_1 与 k_2 的关系.

(3) ① 先列出等式,进行因式分解后分类讨论字母的取值;② 先估算完全平方式的范围,再列方程求解即可.

81. 运用待定系数法求得直线 MN 的表达式为 $y = -\frac{1}{3}x + \frac{5}{3}$.联立直线与抛物线的解析式,得 $ax^2 - x + 2 = -\frac{1}{3}x + \frac{5}{3}$,化简为 $3ax^2 - 2x + 1 = 0$.

据题意,该方程有两个解 x_1, x_2,且 $-1 \leq x_1 < x_2 \leq 2$.

令 $f(x) = 3ax^2 - 2x + 1$.

当 $a > 0$ 时,如图 2.9(a)所示,有

$$\begin{cases} (-2)^2 - 12a > 0 \\ 3a + 2 + 1 \geqslant 0 \\ 12a - 4 + 1 \geqslant 0, \\ -1 < \dfrac{1}{3a} < 2 \end{cases}$$

解得 $\dfrac{1}{4} \leqslant a < \dfrac{1}{3}$.

当 $a < 0$ 时,如图 2.9(b)所示,有

$$\begin{cases} (-2)^2 - 12a > 0 \\ 3a + 2 + 1 \leqslant 0 \\ 12a - 4 + 1 \leqslant 0, \\ -1 < \dfrac{1}{3a} < 2 \end{cases}$$

解得 $a \leqslant -1$.

综上所述,故 a 的取值范围是 $a \leqslant -1$ 或 $\dfrac{1}{4} \leqslant a < \dfrac{1}{3}$.

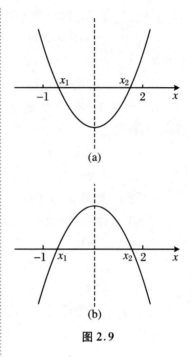

图 2.9

思路点拨

先求出线段所在直线的函数解析式,联立两个函数解析式,在一定范围内讨论新方程的解的存在性,进而分析参数需要满足的范围.

82. (1) $M\{\sin 45°, \cos 60°, \tan 60°\} = M\left\{\dfrac{\sqrt{2}}{2}, \dfrac{1}{2}, \sqrt{3}\right\} = \dfrac{\sqrt{2}}{2}$.

∵ $\max\{3, 5-3x, 2x-6\} = 3$,解得 $\dfrac{2}{3} \leqslant x \leqslant 4.5$.

∴ $\begin{cases} 5 - 3x \leqslant 3 \\ 2x - 6 \leqslant 3 \end{cases}$,

∴ $\dfrac{2}{3} \leqslant x \leqslant \dfrac{9}{2}$.

(2)

$$M\{2, x+2, x+4\} = \begin{cases} x + 4 & (x \leqslant -2) \\ 2 & (-2 < x < 0). \\ x + 2 & (x \geqslant 0) \end{cases}$$

$$\max\{2, x+2, x+4\} = \begin{cases} 2 & (x \leqslant -2) \\ x + 4 & (x > -2) \end{cases}.$$

① 当 $x \leqslant -2$ 时,根据题意有 $2(x+4) = 2$,解得 $x = -3$.

② 当 $-2 < x < 0$ 时,根据题意有 $x + 4 = 2$,解得 $x = -2$(不合题意,舍).

③ 当 $x \geqslant 0$ 时,根据题意有 $2(x+2) = x+4$,解得 $x = 0$.

综上所述,满足题意的 x 值为 -3 或 0.

(3) 方法1 $M\{9,x^2,3x-2\}=\max\{9,x^2,3x-2\}$.

① 由图2.10可知,当 $x<-3$ 时,$M\{9,x^2,3x-2\}=9$,$\max\{9,x^2,3x-2\}=x^2$,解得 $x=\pm 3$(不合题意,舍去).

② 由图2.10可知,当 $-3\leqslant x<1$ 时,$M\{9,x^2,3x-2\}=x^2$,$\max\{9,x^2,3x-2\}=9$,解得 $x=-3$.

③ 由图2.10可知,当 $1\leqslant x<2$ 时,$M\{9,x^2,3x-2\}=3x-2$,$\max\{9,x^2,3x-2\}=9$,解得 $x=\dfrac{11}{3}$(不合题意,舍去).

④ 由图2.10可知,当 $2\leqslant x<3$ 时,$M\{9,x^2,3x-2\}=x^2$,$\max\{9,x^2,3x-2\}=9$,解得 $x=\pm 3$(不合题意,舍去).

⑤ 由图2.10可知,当 $3\leqslant x<\dfrac{11}{3}$ 时,$M\{9,x^2,3x-2\}=9$,$\max\{9,x^2,3x-2\}=x^2$,解得 $x=3$.

⑥ 由图2.10可知,当 $\dfrac{11}{3}\leqslant x$ 时,$M\{9,x^2,3x-2\}=3x-2$,$\max\{9,x^2,3x-2\}=x^2$,解得 $x=1$,$x=2$(不合题意,舍去).

综上所述,满足题意的 x 值为 ± 3.

方法2 不妨设 $y_1=9$,$y_2=x^2$,$y_3=3x-2$,如图2.10所示.

结合图像不难看出,在交点 A,B 处,$y_1=y_2=9$,且满足 $M\{9,x^2,3x-2\}=\max\{9,x^2,3x-2\}$.

此时 $x^2=9$,解得 $x=\pm 3$.

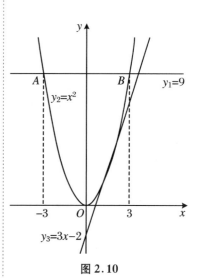

图 2.10

思路点拨

(1) 分别求出三个特殊角的三角函数值,即可求出中位数;构造不等式组求解.

(2) 结合题意通过分类讨论进行求解. 根据新定义和已知分情况讨论:① 2 最大时,$x+4\leqslant 2$;② 2 是中间的数时,$x+2\leqslant 2\leqslant x+4$;③ 2 最小时,$x+2\geqslant 2$.

(3) ① 根据图像和题意分类讨论;② 不妨设 $y_1=9$,$y_2=x^2$,$y_3=3x-2$,画出图像,根据 $M\{9,x^2,3x-2\}=\max\{9,x^2,3x-2\}$ 可知:三个函数值的中间值与最大值相等,即有两个图像较高的函数相交时,对应的 x 值符合条件.

83. $\because \{a\}=a-[a]$,
$\therefore a=[a]+\{a\}$.

已知

$$\begin{cases} x + [y] + \{z\} = -0.9 & ① \\ [x] + \{y\} + z = 0.2, & ② \\ \{x\} + y + [z] = 1.3 & ③ \end{cases}$$

①+②+③得

$$x + y + z = 0.3. \qquad ④$$

④-①得 $\{y\} + [z] = 1.2$,易知 $\{y\} = 0.2, [z] = 1$.
④-②得 $\{x\} + [y] = 0.1$,易知 $\{x\} = 0.1, [y] = 0$.
④-③得 $\{z\} + [x] = -1$,易知 $\{z\} = 0, [x] = -1$.
$\therefore x = [x] + \{x\} = -0.9, y = [y] + \{y\} = 0.2, z = [z] + \{z\} = 1$,
$\therefore 10(x+y) + z = 10 \times (-0.9 + 0.2) + 1 = -6$.

思路点拨

$a = \{a\} + [a]$,表示实数 $a = a$ 的整数部分 $+ a$ 的小数部分,将三个等式相加可得 $x + y + z = 0.3$,依次与三个等式相减得到 x, y, z 的值,代入 $10(x+y) + z$ 可求得结果.

84. 设 $x_1, x_2, x_3, \cdots, x_{2020}$ 中有 a 个 -1、b 个 1、c 个 2,则

$$\begin{cases} -a + b + 2c = 200 \\ a + b + 4c = 2020 \end{cases},$$

且 $a + b + c \leqslant 2020$.

两式相加后除以 2 得 $b + 3c = 1110$,则 $0 \leqslant c \leqslant 370$.
$\therefore x_1^3 + x_2^3 + \cdots + x_{2020}^3 = -a + b + 8c = 6c + 200$,
$\therefore 200 \leqslant 6c + 200 \leqslant 2420$.

当 $a = 910, b = 1110, c = 0$ 时,$x_1^3 + x_2^3 + \cdots + x_{2020}^3$ 取最小值 200.

当 $a = 540, b = 0, c = 370$ 时,$x_1^3 + x_2^3 + \cdots + x_{2020}^3$ 取最大值 2420.

思路点拨

设 $x_1, x_2, x_3, \cdots, x_{2020}$ 中有 a 个 -1,b 个 1,c 个 2,根据条件②③列出方程,得到 a, b, c 的关系式,再求 $x_1^3 + x_2^3 + \cdots + x_{2020}^3$ 的范围.

85. 设 $a = \sqrt{6} + \sqrt{5}, b = \sqrt{6} - \sqrt{5}$,下面计算 $a^6 + b^6$.
$\because a + b = 2\sqrt{6}, ab = 1$,
$\therefore a^2 + b^2 = (a+b)^2 - 2ab = 22, a^4 + b^4 = (a^2 + b^2)^2$

$-2a^2b^2 = 482$,

∴ $a^6 + b^6 = (a^2 + b^2)(a^4 - a^2b^2 + b^4) = 10582$.

∵ $0 < b = (\sqrt{6} - \sqrt{5})^6 < 1$,

∴ $[(\sqrt{6} + \sqrt{5})^6] = 10582 - 1 = 10581$.

思路点拨

构造 $(\sqrt{6}+\sqrt{5})^6 + (\sqrt{6}-\sqrt{5})^6$,通过计算可得到整数值,而 $0 < (\sqrt{6}-\sqrt{5})^6 < 1$,由此可以得到 $(\sqrt{6}+\sqrt{5})^6$ 的整数部分.

86.(1) 假设三位"阶梯数" $t = \overline{a(a+k)a}$,这里的 k 可以为负数,则 $M = 2a, N = a + k$.

由 $P(t) = 2(a+k) - 2a = 2k = 12$ 得 $k = 6$.

$Q(t) = 2a + a + k = 3a + 6 = 3(a+2)$ 为完全平方数,可知 $a+2$ 必须为 3 的倍数,且 $\dfrac{a+2}{3}$ 是完全平方数,只能 $a = 1$.

综上所述,这个三位数为 171.

(2) 假设五位"阶梯数" $t = \overline{a(a+k)(a+2k)(a+k)a}$.

t 能被 4 整数,那么它的后两位所组成的数 $\overline{(a+k)a}$ 能被 4 整除,而 $\overline{(a+k)a} = 10(a+k) + a = (8a+8k) + 3a + 2k$,则 $3a + 2k$ 能被 4 整除. $M = 3a + 2k, N = 2a + 2k$, $Q(t) = 5a + 4k = 4(a+k) + a$.

根据 $Q(t)$ 除以 4 余 2,可知 a 除以 4 余 2,只能 $a = 2$ 或 6.

① 要使得 t 最大,显然 $a = 6$,而 $3a + 2k = 18 + 2k = 2(k+9)$ 是 4 的倍数,可得 k 为奇数,$6 + 2k \leq 9$, k 最大为 1,则五位"阶梯数" t 的最大值为 67876.

② 要使得 t 最小,显然 $a = 2$,而 $3a + 2k = 6 + 2k = 2(k+3)$ 是 4 的倍数,可得 k 为奇数,$2 + 2k \geq 0$, k 最小为 -1,则五位"阶梯数" t 的最小值为 21012.

思路点拨

根据题意可知,"阶梯数"其实是一个回文数,而且中间数字是最大数或最小数,从中间位到高、低位的数字均形成等差数列.根据这些特征就可以用变量假设这个多位数,然后将 $M, N, P(t), Q(t)$ 表示出来.

87.(1) 不唯一,如 1188,2475,9900 等.

猜想任意一个"极数"是 99 的倍数.理由如下:

设任意一个"极数"为$\overline{xy(9-x)(9-y)}$，则

$$\overline{xy(9-x)(9-y)} = 1000x + 100y + 10(9-x) + (9-y)$$
$$= 990x + 99y + 99$$
$$= 99(10x + y + 1).$$

∵ x,y 为整数，

∴ $10x + y + 1$ 为整数，

∴ 任意一个"极数"是 99 的倍数．

(2) 设 $m = \overline{xy(9-x)(9-y)}$，其中 $1 \leqslant x \leqslant 9, 0 \leqslant y \leqslant 9$，且 x,y 为整数．

由题意得

$$D(m) = \frac{99(10x + y + 1)}{33} = 3(10x + y + 1).$$

∵ $1 \leqslant x \leqslant 9, 0 \leqslant y \leqslant 9$，

∴ $33 \leqslant 3(10x + y + 1) \leqslant 300$．

∵ $D(m)$ 为完全平方数且为 3 的倍数，

∴ $D(m)$ 可取 36,81,144,225．

① 当 $D(m) = 36$ 时，$3(10x + y + 1) = 36$，得 $10x + y + 1 = 12$，则 $x = 1, y = 1, m = 1188$．

② 当 $D(m) = 81$ 时，$3(10x + y + 1) = 81$，得 $10x + y + 1 = 27$，则 $x = 2, y = 6, m = 2673$．

③ $D(m) = 144$ 时，$3(10x + y + 1) = 144$，得 $10x + y + 1 = 48$，则 $x = 4, y = 7, m = 4752$．

④ $D(m) = 225$ 时，$3(10x + y + 1) = 225$，得 $10x + y + 1 = 75$，则 $x = 7, y = 4, m = 7425$．

综上所述，满足 $D(m)$ 为完全平方数的 m 值有 1188，2673，4752，7425．

思路点拨

(1) 根据"极数"的定义，任意写出三个"极数"即可；由"极数"的定义可得 $n = 99(10x + y + 1)$，进而可得任意一个"极数"都是 99 的倍数．

(2) $D(m) = 3(10x + y + 1)$，根据 $D(m)$ 为完全平方数，结合估算范围，找出 $10x + y + 1$ 的值，从而解得 x, y, m 的值．

88.（1）对于任意一个"相异数"$n = \overline{abc}$，有

$$F(n) = \frac{\overline{acb} + \overline{cba} + \overline{bac}}{111} = \frac{111(a + b + c)}{111}$$
$$= a + b + c,$$

∴ $F(243) = 2 + 4 + 3 = 9, F(617) = 1 + 6 + 7 = 14$．

(2) ∵ $F(s) = F(\overline{x32}) = x + 3 + 2 = x + 5$, $F(t) = F(\overline{15y}) = 1 + 5 + y = y + 6$,

又 $F(s) + F(t) = x + 5 + y + 6 = 18$,

∴ $x + y = 7$.

要使得 $k = \dfrac{F(s)}{F(t)}$ 的值大,那么 x 尽量大,y 尽量小,而 $t = \overline{15y}$ 是"相异数",y 不能等于 1,至少为 2,此时 $x = 5$,$k = \dfrac{5+5}{2+6} = \dfrac{5}{4}$,即 k 的最大值为 $\dfrac{5}{4}$.

思路点拨

(1) 根据 $F(n)$ 的定义式,用字母推出 $F(n)$ 与三位数各数位上的数的关系,再将 $n = 243$ 和 $n = 617$ 代入关系式中,即可求值.

(2) 根据 $s = 100x + 32$, $t = 150 + y$,结合 $F(s) + F(t) = 18$,即可得出关于 x, y 的二元一次方程,解得 x 和 y 的关系.再根据"相异数"的定义,结合 $F(n)$ 的定义式,即可求出 k 的最大值.

89.(1) 对任意一个完全平方数 m,设 $m = n^2$(n 为正整数).

∵ $|n - n| = 0$,

∴ $n \times n$ 是 m 的最佳分解,

∴ 对任意一个完全平方数 m,总有 $F(m) = \dfrac{n}{n} = 1$.

(2) 设交换 t 的个位上的数与十位上的数得到的新数为 t',则 $t' = 10y + x$.

∵ t 为"吉祥数",

∴ $t' - t = (10y + x) - (10x + y) = 9(y - x) = 18$,

∴ $y = x + 2$.

∵ $1 \leqslant x \leqslant y \leqslant 9$, x, y 为自然数,

∴ "吉祥数"有 13,24,35,46,57,68,79,

∴ $F(13) = \dfrac{1}{13}$, $F(24) = \dfrac{4}{6} = \dfrac{2}{3}$, $F(35) = \dfrac{5}{7}$, $F(46) = \dfrac{2}{23}$, $F(57) = \dfrac{3}{19}$, $F(68) = \dfrac{4}{17}$, $F(79) = \dfrac{1}{79}$.

∵ $\dfrac{5}{7} > \dfrac{2}{3} > \dfrac{4}{17} > \dfrac{3}{19} > \dfrac{2}{23} > \dfrac{1}{13} > \dfrac{1}{79}$,

∴ 所有"吉祥数"中 $F(t)$ 的最大值是 $\dfrac{5}{7}$.

思路点拨

(1) 根据题意可设 $m = n^2$,由最佳分解的定义可得 $F(m) = \dfrac{n}{n} = 1$.

(2) 根据"吉祥数"的定义可知 $(10y+x)-(10x+y) = 18$,即 $y = x+2$,结合 x 的取值范围可得两位数的"吉祥数",很容易求出每个"吉祥数"$F(t)$的值.

90. (1) 不妨设 $a \leqslant b \leqslant c$.

∵ 三位正整数 t 中,有一个数位上的数字是另外两数位上的数字的平均数,

∴ 重新排序后,其中两个数位上数字的和是另一个数位上数字的2倍,

∴ $a+c-2b = 0$,即 $(b-a)-(c-b) = 0$,

∴ $F(t) = 0$.

(2) ∵ $m = 200+10x+y = \overline{2xy}$ 是"善雅数",

∴ x 是偶数,$2+x+y$ 是3的倍数.

∵ 数字和 $2+x+y$ 是完全平方数,

∴ 只能 $2+x+y = 9$,得 $x+y = 7$.

符合条件的解有:

当 $x = 0$ 时,$y = 7$;当 $x = 2$ 时,$y = 5$;当 $x = 4$ 时,$y = 3$;当 $x = 6$ 时,$y = 1$.

满足条件的"善雅数"有 207,225,243,261.

由(1)可知,所有符合条件的"善雅数"中 $F(m)$ 的最大值是 $|2-3|-|3-4| = 0$.

思路点拨

(1) 不妨设 $a \leqslant b \leqslant c$,由平均数的定义推导 a,b,c 的关系,从而算出 $F(t)$ 的值.

(2) 根据三位"善雅数"的定义,可知 x 为偶数,$2+x+y$ 是3的倍数,且 $2+x+y < 30$.又根据 m 的各位数字之和为一个完全平方数,可得 $2+x+y = 3^2 = 9$,继而求得答案.

91. (1) ∵ 这个"递减数"不大于 $13 \times 9 = 117$,

∴ 这个"递减数"只能是两位数.

假设这个"递减数"为 $\overline{(a+1)a}$.

∴ $\overline{(a+1)a} = 13a$,即 $10(a+1)+a = 13a$,解得 $a = 5$,

∴ 这个"递减数"为 65.

(2) 假设三位"递减数"为 $\overline{(a+2)(a+1)a}(a\leqslant 7)$，四位自然数 $t=\overline{m(a+2)(a+1)a}$，则

$$t = 1000m + 100(a+2) + 10(a+1) + a$$
$$= 1000m + 111a + 210$$
$$= (1001m + 100a + 209) + (a+1-m).$$

∵ 1001,110,209 能被 11 整除，

∴ $a+1-m$ 能被 11 整除，

∴ $m = a+1$.

又 $m+(a+2)+(a+1)+a = (a+1)+(a+2)+(a+1)+a = 4(a+1)$ 是完全平方数，

∴ $a+1$ 是完全平方数.

∵ $a+1\leqslant 8$，

∴ 只能 $a+1=1$ 或 4，得 $a=0$ 或 3.

当 $a=0$ 时，$m=1$，$t=1210$；当 $a=3$ 时，$m=4$，$t=4543$.

思路点拨

(1) 根据这个"递减数"是其个位数字的 13 倍，推出该数是两位数.再根据"递减数"的定义，设其个位为 a，则十位为 $a+1$，即可依据题意列方程求解.

(2) 设一个三位"递减数"的个位为 a，根据数 t 恰好能被 11 整除可得出 $m=a+1$.再根据数 m 与这个三位"递减数"各数位上的数字之和是一个完全平方数，可得 $4a+4=4$ 或 16，从而求解.

92. (1) $t=\overline{abc}$，由题意知 $a+c-b=6$.

∵ t 能被 10 整除，

∴ $c=0, a=b+6$.

∵ t 能被 3 整除，

∴ $a+b+c = (b+6)+b+0 = 2b+6$ 能被 3 整除，

∴ $2b$ 能被 3 整除，

∴ b 能被 3 整除，只能 $b=0$ 或 3，

∴ $t=600$ 或 930.

(2) ∵ $t_1 = \overline{xyz}$，$t_2 = \overline{myn}$ 都是"和顺数"，

∴ $x+z = y+6$，$m+n = y+6$，

∴ $x+z = m+n$，

∴ $x-m = n-z$.

假设 $x-m = n-z = a$，由题意知 $a\geqslant 1$.

∵ $F(t_1) = 3x-z$，$F(t_2) = 3m-n$，

又 $3F(t_1) = 4F(t_2) - 2$,
∴ $9x - 3z = 12m - 4n - 2$,
∴ $3x - n = 12(x - m) + 3(n - z) + 2 = 15a + 2$.
∵ $3x - n < 3x \leq 27$,
∴ 只能 $a = 1$,
∴ $3x - n = 17$.

思路点拨

(1) 由题意得到 $a + c - b = 6$,然后根据 3 和 10 的整除特性,推出 a, b, c 的关系.

(2) 用代数式表示两个"和顺数",根据 $3F(t_1) = 4F(t_2) - 2$ 得到字母间的关系,然后用关于 a 的代数式表示 $3x - n$,由参数的取值范围得到具体值.

93. (1) 65 和 91.

(2) ∵ $t = \overline{cdab} = 100\overline{cd} + \overline{ab}$,

又 $\overline{ab}$ 和 t 都是 13 的倍数,

∴ $100\overline{cd}$ 是 13 的倍数,

∴ $\overline{cd}$ 是 13 的倍数.

又 $1 \leq c, d \leq 3$,

∴ 只能 $\overline{cd} = 13$.

∴ $\dfrac{2018s + t}{s} = 2018 + \dfrac{t}{s} = 2018 + \dfrac{1300 + \overline{ab}}{\overline{ab}} = 2019 + \dfrac{1300}{\overline{ab}}$ 是整数,

∴ $\overline{ab}$ 是 1300 的因数.

∵ 65 和 91 中只有 65 是 1300 的因数,

∴ $\overline{ab} = 65$,

∴ t 的值为 1365.

思路点拨

(1) 根据题意即可直接写出两个二位"转运数".

(2) 根据位值原理分析出 $\overline{cd} = 13$;要使 $\dfrac{2018s + t}{s}$ 为整数,则 $\dfrac{t}{s}$ 为整数,讨论 $s = 65, 91$ 是否符合题意.

94. (1) $F(767, 634) = 76 + 63 = 139$, $F(978, 445) = 95 + 74 = 169$.

(2) ∵ $s = \overline{5xy}$ 是"圆梦数",

∴ $y = x + 1$,

∴ $s = \overline{5x(x+1)}$.

∵ $t = 210 + 100a + b = \overline{(2+a)1b}$ 是"圆梦数",

∴ $b = 2$,

∴ $t = \overline{(2+a)12}$.

① ∵ 当 $x \geqslant 5$ 时,有

$F(s,312) - F(t,678)$
$= F(\overline{5x(x+1)}, 312) - F(\overline{(2+a)12}, 678)$
$= \overline{(x+1)3} + 51 - \overline{(2+a)8} - 16$
$= 10(x+1) + 3 + 51 - 10(2+a) - 8 - 16$
$= 10(x-a) + 20$,

∴ $a = x$.

∵ $5 \leqslant x \leqslant 7$,

∴ $K(s,t) = |s-t| = |\overline{5x(x+1)} - \overline{(2+x)12}| = |289 - 89x| = 89x - 289$,

∴ 当 $x = 7$ 时, $K(s,t)$ 最大, 为 $89 \times 7 - 289 = 334$.

② ∵ 当 $x \leqslant 4$ 时,有

$F(s,312) - F(t,678)$
$= F(\overline{5x(x+1)}, 312) - F(\overline{(2+a)12}, 678)$
$= 53 + \overline{x1} - \overline{(2+a)8} - 16$
$= 53 + 10x + 1 - 10(2+a) - 8 - 16$
$= 10(x-a) + 10 = 20$,

∴ $x = a + 1$.

∵ $1 \leqslant x \leqslant 4$,

∴ $K(s,t) = |s-t| = |\overline{5x(x+1)} - \overline{(1+x)12}| = |389 - 89x| = 389 - 89x$,

∴ 当 $x = 1$ 时, $K(s,t)$ 最大, 为 $389 - 89 \times 1 = 300$.

综上所述, $K(s,t)$ 的最大值为 334.

思路点拨

(1) 根据新定义,仿照样例进行解答便可.

(2) 根据"圆梦数"的定义,可以确定 b 的值以及 x 与 y 的等量关系;根据 F 的定义与 $F(s,321) - F(t,678) = 20$,确定 x 与 a 的等量关系;由 $K(s,t) = |s-t|$ 得到 x 的代数式;根据 x 的取值范围便可求得 $K(s,t)$ 的最大值.

95. (1) 假设二位正整数 $A = \overline{ab}$, 根据题意可知 A 的"外同源数"为 $\overline{baba}$, A 的"内同源数"为 $A = \overline{abab}$.

∵ $\overline{abab}$ 能被 5 整除且 $b \neq 0$,

∴ $b = 5$.

$\because \overline{baba}$ 能被 3 整除,

$\therefore$ 它的数字和 $2(a+b)$ 能被 3 整除,

$\therefore a+b$ 能被 3 整除,

$\therefore$ 由 $b=5$ 可得 $a=1,4$ 或 7,

$\therefore A$ 的值为 15,45 或 75.

(2) 假设 $M=\overline{ab}, N=\overline{cd}, P=\overline{ef}$.

根据题意,$G(M)=2(a+b), G(N)=2(c+d)$,
$G(P)=2(e+f)$.

$\because 39G(M)+G(P)+37G(N)=386$,

$\therefore 78(a+b)+74(c+d)+2(e+f)=386$,化简得
$\quad 39(a+b)+37(c+d)+(e+f)=193$.

由于 $a+b \geqslant 2, c+d \geqslant 2$,若 $a+b$ 和 $c+d$ 都为奇数,则 $a+b \geqslant 3, c+d \geqslant 3$,故 $39(a+b)+37(c+d)+(e+f)$
$> 39 \times 3 > 193$,矛盾.

$\therefore a+b$ 和 $c+d$ 必有一个偶数,

$\therefore G(M) \cdot G(N)=2(a+b) \cdot 2(c+d)=4(a+b) \cdot (c+d)$ 必是 8 的倍数.

> **思路点拨**
>
> (1) 先假设 $A=\overline{ab}$,根据题意写出 A 的"外同源数"和"内同源数",然后分析 3 和 5 的倍数特点,得到 a,b 的可能值.
>
> (2) 假设 M,N,P,根据"同源和"的定义,得到关于 M,N 的关系,再利用奇偶性即可证明.

96. (1) $\because$ 两个三位数 $\overline{a43}, \overline{2bc}$ 互为"调和数",

$\therefore a+3+4=2+b+c$,

$\therefore a=b+c-5$.

$\overline{a43}+\overline{2bc} = 100a+10b+c+243$
$= 100(b+c-5)+10b+c+243$
$= 110b+101c-257$
$= (99b+99c-198)+(11b+2c-59)$.

$\because 99b+99c-198$ 是 99 的倍数,

$\therefore 11b+2c-59$ 是 99 的倍数.

$\because 0 \leqslant 16b+2c \leqslant 11 \times 9+2 \times 9=117$,

$\therefore$ 只能 $11b+2c=59$,

$\therefore b=5, c=2$,

$\therefore a=b+c-5=2$,

$\therefore$ 这两个"调和数"分别是 243 和 252.

(2) $\because A,B$ 互为"调和数",

$\therefore x+y=m+n$.

由题意知 $A+B=3(B-A)$，可得
$B=2A \Leftrightarrow \overline{mn}=2\overline{xy}$
$\Leftrightarrow 10m+n=2(10x+y)$
$\Leftrightarrow 9m+(m+n)=18x+2(x+y)$
$\Leftrightarrow 9m=18x+(x+y)$
$\Leftrightarrow x+y=9(m-2x)$，
∴ $x+y$ 是 9 的倍数.
∵ $B=2A\leqslant 99$，
∴ $A=\overline{xy}\leqslant 49$，
∴ $1\leqslant x+y\leqslant 13$，
∴ $x+y=9$，
∴ $y=-x+9$.

思路点拨

（1）先利用"调和数"得出 $a=b+c-5$；再求出 $\overline{a43}+\overline{2bc}=99(b+c-2)+(11b+2c-59)$，根据两个三位数之和是 99 的倍数，可知 $11b+2c-59=0$；最后利用 $0\leqslant b\leqslant a\leqslant 9,0\leqslant c\leqslant 9$ 且 a,b,c 为整数，即可得出结论.

（2）先利用"调和数"，得出 $x+y=m+n$；再根据 A 与 B 之和是 B 与 A 之差的 3 倍，得出 $B=2A$，从而推出 $x+y=9(m-2x)$ 是 9 的倍数；最后估算 $x+y$ 的取值范围，即可得出结论.

97．（1）根据题意，$736+4\times 5=756,75+4\times 6=99$.
∵ 99 不能被 13 整除，
∴ 7365 不是"自觉数".

方法 1 假设一个数的个位是 y，去掉个位余下的数是 x，那么这个数为 $10x+y$.
∵ $5(10x+y)+2(x+4y)=52x+13y=13(4x+y)$ 是 13 的倍数，
又 $10x+y$ 是 13 的倍数，
∴ $2(x+4y)$ 是 13 的倍数，
∴ $x+4y$ 是 13 的倍数，
∴ $\overline{xy}$ 一定是"自觉数".

方法 2 设任意整数为 $\overline{ab}$（b 是一位数），则 $13|10a+b$.
∵ $\overline{ab}=10a+b=10(a+4b)-39b$，
∴ $a+4b$ 是 13 的倍数，
∴ $\overline{ab}$ 为"自觉数".

(2) 方法 1　假设一个数 t 的个位是 y，去掉个位余下的数是 x，那么这个数为 $t = 10x + y$.

∵ $5(10x + y) + 7(x + 2y) = 57x + 19y = 19(3x + y)$ 是 19 的倍数，

又 $t' = x + 2y$ 能被 19 整除，

∴ $5(10x + y)$ 能被 19 整除，

∴ $10x + y$ 能被 19 整除，即原数 t 一定能被 19 整除.

方法 2　设任意整数为 $\overline{ab}$（b 是一位数），则 $19 \mid a + 2b$.

∵ $\overline{ab} = 10a + b = 10(a + 2b) - 19b$，

∴ 原数 t 一定能被 19 整除.

(3) 方法 1　∵ 1001 是 7 的倍数，$100 - K \times 1$ 是 7 的倍数，

又 $1 \leqslant K \leqslant 5$，

∴ $K = 2$.

下面证明 $K = 2$ 满足要求.

假设一个数 t 的个位是 y，去掉个位余下的数是 x，那么这个数为 $t = 10x + y$.

∵ $(10x + y) + 4(x - 2y) = 14x - 7y = 7(2x - y)$ 是 7 的倍数，

又 $t' = x - 2y$ 能被 7 整除，

∴ $10x + y$ 能被 7 整除，

∴ 原数 t 一定能被 7 整除.

方法 2　设任意整数为 $\overline{ab}$（b 是一位数），则 $7 \mid a - Kb$.

∵ $\overline{ab} = 10a + b = 10(a - Kb) + (10K + 1)b$，

∴ $10K + 1$ 是 7 的倍数.

又 $1 \leqslant K \leqslant 5$，

∴ $K = 2$.

(4) 假设四位数 $n = \overline{abcd}$.

∵ 它是 65 的倍数，

∴ 这个数是 5 和 13 的倍数，

∴ $d = 5$.

又后两位 $\overline{cd} = \overline{c5}$ 是完全平方数，

∴ $\overline{cd} = 25$.

又 $\overline{abcd} = \overline{ab25}$ 是 13 的倍数，

∴ 根据 (1) 的结论可得 $\overline{ab2} + 5 \times 4 = \overline{ab2} + 20$ 是 13 的倍数.

∵ $\overline{ab2} + 20$ 的个位是 2，去掉个位余下的数是 $\overline{ab} + 2$，

∴ $\overline{ab} + 2 + 2 \times 4 = \overline{ab} + 10$ 是 13 的倍数.

又$\overline{ab}$是完全平方数,

∴$\overline{ab}$ = 16,25,36,49,64,81.

经检验,只有当$\overline{ab}$ = 16 或 81 时,$\overline{ab}$ + 10 才是 13 的倍数.

综上所述,满足条件的四位数 n 为 1625 或 8125.

思路点拨

前三个问题中,可设任意整数为$\overline{xy}$(y 是一位数),然后凑出 $10x + y$ 与新数($x + 4y, x + 2y, x - Ky$)和倍数之间的关系,得到最后的结论;也可根据原数和新数的关系,设数位上的字母后直接列出表示数的代数式,通过拼凑得出关键式子与倍数的关系.

最后一个问题中,先根据这个四位数是 5 的倍数,推出四位数的后两位,再根据第一问的结论,结合完全平方数推出前两位.

98.(1)假设一个"网红数"A 的末三位数字表示的数为 n,末三位之前的数字表示的数是 m,则 $A = 1000m + n$.

∵ $A = 1000m + n = 1001m + (n - m)$,

又 1001 和 $n - m$ 都是 11 的倍数,

∴ A 是 11 的倍数.

(2)假设一个数 A 的末三位数字表示的数为 n,末三位之前的数字表示的数是 m,则 $A = 1000m + n$.

∵ $A = 1000m + n = 1001m + (n - m)$,

又,只要 $n - m$ 是 K 的倍数,那么 A 就是 K 的倍数,

∴ 对于任意正整数 m,$1001m$ 是 K 的倍数,

∴ K 是 1001 的因数,

∴ 满足条件的正整数 K 为 1,7,11,13,77,91,143,1001.

(3)∵ $s + t$ 为"网红数",

∴ $s + t$ 为 11 的倍数.

∵ $s + t = 101a + 1010b + 1442 = 11(9a + 92b + 131) + 2a - 2b + 1$,

∴ $2a - 2b + 1$ 是 11 的倍数.

∵ $1 \leqslant a \leqslant 7, 0 \leqslant b \leqslant 5$,

∴ $\begin{cases} a = 5 \\ b = 0 \end{cases}$ 或 $\begin{cases} a = 6 \\ b = 1 \end{cases}$ 或 $\begin{cases} a = 7 \\ b = 2 \end{cases}$,

∴ $t = 1642$ 或 2742 或 3842.

∵ $G(P) = \dfrac{x^2+x-z(1+x)+1}{x-z} = \dfrac{(x-z)(1+x)+1}{x-z}$

$= 1+x+\dfrac{1}{x-z}$,

∴ 当 $x > z$ 时, x 越大, $G(P)$ 越大,

∴ 当 $t = 3842$ 时, $G(t)$ 最大, 为 $1+38+\dfrac{1}{38-2} = 39\dfrac{1}{36}$.

思路点拨

前两个问题中, 设一个"网红数"的末三位数为 n, 末三位之前的数是 m, 根据题意可得 $A = 1000m + n$, 然后找到 A 与 $n - m$ 的关系, 可得 $A = 1000m + n = 1001m + (n - m)$, 从而得出结论.

最后一个问题中, 由(1)可知 $s + t$ 为 11 的倍数, 则 $s + t = 101a + 1010b + 1442 = 11(9a + 92b + 131) + 2a - 2b + 1$. 再根据 $2a - 2b + 1$ 的取值范围, 可以得到 a, b 的可能值. 最后化简 $G(P)$, 代入 $x = 38, z = 2$, 求出其最大值.

99. (1) ∵ "美满数" $x = a^2 - b^2 = (a-b)(a+b)$,

又 $a + b$ 和 $a - b$ 的奇偶性相同,

∴ "美满数" x 只能是奇数或 4 的倍数.

∵ 2018 除以 4 余 2,

∴ 2018 不是"美满数".

(2) 由(1)可知, "美满数" x 只能是奇数或 4 的倍数.

∵ 1 不是"美满数", 对于大于 1 的奇数 $2k+1(k \geq 1)$, 可以写成 $2k+1 = (k+1)^2 - k^2$,

∴ 1~2019 中满足条件的奇数有 $\dfrac{2019-3}{2} + 1 = 1009$ 个.

∵ 显然, 4 不是"美满数", 其他 4 的倍数 $4k(k \geq 2)$ 可以写成 $4k = (k+1)^2 - (k-1)^2$,

∴ 1~2019 中满足条件的 4 的倍数有 $\dfrac{2016-8}{4} + 1 = 503$ 个,

∴ 1~2019 这 2019 个自然数中一共有 $1009 + 503 = 1512$ 个"美满数".

(3) 假设"美好数"为 $\overline{zyyz}$,数字和 $2(z+y)$ 为 6 的倍数.

∴ $z+y$ 是 3 的倍数,

∴ $11(z+y)$ 是 33 的倍数,

∴ $\overline{zyyz} = 1001z + 110y = 33(30z+3y) + 11(z+y)$ 一定能被 33 整除.

(4) 要使得 $a^2 + b^2 = x + 2b^2$ 大,则 b 尽量大.

∵ $b = \dfrac{(a+b)-(a-b)}{2}$,

∴ 最佳平方差分解应该让 $a+b$ 和 $a-b$ 的差尽量大.

假设"美好数"为 $m = \overline{zyyz}$,另一个"美好数"为 $\overline{tsst}$,由题意可得

$$\overline{zyyz} = (\overline{st})^2 - (\overline{ts})^2 = (\overline{st} + \overline{ts})(\overline{st} - \overline{ts}),$$

∴ $1001z + 110y = 11(s+t) \cdot 9(s-t)$,化简为

$$91z + 10y = 9(s+t)(s-t),$$

∴ $91z + 10y = 9(10z+y) + (z+y)$ 是 9 的倍数,

∴ $z+y$ 是 9 的倍数,

∴ $z+y=9$.

又 $z<y$,

∴ $\begin{cases} z=1 \\ y=8 \end{cases}, \begin{cases} z=2 \\ y=7 \end{cases}, \begin{cases} z=3 \\ y=6 \end{cases}, \begin{cases} z=4 \\ y=5 \end{cases},$

∴ m 可能为 1881,2772,3663,4554.

又 4554 除以 4 余 2,不是"美满数",

∴ 满足条件的 m 只能为 1881,2772,3663.

① ∵ $1881 = 1881 \times 1$,

∴ $a+b = 1881, a-b = 1$,

∴ $a = 941, b = 940$,

∴ $F(1881) = \dfrac{941}{940}$.

② ∵ $2772 = 1386 \times 2$,

∴ $a+b = 1386, a-b = 2$,

∴ $a = 694, b = 692$,

∴ $F(2772) = \dfrac{694}{692} = \dfrac{347}{346}$.

③ ∵ $3663 = 3663 \times 1$,

∴ $a+b = 3663, a-b = 1$,

∴ $a = 1832, b = 1831$,

∴ $F(3663) = \dfrac{1832}{1831}$.

∴ $\frac{1832}{1831} < \frac{941}{940} < \frac{347}{346}$,

∴ 所有满足条件的数 m 中 $F(m)$ 的最大值为 $\frac{347}{346}$.

思路点拨

（1）、（2）根据"美满数"的定义可得 $x = a^2 - b^2 = (a-b)(a+b)$，再结合 $a+b$ 和 $a-b$ 的奇偶性相同，可得"美满数" x 只能是奇数或 4 的倍数（除 4 外），从而对问题进行分析.

（3）假设"美好数"为 $\overline{zyyz}$，则数字和 $2(z+y)$ 为 6 的倍数，从而 $z+y$ 是 3 的倍数；由 $\overline{zyyz} = 1001z + 110y = 33(30z + 3y) + 11(z+y)$ 可以得到结论.

（4）假设"美好数"为 $m = \overline{zyyz}$，另一个"美好数"为 $\overline{tsst}$，可以得到 $\overline{zyyz} = (\overline{st})^2 - (\overline{ts})^2 = (\overline{st} + \overline{ts})(\overline{st} - \overline{ts})$，化简后可得 $91z + 10y = 9(s+t)(s-t) = 9(10z+y) + (z+y)$，推出 $z+y$ 是 9 的倍数，然后进行分类讨论.

100．（1）设任意的一个三位数 $n = \overline{abc}$，则

$n_1 = 100(b+c-a) + 10b + c$,

$n_2 = 100a + 10(a+c-b)$,

$n_3 = 100a + 10b + (a+b-c)$,

∴ $F(n) = 100(a+b+c) + 10(a+b+c) + (a+b+c) = 111(a+b+c)$,

∴ $F(212) = 111 \times (2+1+2) = 555$, $F(739) = 111 \times (7+3+9) = 2109$.

（2）∵ $t = \overline{xyz}$ 是"三角形数"，

∴ $2x = x + x < x + y + z = 17$,

∴ $x \leq 8$.

同理，$y \leq 8, z \leq 8$.

$s - m = 100x + 30y + 109 - (204 + 10y) = 100x + 20y - 95 = 100(x-1) + 20y + 5$.

① 当 $y \leq 4$ 时，$s - m = \overline{(x-1)(2y)5}$，数字和 $x - 1 + 2y + 5 = 18$，化简得 $x + 2y = 14$. 满足条件的解为 $\begin{cases} x = 6 \\ y = 4 \end{cases}, \begin{cases} x = 8 \\ y = 3 \end{cases}$.

② 当 $y \geq 5$ 时，$s - m = \overline{x(2y-10)5}$，数字和 $x + 2y - 10 + 5 = 18$，化简得 $x + 2y = 23$. 满足条件的解为 $\begin{cases} x = 7 \\ y = 8 \end{cases}$.

综上所述，满足条件的 t 为 647,836,782.

$$k(647)=\left|\frac{647-697}{647-547}\right|=\frac{1}{2},$$

$$k(638)=\left|\frac{836-916}{836-136}\right|=\frac{4}{35},$$

$$k(782)=\left|\frac{782-712}{782-382}\right|=\frac{7}{40}.$$

∵ $\frac{4}{35}<\frac{7}{40}<\frac{1}{2}$,

∴ $k(t)$ 的最大值为 $\frac{1}{2}$.

思路点拨

(1) 用字母表示三位数 $n=\overline{abc}$, 然后根据定义推出 n_1, n_2, n_3 的形式,最后相加得到 $F(n)$ 的结果.

(2) 先由"三角形数"的定义得到 x, y, z 的取值范围,然后再根据 $s-m$ 各个数位上的数字之和是 18,得到关于 x, y 的关系,分类讨论得到它们的值,从而求解 $k(t)$ 的最大值.

第三部分　圆100题

1. 如图3.1所示,在⊙O中,点C在优弧$\overset{\frown}{AB}$上,将弧$\overset{\frown}{BC}$沿BC折叠后刚好经过AB的中点D.若⊙O的半径为$\sqrt{5}$,AB=4,求BC的长.

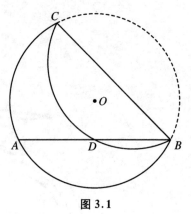

图3.1

2. 如图3.2所示,⊙O的直径AB=10,弦CD∥AB,且$CD=2\sqrt{21}$,将⊙O沿弦BF折叠,弧$\overset{\frown}{BF}$恰好与CD相切于点E,求弦BF的长.

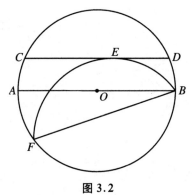

图3.2

3. 如图 3.3 所示,将⊙O 上的弧$\overset{\frown}{BC}$沿弦BC 翻折交半径OA 于点D,再将弧$\overset{\frown}{BD}$沿BD 翻折交弦BC 于点E,连接 DE. 若 $AB=10, OD=1$,求线段 DE 的长.

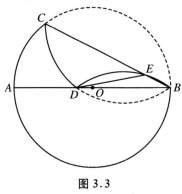

图 3.3

4. 如图 3.4 所示,抛物线 $y=ax^2+6ax$(a 为常数,$a>0$)与 x 轴交于 O、A 两点,点 B 为抛物线的顶点,点 D 的坐标为$(t,0)$($-3<t<0$),连接 BD 并延长与过 O、A、B 三点的⊙P 相交于点C.

(1) 求点 A 的坐标.

(2) 过点 C 作⊙P 的切线CE 交 x 轴于点E.

① 如图(a)所示,求证:$CE=DE$.

② 如图(b)所示,连接 AC、BE、BO,当 $a=\dfrac{\sqrt{3}}{3}$,$\angle CAE=\angle OBE$ 时,求 $\dfrac{1}{OD}-\dfrac{1}{OE}$的值.

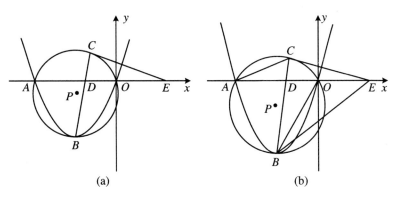

图 3.4

5. 如图 3.5 所示，PA 是 $\odot O$ 的切线，A 是切点，AC 是直径，AB 是弦，连接 PB、PC，PC 交 AB 于点 E，且 $PA = PB$.

(1) 求证：PB 是 $\odot O$ 的切线.

(2) 若 $\angle APC = 3\angle BPC$，求 $\dfrac{PE}{CE}$ 的值.

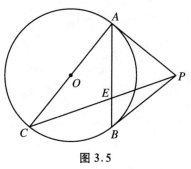

图 3.5

6. 如图 3.6 所示，$\odot O$ 的半径为 5，点 P 在 $\odot O$ 上，点 A 在 $\odot O$ 内，且 $AP = 3$，过点 A 作 AP 的垂线交 $\odot O$ 于点 B、C. 设 $PB = x$，$PC = y$，则 y 与 x 的函数表达式为_____.

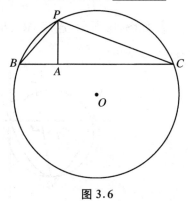

图 3.6

7. 如图3.7所示，$\angle BAC = \angle BDC = 90°$，$AB = AC$，连接 AD 交 BC 于点 E，过点 E 作 $EF \perp AB$ 于点 F. 若 $CD = 3$，$S_{\triangle FBD} = 4$，求 AD 的长．

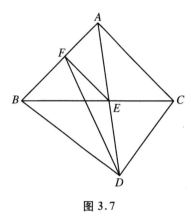

图3.7

8. 如图3.8所示，AB 为 $\odot O$ 的切线，$\angle DAC = 90°$，作 $BE \parallel CD$，求证：$\angle AFB = 90°$，$EG = BG$.

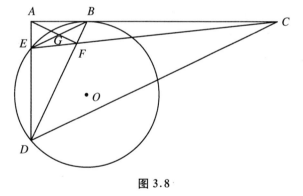

图3.8

9. 如图3.9所示，AB 为半圆 O 的直径，$BC \perp AB$ 且 $BC = AB$，射线 BD 交半圆 O 的切线于点 E、交半圆 O 于点 D，连接 CD，$DF \perp CD$ 交 AB 于点 F. 若 $AE = 2BF$，$DF = 2\sqrt{10}$，求 $\odot O$ 的半径.

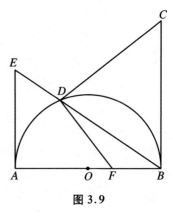

图 3.9

10. 如图3.10所示，四边形 $ABCD$ 内接于 $\odot O$，AC 平分 $\angle BCD$，过点 A 作 $AE \parallel BC$，交 CD 于点 E，连接 BE. 已知 $\angle BAC + \angle DAE = \angle AFB$.

(1) 求证：$BC = BE$.

(2) 若 $DE = 5$，$BE = 16$，求 CF 的长.

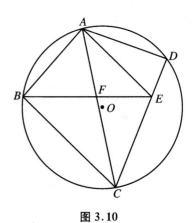

图 3.10

11. 如图 3.11 所示,在 △ABC 中,$\cos \angle CAB = \dfrac{1}{4}$,$2AC + AB = 8$,构造 △ABC 的外接圆,点 D 在劣弧 $\overparen{BC}$ 上,$DB = 2CD$,求 AD 的长度.

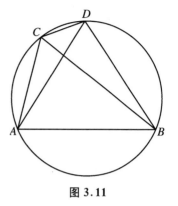

图 3.11

12. 如图 3.12 所示,点 E 在 △ABC 的边 AB 上,过点 B、C、E 的 ⊙O 切 AC 于点 C,直径 CD 交 BE 于点 F,连接 BD、DE.已知 ∠A = ∠CDE,$AC = 2\sqrt{2}$,$BD = 1$,求 BF.

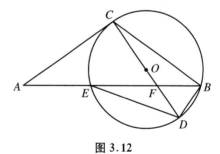

图 3.12

13. 如图 3.13 所示,点 A、D 在以 BC 为直径的半圆上,D 是弧 $\overset{\frown}{AC}$ 的中点,AC 与 BD 交于点 E. 若 $AE=3$, $CD=2\sqrt{5}$, 求 BC 的长.

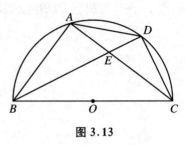

图 3.13

14. 如图 3.14 所示,以正六边形 $ABCDEF$ 的对角线 AC 的中点 O 为圆心、OB 为半径作 $\odot O$, AQ 与 $\odot O$ 切于点 P, 交 DE 于点 Q. 若 $AQ=12\sqrt{3}$, 求 $\odot O$ 的半径.

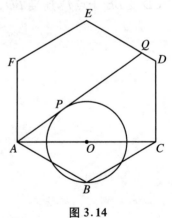

图 3.14

15. 如图 3.15 所示,在 Rt△ABC 中,∠ACB=90°,E 为 AB 上一点,以点 A 为圆心、AE 为半径的圆交△ABC 的直角边于点 G,过点 E 作 DE∥AC 交⊙A 于点 F、交 BC 于点 D,连接 CE. 若 $\dfrac{BD}{CD}=2$,∠AFB=90°,求 $\dfrac{AG}{CE}$ 的值.

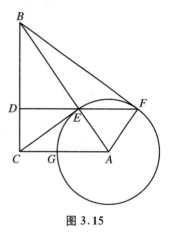

图 3.15

16. 如图 3.16 所示,圆 O 在矩形 ABCD 内,且与 AB、BC 边都相切,E 是边 BC 上一点,将△DCE 沿 DE 翻折,点 C 的对称点 F 恰好落在圆 O 上. 已知 AB=20,BC=25,CE=10,则圆 O 的半径为_____.

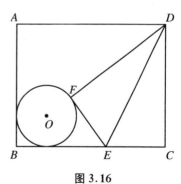

图 3.16

17. 如图 3.17 所示,锐角△ABC 内接于⊙O(AB>AC),AD⊥BC 于点 D,BE⊥AC 于点 E,AD、BE 交于点 F.

   (1) 如图(a)所示,若⊙O 的半径为 5,AC = 8,求 BF 的长.

   (2) 如图(b)所示,连接 OA,若 OA = AF,AC = BF,求∠OAD 的大小.

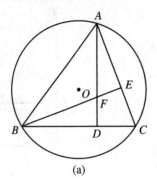
(a)

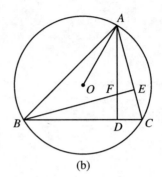
(b)

图 3.17

18. 如图 3.18 所示,AB 是⊙O 的直径,AB = 4,C 为 AB 延长线上一点,且 BC = 1,直线 l⊥AC,垂足为 C,P 为⊙O 上异于 A、B 的动点,直线 AP、PB 分别交直线 l 于 M、N 两点.

   (1) 当∠A = 30°时,MN 的长为_____.

   (2) 在 P 点移动的过程中,以 MN 为直径作⊙P 交 AC 于点 Q,求 AQ.

   (3) MN 是否存在最大值或最小值?若存在,求出相应的最值;若不存在,请说明理由.

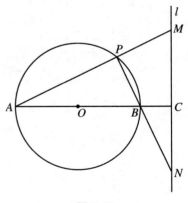

图 3.18

19. 如图3.19(a)所示,⊙O 经过等边三角形 ABC 的顶点 A、C(圆心 O 在△ABC 内),分别与 AB、CB 的延长线交于点 D、E,连接 DE,BF⊥EC 交 AE 于点 F.

(1) 求证:BD = BE.

(2) 当 AF : EF = 3 : 2,AC = 6 时,求 AE 的长.

(3) 设 $\dfrac{AF}{EF} = x$,$\tan \angle DAE = y$.

① 求 y 关于 x 的函数表达式.

② 如图3.19(b)所示,连接 OF、OB,若△AEC 面积是△BFO 面积的 10 倍,求 y 的值.

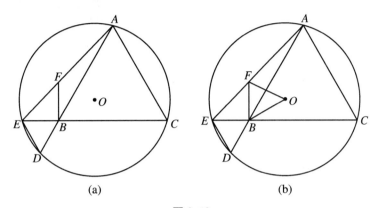

图 3.19

20. 如图 3.20 所示, ⊙O 的半径为 4, A、B、C、D 是 ⊙O 上的四点, ∠ADB = ∠CBD = 30°. 点 P 在弦 BD 上, PE∥AB 交 AD 于点 E, PF∥CD 交 BC 于点 F, 则 PE + PF 的值是_____.

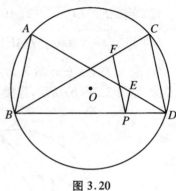

图 3.20

21. 如图 3.21 所示, 已知线段 AB = 2, MN⊥AB 于点 M, 且 AM = BM, P 是射线 MN 上一动点, E、D 分别是 PA、PB 的中点, 过点 A、M、D 的圆与 BP 交于另一点 C(点 C 在线段 BD 上), 连接 AC、DE.

(1) 当 ∠APB = 28°时, 求 ∠B 和弧 $\overset{\frown}{CM}$ 的度数.

(2) 求证: AC = AB.

(3) ① 当 MP = 4 时, 取四边形 ACDE 一边的两端点和线段 MP 上一点 Q, 若以这三点为顶点的三角形是直角三角形, 且 Q 为锐角的顶点, 求所有满足条件的 MQ 的值.

② 记 AP 与圆的另一个交点为 F, 将点 F 绕点 D 旋转 90°得到点 G, 当点 G 恰好落在 MN 上时, 连接 AG、CG、DG、EG, 直接写出△ACG 和△DEG 的面积之比.

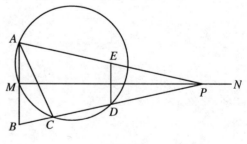

图 3.21

22. 如图 3.22 所示,已知 P 为锐角 $\angle MAN$ 内部一动点,过点 P 作 $PB \perp AM$ 于点 B, $PC \perp AN$ 于点 C,以 PB 为直径作 $\odot O$,交直线 CP 于点 D,连接 AP、BD,AP 交 $\odot O$ 于点 E.

(1) 求证:$\angle BPD = \angle BAC$.

(2) 连接 EB、ED,当 $\tan \angle BAC = 2$,$AB = 2\sqrt{5}$ 时,在点 P 的整个运动过程中:

① 若 $\angle BDE = 45°$,求 PD 的长.

② 若 $\triangle BED$ 为等腰三角形,求所有满足条件的 BD 的长.

(3) 连接 OC、EC,OC 交 AP 于点 F,当 $\tan \angle MAN = 1$,$OC \parallel BE$ 时,记 $\triangle OFP$ 的面积为 S_1,$\triangle CFE$ 的面积为 S_2,请写出 $\dfrac{S_1}{S_2}$ 的值.

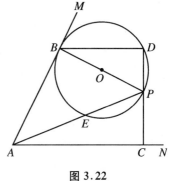

图 3.22

23. 如图 3.23 所示,在 Rt△ABC 中,∠ABC = 90°,⊙O(圆心 O 在△ABC 内部)经过 B、C 两点,交线段 AC 于点 D,直径 BH 交 AC 于点 E,点 A 关于直线 BD 的对称点 F 落在 ⊙O 上,连接 BF.

(1) 求证:∠C = 45°.

(2) 在圆心 O 运动的过程中:

① 若 $\tan \angle EDF = \dfrac{4}{3}$,$AB = 6$,求 CE 的长.

② 若点 F 关于 AC 的对称点 Q 落在△BFE 边上,求 $\dfrac{EO}{BO}$ 的值.

(3) 令⊙O 与边 AB 的另一个交点为 P,连接 PC 交 BD 于点 Q,若 PC⊥BF,垂足为点 G,求证:BD = AD + CE.

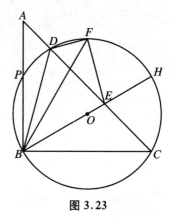

图 3.23

24. 如图 3.24(a)所示,在矩形 ABCD 中,AD = 2AB,延长 DC 至点 E,使得 CE = BC,⊙O 经过 B、D、E 三点交 AD 于点 F,设 AB = x.

(1) 连接 OB、OD,请直接写出 ∠BOD 的度数和⊙O 的半径(用含 x 的代数式表示).

(2) 证明:F 是 AD 的中点.

(3) 如图 3.24(b)所示,延长 AD 至点 G,使得 FG = 10,连接 GE 交弧 $\overparen{DE}$ 于点 H.

① 连接 BD,当 DH 与四边形 BDHE 其他三边中的一边相等时,请求出所有满足条件的 x 值.

② 若点 G 关于直线 DH 的对称点 P 恰好落在⊙O 上,连接 BP、EP,请求出 $\dfrac{S_{\triangle BEP}}{S_{\triangle DEH}}$ 的值.

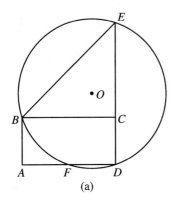
(a)

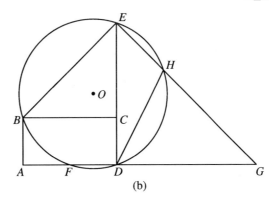
(b)

图 3.24

25. 如图 3.25 所示，AB 是 $\odot O$ 的直径，$AB=6$，点 P 在半径 OA 上(不与端点重合)，过点 P 作弦 $CD\perp AB$，DO 的延长线交 $\odot O$ 于点 E，作弦 $EF\perp AB$ 于点 Q，连接 CQ 交 OE 于点 M，连接 PM、PF、MF，MF 交 AB 于点 N．设 $AP=x$．

(1) 求证：$ON=QN$．

(2) 当 $\triangle MFP$ 为直角三角形时，求 x 的值．

(3) 当 x 为何值时，$\triangle MPQ$ 的面积取得最大值？求出这个最大值．

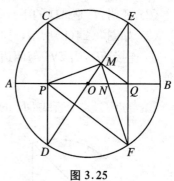

图 3.25

26. 如图 3.26 所示，在平面直角坐标系中，$A(3,4)$，$B(5,0)$，连接 AO、AB，点 C 是线段 AO 上的动点(不与点 A、O 重合)，连接 BC，以 BC 为直径作 $\odot P$ 交 x 轴于点 D、交 AB 于点 E，连接 CD、CE，过点 E 作 $EF\perp x$ 轴于点 F、交 BC 于点 G．

(1) AO 的长为_____，AB 的长为_____．

(2) 求证：$\triangle ACE\sim\triangle BEF$．

(3) 若圆心 P 落在 EF 上，求 BC 的长．

(4) 若 $\triangle CEG$ 为等腰三角形，求点 C 的坐标．

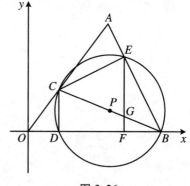

图 3.26

27. 如图 3.27 所示,在△ABC 中,AC = BC = 4,∠ACB = 90°,作点 B 关于直线 AC 的对称点 D,点 P 在射线 AB 上运动,连接 PD 与射线 AC 交于点 Q,连接 BQ,过 P、Q、B 三点作⊙O,与射线 AC 的另一个交点为 E,延长 QO 交⊙O 于点 F,连接 BF、EF.

(1) 当 AP = AQ 时,求∠BQE 和 $\overset{\frown}{PQ}$ 的度数.

(2) 当点 P 在线段 AB(不包括 A、B 两点)上时,设 QE = x,QF = y,求 y 关于 x 的函数表达式.

(3) ① 在点 P 的运动过程中,若以 B、Q、F 为顶点的直角三角形满足两条直角边之比为 1 : 2,求⊙O 的半径.

② 将点 P 绕点 B 逆时针旋转 90°得点 G,当点 G 恰好落在 QF 上时,求 FG 的长(直接写出答案).

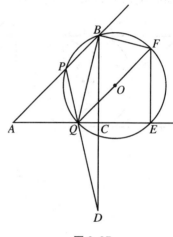

图 3.27

28. 如图 3.28 所示,在矩形 $ABCD$ 中,$AB=8$,$BC=6$,点 E 是射线 AB 上的一个动点,经过 B、C、E 三点的 $\odot O$ 交线段 DB 于点 G,EC 所在的直线交射线 DB 于点 F.

(1) 求证:若 CG 平分 $\angle DCE$,则 $\triangle DCG$ 是等腰三角形.

(2) 当点 E 在线段 AB 上时.

① 如图(a)所示,若 $CG=CF$,求 BE 的长.

② 如图(b)所示,连接 GE、OB,当 $GE \parallel OB$ 时,取四边形 $GEBC$ 的一边的两个端点和射线 DB 上一点 P,若以这三个点为顶点的三角形是直角三角形,且 P 为锐角的顶点,求所有满足条件的 BP 的值.

(3) 如图(c)所示,在点 E 的运动过程中,当 $GC=GF$ 时,记 $\triangle CGE$ 的面积为 S_1,$\triangle EBF$ 的面积为 S_2,请直接写出 $\dfrac{S_1}{S_2}$ 的值.

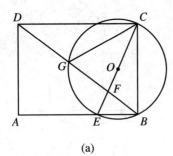
(a)

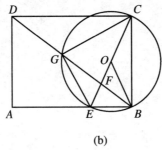
(b)

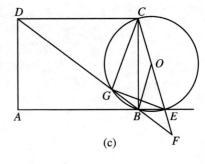
(c)

图 3.28

29. 如图 3.29 所示，$\triangle ABC$ 内接于 $\odot O$，$OC=10$．过点 C 作 $CD\perp AB$ 于点 E，交 $\odot O$ 于点 D，延长 AC 和 DB 交于点 F，连接 AO、CO．CO 与 AB 相交于点 G，$\angle CGE=3\angle CAB$．

(1) 求证：AB 平分 $\angle CAO$．

(2) 已知 $BF=\dfrac{15}{2}$．

① 求 BD 的长；

② 将圆心 O 绕着点 B 旋转得到点 P，若点 P 恰好落在 $\triangle ADF$ 的某边上，求 OP 的长．

(3) 若 $AC=CD$，求 $\angle CAD$ 的正弦值．

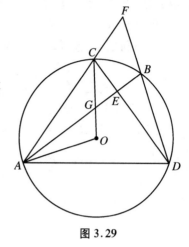

图 3.29

30. 如图 3.30 所示，正方形 $ABCD$ 的边长为 6，点 P 是 AC 上的动点，射线 DP 交边 AB 于点 E．过点 P、E、B 作 $\odot F$，分别交 AC、BC 于点 G、H．

(1) 若 E 是 AB 的中点，求 PE 的长．

(2) 连接 EG，求证：$\angle PGE=\angle ADE$．

(3) ① 取点 P、E、G 中的两点和点 H，若以这三点为顶点的三角形是直角三角形，且两直角边之比为 $2:3$，求所有满足条件的 AP 的值．

② 设 PF 交 GE 于点 Q，若 $GQ=2QE$，记 $\triangle GPF$ 的面积为 S_1，$\triangle CGB$ 的面积为 S_2，求 $\dfrac{S_2}{S_1}$ 的值．

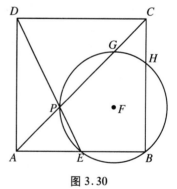

图 3.30

31. 如图 3.31 所示,在△ABC 中,∠ABC=90°,AC=10,sin∠C=$\frac{4}{5}$,过点 B 作 BD⊥AC 于点 D,点 P 是线段 AD 上一动点,过三点 B、P、D 作⊙O 交 AB 于点 F,过点 F 作 EF∥BP 交 CB 的延长线于点 E,交⊙O 于点 Q.

(1) 求证:四边形 FEBP 为平行四边形.

(2) 当 PF=2 时,求 PD 的长.

(3) ① 若满足 FQ、FP、PD 中某两条线段相等,求所有满足条件的 PF 的长度.

② 当 Q、O、D 三点共线时,QD 交 AB 于点 M,记 △FQM 的面积为 S_1,△BDM 的面积为 S_2,求 $\frac{S_1}{S_2}$ 的值.

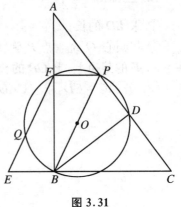

图 3.31

32. 如图 3.32 所示,已知矩形 ABCD,AD=5,AB=4,E 为 BC 上一动点,连接 AE、DE,以 DE 为直径作⊙O 分别交 AE、AD 于点 F、G,连接 DF、CF.

(1) 若 F 是弧EG 的中点,证明:DE=DA.

(2) 若△CDF 为等腰三角形,求 CE 的长度.

(3) 作点 B 关于直线 AE 的对称点 P.

① 若点 P 落在线段 DE 上,设线段 DE、CF 交于点 H,求△EFH 与△DFH 的面积之比.

② 在点 E 的运动过程中,若点 P 落在△ADF 内(不包括边界),则 CE 的取值范围是_____(直接写出答案).

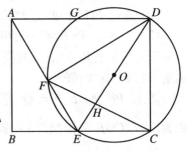

图 3.32

33. 如图3.33(a)所示,在△AOB中,∠AOB = 90°,OB = 3,AB = 9,以点O为圆心、OB为半径的⊙O交AB于点C,延长BO交⊙O于点D,E为弧CD的中点,直线DE分别交AO、AB于点F、G.

(1) 求证:BD = BG.

(2) 求FG的长.

(3) ① 如图3.33(b)所示,连接CE,取四边形BCED的一边的两端点和线段AO上一点P,以这三点为顶点的三角形是直角三角形,且P为锐角顶点,求所有满足条件的OP的长;

② 如图3.33(c)所示,设EC交OA于点H,连接AE,则△EFH、△AEF、△AOC的面积之比依次为_____(直接写出答案).

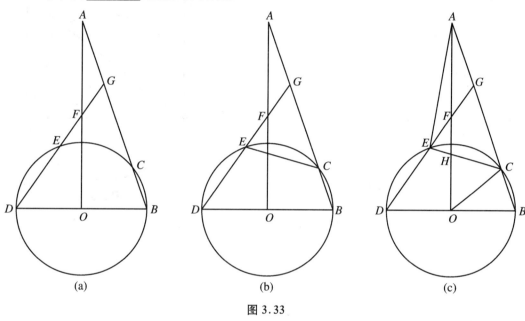

图 3.33

34. 如图 3.34 所示,在矩形 $ABCD$ 中,$BC=8$,点 F 是 AB 边上一动点(不与点 B 重合),$\triangle BCF$ 的外接圆交对角线 BD 于点 E,连接 CF 交 BD 于点 G.

(1) 求证:$\angle ECG = \angle BDC$.

(2) 当 $AB=6$ 时,在点 F 的运动过程中:

① 若 $BF = 2\sqrt{2}$,求 CE 的长.

② 当 $\triangle CEG$ 为等腰三角形时,求所有满足条件的 BE 的长.

(3) 过点 E 作 $\triangle BCF$ 外接圆的切线交 AD 于点 P. 若 $PE \parallel CF$ 且 $CF = 6PE$,记 $\triangle DEP$ 的面积为 S_1,$\triangle CDE$ 的面积为 S_2,求 $\dfrac{S_1}{S_2}$ 的值.

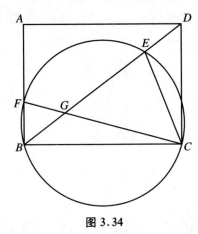

图 3.34

35. 如图 3.35(a)所示，在△ABC 中，∠ACB = 90°，AC = 8，BC = 6，D 是 AB 的中点，点 P 是射线 CD 上的一个动点，点 Q 是射线 BC 上的一个动点，且满足 QB = QP，作⊙O 过 C、P、Q 三点.

(1) 当点 Q 落在 BC 边上时，若 $\overset{\frown}{CP}$ 为 100°，求∠BPQ 的度数.

(2) 设⊙O 与 AC 交于点 E，若 EC = EP，求证：BP⊥CD.

(3) 当点 O 落在 CB 或 CD 边上时，求⊙O 的半径 r.

(4) 如图 3.35(b)所示，设⊙O 与直线 AC 交于点 E，当 PE∥AB 时，PQ 的长度为 _____ （直接写出答案）.

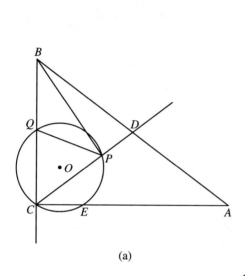

(a)

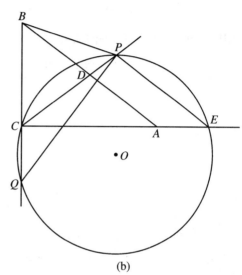

(b)

图 3.35

36. 如图 3.36 所示,在 Rt△ABC 中,∠ACB = 90°, AC = 4, BC = 3,点 P 是边 AC 上的一个动点,连接 BP,以 BP 为直径作⊙O,⊙O 与边 AB 交于点 D,连接 CD,过点 P 作 EF∥CD 交边 AB 于点 E、交射线 BC 于点 F.

(1) 求证:∠APE = ∠DBP.

(2) 若 $\tan\angle APE = \dfrac{1}{2}$,求⊙O 的直径 BP 的长.

(3) ① 当△BCD 为等腰三角形时,求所有满足条件的 AP 的长;

② 当 BP 平分∠ABC 时,记△APE 的面积为 S_1,△DPM 的面积为 S_2,则 $\dfrac{S_1}{S_2}$ 的值为 _____.

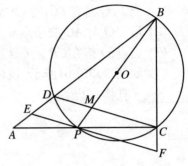

图 3.36

37. 如图 3.37 所示,∠ACL = 90°, AC = 4,动点 B 在射线 CL 上,CH⊥AB 于点 H,以点 H 为圆心、HB 为半径作圆交射线 BA 于点 D、交直线 CD 于点 F、交直线 BC 于点 E. 设 BC = m.

(1) 当∠A = 30°时,求∠CDB 的度数.

(2) 当 m = 2 时,求 BE 的长度.

(3) 在点 B 的运动过程中.

① 当 BC = 3CE 时,求出所有符合条件的 m 的值.

② 连接 EH、FH,当 $\tan\angle FHE = \dfrac{5}{12}$ 时,求△FHD 与△EFH 的面积比.

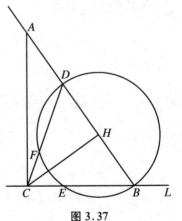

图 3.37

38. 如图3.38所示，AB 是半圆 O 的直径，半径 $OC \perp AB$，$OB = 4$，D 是 OB 的中点，点 E 是 $\overset{\frown}{BC}$ 上一动点，连接 AE、DE.

(1) 当 E 是 $\overset{\frown}{BC}$ 的中点时，求 $\triangle ADE$ 的面积.

(2) 若 $\tan \angle AED = \dfrac{3}{2}$，求 AE 的长.

(3) 点 F 是半径 OC 上一动点，设点 E 到直线 OC 的距离为 m.

① 当 $\triangle DEF$ 是等腰直角三角形时，求 m 的值；

② 延长 DF 交半圆弧于点 G，若 $\overset{\frown}{AG} = \overset{\frown}{EG}$，$AG \parallel DE$，求 DE 的长.

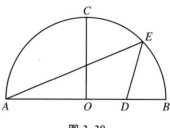

图 3.38

39. 如图3.39所示，在直角坐标系中，直线 $y = kx + b$ 分别交 x、y 轴于点 $A(-8,0)$，$B(0,6)$，$C(m,0)$ 是射线 AO 上一动点，$\odot P$ 过 B、O、C 三点，交直线 AB 于点 D（点 B、D 不重合）.

(1) 求直线 AB 的函数表达式.

(2) 若点 D 在第一象限，且 $\tan \angle ODC = \dfrac{5}{3}$，求点 D 的坐标.

(3) 当 $\triangle ODC$ 为等腰三角形时，求出所有符合条件的 m 的值.

(4) 点 P、Q 关于 OD 成轴对称，当点 Q 恰好落在直线 AB 上时，求 BQ 的长.

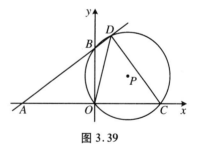

图 3.39

40. 如图 3.40 所示,∠BAO = 90°,AB = 8,动点 P 在射线 AO 上,以 PA 为半径的半圆 P 交射线 AO 于另一点 C,CD∥BP 交半圆 P 于另一点 D,BE∥AO 交射线 PD 于点 E,EF⊥AO 于点 F,连接 BD.设 AP = m.

(1) 求证:∠BDP = 90°.
(2) 若 m = 4,求 BE 的长.
(3) 在点 P 的运动过程中:
① 当 AF = 3CF 时,求出所有符合条件的 m 的值;
② 当 $\tan\angle DBE = \dfrac{5}{12}$ 时,求 △CDP 与 △BDP 的面积比.

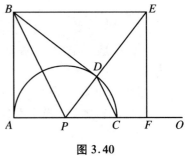

图 3.40

41. 如图 3.41 所示,在平面直角坐标系中,直线 y = kx + b 交 x 轴的负半轴于点 A、交 y 轴的正半轴于点 B,P 为线段 AO 上一动点(不与点 A 重合),PC⊥AB 于点 C,以 PC 为直径的⊙D 分别交 AP 和 BP 于点 E、F,连接 CE.设 AP = m.

(1) 求证:△ABO∽△CPE.
(2) 设 $k = \dfrac{1}{2}$,b = 3.
① 用含 m 的代数式表示 AC 的长;
② 若△CEF 为等腰三角形,求所有满足条件的 m 的值.
(3) 设 k = 1,连接 OD 交 BP 于点 G,记△DPG 的面积为 S_1,△BOG 的面积为 S_2,当 OD∥CF 时,求 $\dfrac{S_1}{S_2}$ 的值.

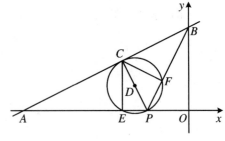

图 3.41

42. 如图3.42所示,在Rt△ABC中,∠ACB = 90°,AB = 5,过点B作BD⊥AB,点C、D都在AB上方,AD交△BCD的外接圆⊙O于点E.

(1) 求证:∠CAB = ∠AEC.

(2) 设BC = 3.

① 若EC∥BD,求AE的长;

② 若△BDC为直角三角形,求所有满足条件的BD的长.

(3) 若BC = EC = $\sqrt{5}$,则 $\dfrac{S_{\triangle BCD}}{S_{\triangle ACE}}$ = _____(直接写出答案即可).

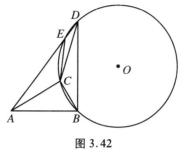

图3.42

43. 如图3.43所示,在平面直角坐标系中,点O为坐标原点,点A的坐标为(-3,0),点B的坐标为(2,0),在y轴正半轴上有一动点C,△ABC的外接圆与y轴的另一交点为D,过点A作直线BC的垂线,垂足为E,直线AE交y轴于点F.

(1) 求证:OF = OD.

(2) 随着点C的运动,当∠ACB是钝角时,是否存在CO = CE的情况?若存在,试求OD的长;若不存在,请说明理由.

(3) 将点B绕点F顺时针旋转90°得到点G.在点C的运动过程中:

① 当点G恰好落在△ABC的边AC或BC所在直线上时,求满足条件的点C的坐标.

② 若CG∥AB,则△ABC的面积是_____(直接写出结果).

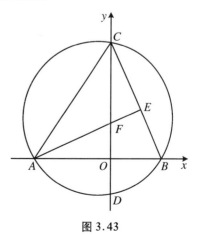

图3.43

44. 如图 3.44(a)所示,AB 是 $\odot O$ 的直径,点 C 是半圆上任意一点,连接 AC、BC,过点 B 作 $\odot O$ 的切线交 AC 的延长线于点 D. 取 BD 的中点 G,连接 CG;取 BG 的中点 E,连接 AE 交 BC 于点 F.

(1) 当 $\angle CGB = 70°$ 时,求弧 AC 的度数.

(2) 当 $AE \parallel CG$ 时,连接 GF,请判断四边形 $AFGC$ 的形状,并说明理由.

(3) 如图 3.44(b)所示,设 AE 交 $\odot O$ 于点 H,连接 BH、CH. 设 $AB = 6$.

① 在点 C 的运动过程中,当 AC 与 $\triangle BCH$ 中的一边相等时,求出所有满足条件的 BE 的长;

② 作点 H 关于 BC 的对称点 P,当点 P 恰好落在 AB 上时,求 $\dfrac{S_{\triangle ACP}}{S_{\triangle BHP}}$.

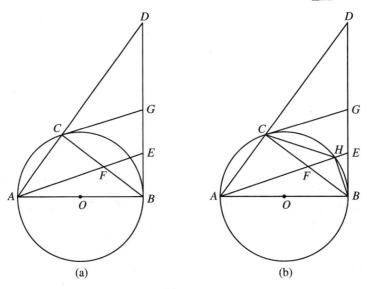

图 3.44

45. 如图 3.45 所示,在平面直角坐标系中,点 O 是坐标原点,$A(0,4)$,$B(3,4)$,$C(m,0)$ 是 x 轴正半轴上一动点,以 OC 为直径的 $\odot P$ 与线段 OB 的另一个交点为 D,直线 BC 与 $\odot P$ 的另一交点为 E.

(1) 当点 E 是 BC 的中点时,求 m 的值.

(2) 连接 AD,当 $\triangle AOD$ 是以 OD 为腰的等腰三角形时,求点 D 的坐标.

(3) 将线段 DP 绕点 D 逆时针旋转 $90°$ 得到线段 DQ.

① 连接 DC,当 $BQ /\!/ DC$ 时,求 m 的值;

② 当点 Q 落在线段 BC 上时,求 $\tan \angle OBC$ 的值.

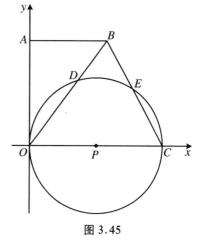

图 3.45

46. 如图 3.46 所示,在矩形 $ABCD$ 中,$AD=10$,$CD=15$,E 是边 CD 上一点,且满足 $DE=5$,P 是射线 AD 上一动点,过 A、P、E 三点的 $\odot O$ 交直线 AB 于点 F,连接 PE、EF、PF.设 $AP=m$.

(1) 当 $m=6$ 时,求 AF.

(2) ① 在点 P 的运动过程中,$\tan \angle PFE$ 的值是否改变?若改变,求出它的取值范围;若不改变,求出它的值.

② 当矩形 $ABCD$ 恰好有两个顶点落在 $\odot O$ 上时,求 m 的值.

(3) 若点 A、H 关于点 O 成中心对称,连接 EH、CH,当 $\triangle CEH$ 是等腰三角形时,求 m 的值.

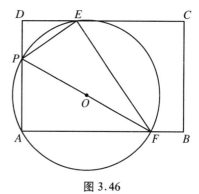

图 3.46

47. 如图 3.47 所示,在直角坐标系中,O 为坐标原点,点 B 的坐标为 $(0,8)$,A 为 x 轴正半轴上一动点,点 M 是线段 AB 的中点,以 OM 为直径的 $\odot P$ 交 x 轴于点 C、交 y 轴于点 D、交直线 AB 于点 E,直线 DE 交直线 OM 于点 F.设 $OA=m$.

(1) 求证:$OD=BD$.
(2) 若 $m=6$,求 $\tan\angle EDM$ 的值.
(3) 连接 CE,当 $CE\parallel OM$ 时,求 m 的值.
(4) 当 m 为何值时,$\dfrac{OF}{MF}=3$?请写出所有符合条件的 m 的值.

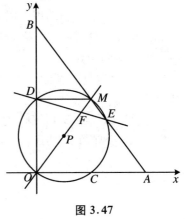

图 3.47

48. 如图 3.48 所示,AB 是 $\odot O$ 的直径,且 $AB=10$,$AC=AD=8$,AD 绕点 A 逆时针旋转至 AE,其中旋转角 $\angle DAE$ 满足 $0°<\angle DAE<90°$.连接 CE,与 AB 交于点 M,与 $\odot O$ 交于点 N,连接 AN、DN.

(1) 证明:$\triangle AND\cong\triangle ANE$.
(2) 当 $AE\perp AC$ 时,求 DN 的长.
(3) 当 $\triangle AMN$ 为等腰三角形时,求 DN 的长.

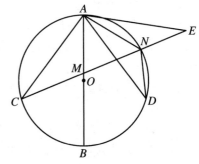

图 3.48

49. 如图 3.49 所示,△ABC 是⊙O 的内接三角形,BC = 12,∠A = 60°,点 D 为弧 $\overset{\frown}{BC}$ 上一动点,BE⊥OD 于点 E,当点 D 从点 B 沿弧 $\overset{\frown}{BC}$ 运动到点 C 时,点 E 经过的路径长为_____.

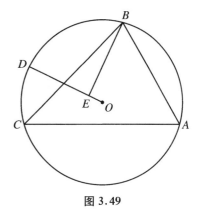

图 3.49

50. 如图 3.50 所示,在给定的△ABC 中,AB = AC,G 为 BC 的中点,点 D 在边 BC 上,直线 AD 交△ABC 外接圆⊙O 于另一点 E,CF⊥AE 于点 F,当点 D 在边 CG 上运动(不包含两端点)时,求证:2∠GFC + ∠BAC = 360°.

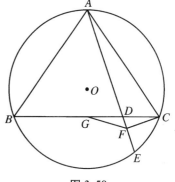

图 3.50

51. 如图 3.51 所示,已知△ABC 是边长为 4 的等边三角形,取 AC 的中点 D,△ABC 绕点 D 旋转任意角度得到△PMN,直线 BN、PC 相交于点 H,△PMN 绕点 D 旋转的过程中线段 AH 的最大值是_____.

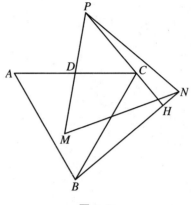

图 3.51

52. 如图 3.52 所示,在矩形 ABCD 中,AB = 2BC,E 是 AB 上一点,O 是 CD 上一点,以 OC 为半径作⊙O,将△ADE 折叠至△A′DE,点 A′ 在⊙O 上,延长 EA′ 交 BC 的延长线于点 F,且恰好过点 O,过点 D 作⊙O 的切线交 BC 的延长线于点 G.若 FG = 1,则 AD = _____,⊙O 的半径为_____.

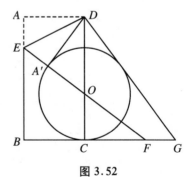

图 3.52

53. 如图3.53所示,在 Rt△ABC 中,∠ABC = 90°,∠C = 30°,AB = 1,D 为线段 AC 上一动点,将△BDC 沿着 BD 翻折,点 C 的对应点为 F,E 为 AC 的中点,在点 D 从点 C 到点 A 的运动过程中,当 EF 最短时,CD 的值为_____.

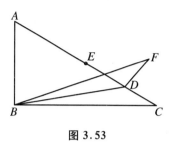

图 3.53

54. 如图3.54所示,在△ABC 中,∠ACB = 90°,D 为边 AB 的中点,E、F 分别为边 AC、BC 上的点,且满足 AE = AD,BF = BD.若 DE = $\sqrt{2}$,DF = 2,则 AB 的长为_____.

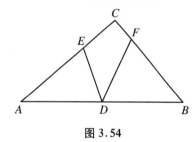

图 3.54

55. 如图 3.55 所示,$BE \perp CD$ 交于点 A,且满足 $AB = AC = 2AD = 2AE = 2$,将 $\triangle ADE$ 绕点 A 顺时针旋转得到 $\triangle AMN$,连接 BN、CM 交于点 P,当点 M 落在 AC 上时,点 P 经过的路径长为_____.

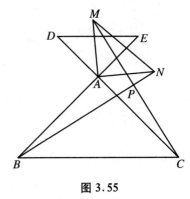

图 3.55

56. 如图 3.56 所示,点 B、C 是线段 AD 的三等分点,以 BC 为直径作 $\odot O$,P 是圆上异于 B、C 的任意一点,连接 PA、PB、PC、PD. 当 P 是半圆 BC 上异于 B、C 的任意一点时,$\tan \angle APB \cdot \tan \angle DPC$ 的值为_____.

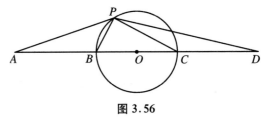

图 3.56

57. 如图 3.57 所示,已知 D 为等边 $\triangle ABC$ 内一点,且满足 $\angle BDC = 120°$,求 $\dfrac{AD}{DC}$ 的最小值.

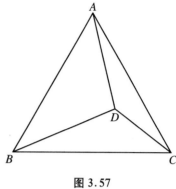

图 3.57

58. 如图 3.58 所示,矩形 $ABCD$ 的对角线 AC、BD 交于点 O,$OE \perp AC$ 交 AB 于点 E. 若 $BC = 4$,$\triangle AOE$ 的面积为 5,求 $\sin \angle BOE$.

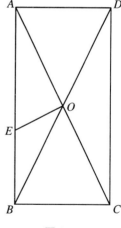

图 3.58

59. 如图 3.59 所示，B 是 $\odot O$ 上的动点，以 OA、AB 为边构造平行四边形 $OABC$，$\angle AOD = 120°$，求在点 B 移动的过程中当 CD 取最大值时 $\angle A$ 的度数．

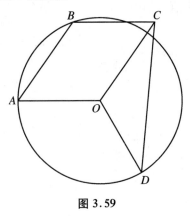

图 3.59

60. 如图 3.60 所示，在扇形 AOB 中，$\angle AOB = 120°$，$OA = 4$，P 为弧$\overset{\frown}{AB}$上一动点，求 $PA + PB$ 的最大值．

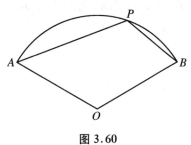

图 3.60

61. 如图 3.61 所示，△ABC 为等边三角形，∠ADB = 30°，CE⊥BD 于点 E，AF⊥BD 于点 F，BD = 10，FD = 2，则线段 BE 的长为_____.

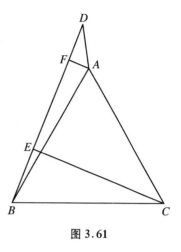

图 3.61

62. 如图 3.62 所示，在△ABC 中，$AB = \sqrt{2}AC$，AD 是 BC 边上的高，E 是 AC 的中点，DE、BA 的延长线交于点 F，连接 CF，求证：BC = CF.

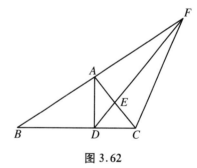

图 3.62

63. 如图 3.63(a)所示,正方形 ABCD 的对角线交于点 O,P 为正方形内一点,且满足 ∠APB = 90°.

(1) 若 $OP = \sqrt{2}$,求 $PB - PA$ 的值.

(2) 连接 PD,过点 C 作 CH⊥DP 于点 H 交 AP 的延长线于点 E,如图 3.63(b)所示,判断 PD 与 CE 的数量关系,并说明理由.

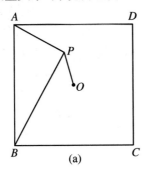
(a)

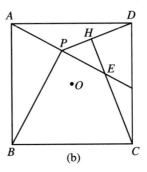
(b)

图 3.63

64. 如图 3.64 所示,在△ABC 中,∠ACB = 90°,∠ABC = 30°,以 AC 为斜边向内作 Rt△ADC,点 E 在边 AB 上,且满足∠ADE = 30°,连接 BD.若 CD = 6,$BE = 3\sqrt{21}$,求 DE 的长.

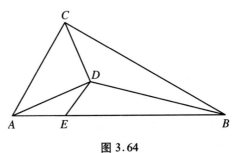

图 3.64

65. 如图 3.65 所示,在 □ABCD 中,AB = 1,BC = 2,AC⊥CD,P 为 AD 上方一点,连接 BP、CP,BP 交 AC 于点 E,∠P = 60°,求 $\dfrac{PE}{BE}$ 的最大值.

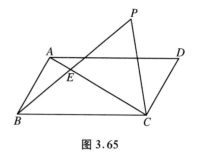

图 3.65

66. 如图 3.66 所示,AB⊥l 于点 B,且 AB = 4,点 C 为直线 l 上一动点,满足 ∠ACB = ∠ACD,DA⊥AC,过点 D 作 DE⊥l 于点 E,求证:DE = 8.

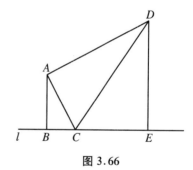

图 3.66

67. 如图 3.67 所示,在四边形 ABCD 中,对角线交于点 E,且 AE = CE,CA = CB = CD,求 $\tan\angle ABD \cdot \tan\angle ADB$.

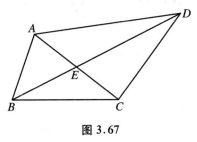

图 3.67

68. 如图 3.68 所示,在 $\triangle ABC$ 中,$\tan\angle BAC = 3$,点 D 在 BC 边上,$\angle ADC = 45°$,BD = 1,CD = 4,求 AD.

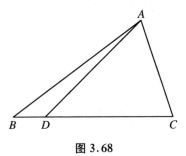

图 3.68

69. 如图 3.69 所示,在 △ABC 中,∠1 = ∠2 = ∠3 = ∠4, AB = 6, AC = 4,求 BC 的值.

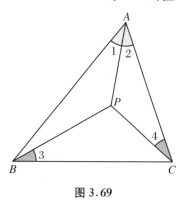

图 3.69

70. 如图 3.70 所示,在四边形 ABCD 中,已知 BC = 8,∠BAD = 135°,∠ADC = 90°, AD = CD,求对角线 BD 的最大值.

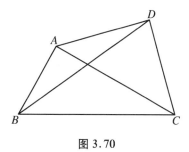

图 3.70

71. 如图 3.71 所示，$\angle B = 60°$，$\angle BDE = 45°$，$DE = 12$，延长 BD 至点 A，使得 $AD = BD$，分别以 AB、DE 为边作等边 $\triangle ABC$ 和等边 $\triangle DEF$，点 F 在 $\triangle ABC$ 的内部，连接 CF，求 CF 的长．

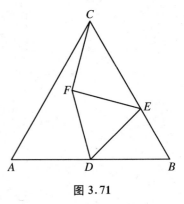

图 3.71

72. 如图 3.72 所示，$\triangle ABC$ 是等腰直角三角形，$BA = BC$，$\angle ABC = 90°$，$\triangle ACD$ 是等边三角形，连接 OD．若 $\angle AOD = 30°$，$OA = 4$，求 OB．

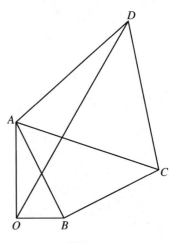

图 3.72

73. 如图 3.73 所示, ⊙O 为 △ABC 的外接圆, 点 I 为 △ABC 的内心, AI 的延长线交 ⊙O 于点 D. 若 ⊙O 的半径为 5, 内切圆的半径为 2, 求 $AI \cdot ID$ 的值.

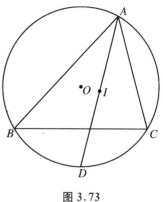

图 3.73

74. 如图 3.74 所示, AB 是 ⊙O 的直径, M、N 是弧$\overparen{AB}$ (异于点 A、B) 上两点, C 是弧 $\overparen{MN}$ 上一动点, ∠ACB 的角平分线交 ⊙O 于点 D, ∠BAC 的角平分线交 CD 于点 E, 当点 C 从点 M 运动到点 N 时, 求 C、E 两点的运动轨迹长度之比.

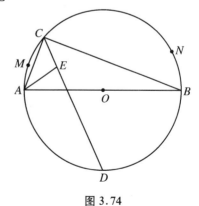

图 3.74

75. 如图 3.75 所示，Rt△ABC 内接于⊙O，其内切圆的半径为 4，与 AB 相切于点 D，过点 D 作 AB 的垂线交⊙O 于点 E，以 DE 为一边作正方形，其面积为 128，求⊙O 的半径.

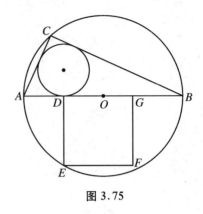

图 3.75

76. 如图 3.76 所示，△ABC 为⊙O 的内接三角形，AB = AC，BD 平分∠ABC 交⊙O 于点 D，连接 AD、CD，作 AE⊥BD 于点 E. 若 AE = 3，DE = 1，求 $S_{\triangle ACD}$ 的面积.

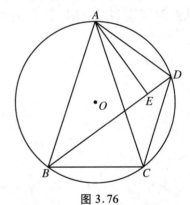

图 3.76

77. 如图 3.77 所示，AB 为 $\odot O$ 的直径，$AC = 2$，$BC = 4$，$DC = DB = DE$，求 $\triangle CDE$ 外接圆的直径.

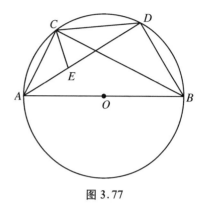

图 3.77

78. 如图 3.78 所示，已知 $\triangle ABC$ 的内切圆与三边的切点分别为 D、E、F，过点 F 作 $FH \perp DE$ 于点 H，作 $FM \perp AB$ 于点 M，作 $FN \perp AC$ 于点 N. 若 $FH = 4$，求 $FM \cdot FN$ 的值.

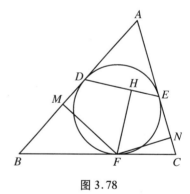

图 3.78

79. 已知 AB 为 $\odot O$ 的直径，CD 为 $\odot O$ 的弦，连接 AD、BC 相交于点 E，连接 OE 并延长交 CD 于点 F.

(1) 如图 3.79(a)所示，当 $AB \parallel CD$，且 $OE = 3$，$EF = 2$ 时，求 $\odot O$ 的半径.

(2) 如图 3.79(b)所示，当 AB 与 CD 不平行时，取 CD 的中点 G，连接 EG.

① 求证：$\angle BEO = \angle DEG$.

② 若 $OE = 4$，$EF = 3$，求 $\odot O$ 的半径.

(3) 在(2)中②的条件下，连接 AC、BD. 若 $\angle BED = 30°$，求四边形 $ACDB$ 的面积.

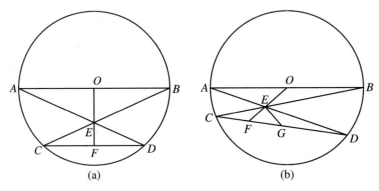

图 3.79

80. 如图 3.80 所示，AB 为半圆的直径，C 为弧 $\overparen{AB}$ 的中点，点 D 在半圆上，$AD = 6$，$AB = 10$，点 E 在 DC 的延长线上，$CE = AC$，求 BE.

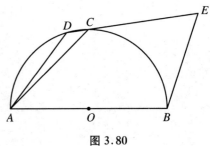

图 3.80

81. 如图 3.81 所示,在□AOBC 中,OA、OB 是 ⊙O 的半径,⊙O 交 AC 于点 E,连接 BE. 若 $\tan\angle BEC=\sqrt{2}$,求 $\dfrac{CE}{AE}$.

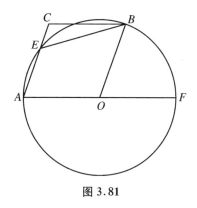

图 3.81

82. 如图 3.82 所示,AB 为 ⊙O 的直径,DA、DC 分别切 ⊙O 于点 A、C,且 AB = AD.
(1) 求 $\tan\angle ADO$ 的值.
(2) AC 与 OD 交于点 E,连接 BE.
① 求 ∠AEB 的度数.
② 连接 BD 交 ⊙O 于点 H. 若 BC = 1,求 CH 的长.

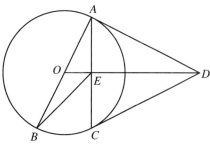

图 3.82

83. 如图 3.83 所示,四边形 $ABCD$ 内接于 $\odot O$,AB 为直径,$AD = CD$.过点 D 作 $DE \perp AB$ 于点 E.连接 AC 交 DE 于点 F.若 $\sin \angle CAB = \dfrac{3}{5}$,$DF = 5$,求 BC 的长.

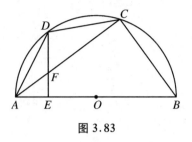

图 3.83

84. 如图 3.84 所示,$\odot O$ 内切于正方形 $ABCD$,边 BC、CD 上分别有点 M、N,且 MN 是 $\odot O$ 的切线,当 $\triangle AMN$ 的面积为 4 时,求 $\odot O$ 的半径.

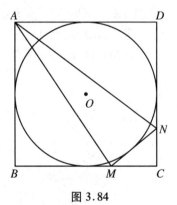

图 3.84

85. 如图 3.85 所示,已知 AB 是 $\odot O$ 的直径,CD 是 $\odot O$ 的弦,且 $CD < AB$,AE、BF 垂直于 CD 分别交于点 E、F.

(1) 求证:$CE = DF$.

(2) 若 $AB = 10$,$CD = 8$,$AE < BF$,求 $BF - AE$ 的值.

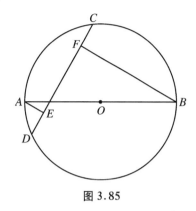

图 3.85

86. 如图 3.86 所示,长方形 $OAPB$ 内接于一个面积为 $\dfrac{25}{4}\pi$ 的四分之一圆中,以 AB 为边作正方形 $ABCD$,连接 CP、DP.若 $\triangle CDP$ 的面积为 $\dfrac{13}{2}$,求五边形 $OBCDA$ 的周长.

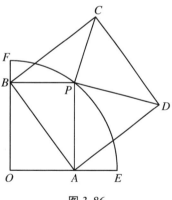

图 3.86

87. 如图 3.87 所示，在 Rt△ABC 中，$AB = \dfrac{24}{5}$，$AC = 8$，D 为 BC 边上一点，且满足 $CD = 5$，过 A、B、D 三点的圆交 AC 于点 E，F 为劣弧 $\overset{\frown}{AE}$ 的中点，连接 AF、EF，求 $S_{\triangle AEF}$.

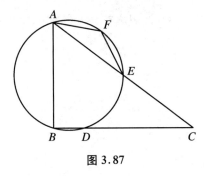

图 3.87

88. 如图 3.88 所示，AB 为 $\odot O$ 的直径，C、D 为圆上两点，满足 $AB = \sqrt{2}CD = 2\sqrt{13}$. 连接 AC、BD 交于点 E，满足 $\dfrac{DE}{BE} = 2$. 连接 OE，求 OE 的长.

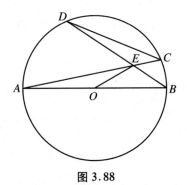

图 3.88

89. 如图 3.89 所示，AB 是 $\odot O$ 的直径，C 是半圆的中点，连接 AC，D 为 $\odot O$ 上一点，连接 CD．已知 $AB=10$，$\tan\angle ACD=\dfrac{3}{4}$，$E$ 为 CD 上一点，满足 $CE=CA$，连接 OE，求 OE 的长．

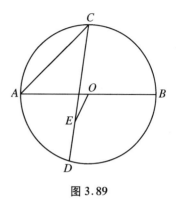

图 3.89

90. 如图 3.90 所示，以线段 AB 为直径的半圆上有点 C、D，且 D 为弧 $\overset{\frown}{BC}$ 的中点，作 $DE\perp AB$ 于点 E 交 AC 的延长线于点 F，弦 BC、AD 交于点 H．若 $DH=\sqrt{5}$，$BE=2$，求 DF 的长．

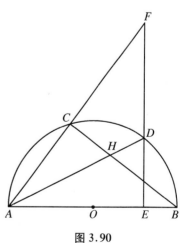

图 3.90

91. 如图 3.91 所示,在矩形 $ABCD$ 中,点 E、F 分别在边 AD、CD 上,且 $EF \perp BE$,$EF = BE$,$\triangle DEF$ 的外接圆 $\odot O$ 恰好切 BC 于点 G,BF 交 $\odot O$ 于点 H,连接 DH.若 $AB = 8$,则 $DH = $ _____.

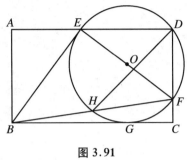

图 3.91

92. 如图 3.92 所示,AB 为 $\odot O$ 的直径,C 为 $\odot O$ 上一点,D 为 $\triangle ABC$ 的内心,$\angle ADO = \frac{1}{2}\angle ACB$.若 $AB = 10$,求 AD 的长.

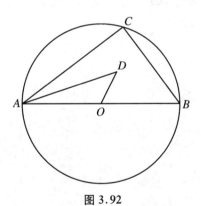

图 3.92

93. 如图 3.93 所示,在扇形 AOB 中,$OA=1$,弧 AB 上有两动点 C、D,满足 $\angle OAB + \angle ODC = 90°$. 若 $\overset{\frown}{AC} + \overset{\frown}{BD} = 40°$,求 $S_{阴}$.

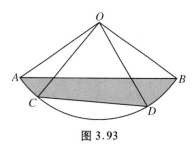

图 3.93

94. 已知四边形 $ABCD$ 是 $\odot O$ 的内接四边形,AC 是 $\odot O$ 的直径,$DE \perp AB$,垂足为点 E.

(1) 延长 DE 交 $\odot O$ 于点 F,延长 DC、FB 交于点 P,如图 3.94(a) 所示. 求证:$PC = PB$.

(2) 过点 B 作 $BG \perp AD$,垂足为点 G,BG 交 DE 于点 H,且点 O 和点 A 都在 DE 的左侧,如图 3.94(b) 所示. 若 $AB = \sqrt{3}$,$DH = 1$,$\angle OHD = 80°$,求 $\angle BDE$ 的大小.

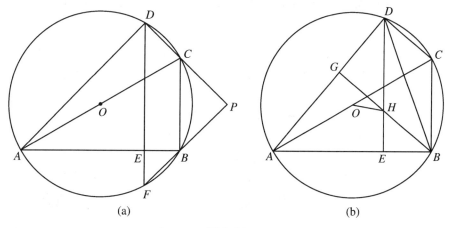

图 3.94

95. 如图 3.95 所示，△ABC 是 ⊙O 的内接三角形，点 D 在弧 BC 上，点 E 在弦 AB 上（点 E 不与点 A 重合），且四边形 BDCE 为菱形．

(1) 求证：$AC = CE$．

(2) 求证：$BC^2 - AC^2 = AB \cdot AC$．

(3) 已知 ⊙O 的半径为 3．

① 若 $\dfrac{AB}{AC} = \dfrac{5}{3}$，求 BC 的长．

② 当 $\dfrac{AB}{AC}$ 为何值时，$AB \cdot AC$ 的值最大？

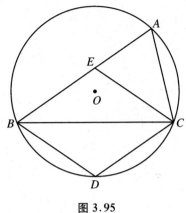

图 3.95

96. 有两个内角分别是它们对角的一半的四边形叫作半对角四边形．

(1) 如图 3.96(a) 所示，在半对角四边形 ABCD 中，$\angle B = \dfrac{1}{2}\angle D$，$\angle C = \dfrac{1}{2}\angle A$，求 $\angle B$ 与 $\angle C$ 的度数之和．

(2) 如图 3.96(b) 所示，锐角△ABC 内接于 ⊙O，若边 AB 上存在一点 D，使得 $BD = BO$，$\angle OBA$ 的平分线交 OA 于点 E，连接 DE 并延长交 AC 于点 F，满足 $\angle AFE = 2\angle EAF$．求证：四边形 DBCF 是半对角四边形．

(3) 如图 3.96(c) 所示，在(2)的条件下，过点 D 作 $DG \perp OB$ 于点 H 交 BC 于点 G，当 $DH = BG$ 时，求△BGH 与△ABC 的面积之比．

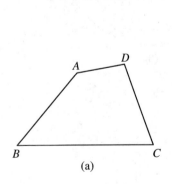
(a)

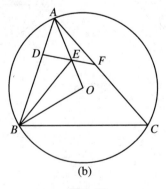
(b)

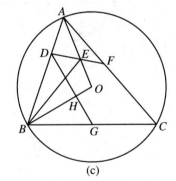
(c)

图 3.96

97. 如图 3.97(a)所示,以 Rt△ABC 的直角边 BC 为直径作⊙O 交斜边 AB 于点 D,作弦 DF 交 BC 于点 E.

(1) 求证:∠A = ∠F.

(2) 如图 3.97(b)所示,连接 CF.若∠FCB = 2∠CBA,求证:DF = DB.

(3) 如图 3.97(c)所示,在(2)的条件下,H 为线段 CF 上一点,满足 $\dfrac{FH}{HC} = \dfrac{1}{2}$,连接 BH,恰有 BH⊥DF.若 AD = 1,求△BEF 的面积.

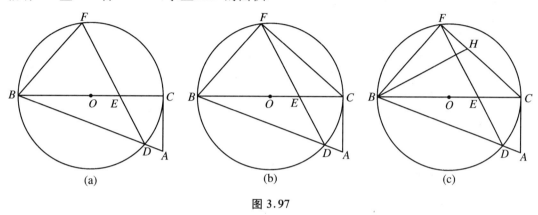

图 3.97

98. 如图 3.98 所示,四边形 $ABCD$ 内接于 $\odot O$,$AB = AD$,点 E 为 BD 的中点,连接 CE 并延长使 $EF = CE$.

(1) 如图 3.98(a)所示,求证:$DF \parallel BC$.

(2) 如图 3.98(b)所示,若点 F 恰好为线段 AD 的中点,求 $\cos \angle DAB$.

(3) 如图 3.98(c)所示,若 $\odot O$ 的半径为 $\sqrt{6}$,$\angle ADC = 75°$,D 为弧 $\overset{\frown}{AC}$ 上的动点.

① 连接 OF,求 OF 的最小值.

② 当 $\triangle FAE \backsim \triangle FCA$ 时,求证:$\angle ACE = 30°$.

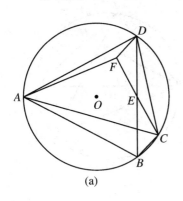
(a)

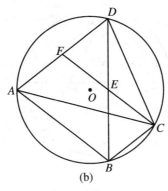
(b)

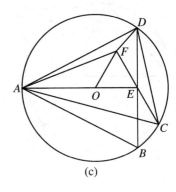
(c)

图 3.98

99. 如图 3.99 所示,在△ABC 中,AB = AC,AD⊥BC 于点 D,E 是 AC 的中点,⊙O 过 B、D、E 三点,分别交 AC、AB 于点 F、G.

(1) 连接 BF,求证:BF = BC.

(2) 连接 EG,作 EH⊥EG 交 AD 于点 H,取 AB 的中点 P,连接 PE.若 $EG=\sqrt{2}EH$,求证:EP 平分∠GEH.

(3) 在(2)的条件下,连接 BE.若 AG = 2,求△ABE 的面积.

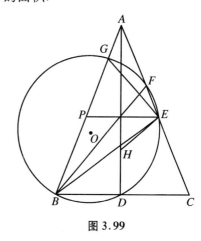

图 3.99

100. 如图 3.100(a)所示,已知⊙O 是△ADB 的外接圆,∠ADB 的平分线 DC 交 AB 于点 M、交⊙O 于点 C,连接 AC、BC.

(1) 求证:$AC = BC$.

(2) 如图 3.100(b)所示,在图(a)的基础上作⊙O 的直径 CF 交 AB 于点 E,连接 AF,过点 A 作⊙O 的切线 AH.若 $AH \parallel BC$,求∠ACF 的度数.

(3) 在(2)的条件下,若△ABD 的面积为 $6\sqrt{3}$,△ABD 与△ABC 的面积之比为 $2:9$,求 CD 的长.

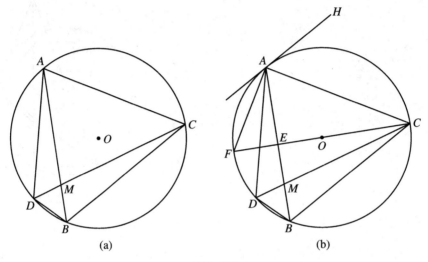

图 3.100

第四部分　圆100题解析

1. 如图 4.1 所示，连接 CA、CD、OB、OD、OC，过点 C 作 $CM \perp AB$ 于点 M，过点 O 作 $ON \perp CM$ 于点 N.

∵ CA、CD 分别是 $\angle CBA$、$\angle CBD$ 所对的弦，

∴ $CA = CD$，

∴ $AM = MD = 1 = ON$.

∴ $OD = \sqrt{OB^2 - BD^2} = 1 = MN$，

∴ $CN = \sqrt{OC^2 - ON^2} = 2$，

∴ $CM = BM = 3$，

∴ $BC = 3\sqrt{2}$.

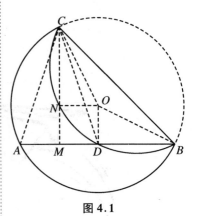

图 4.1

圆的折叠问题一般有两种处理方式：一种是从"相等的圆周角所对的弧或者弦相等"入手（例如本题的 $CA = CD$）；另一种是找到圆心的对称点，即圆心 O 关于 BC 的对称点，这样可以利用新的圆心解题. 本题由条件中的中点可想到垂径定理，结合等腰 $\triangle CAD$ 三线合一定理，易得 $\triangle BCM$ 是等腰直角三角形，进而求出 BC.

2. 如图 4.2 所示，作点 O 关于 BF 的对称点 Q，连接 QE 交 AB 于点 M，过点 O 作 $OH \perp CD$，连接 OC、AF、OQ，OQ 交 BF 于点 P.

易知 $QE \perp CD$，$QE = QB = OC = 5$，$CH = HD = \sqrt{21}$，

∴ $OH = \sqrt{OC^2 - CH^2} = 2 = EM$，

∴ $QM = 3$，

∴ $BM = 4$，

∴ $OM = 1$，

∴ $OQ = \sqrt{OM^2 + MQ^2} = \sqrt{10}$，

∴ $OP = PQ = \dfrac{\sqrt{10}}{2}$，

∴ $BP = \sqrt{BQ^2 - PQ^2} = \dfrac{3\sqrt{10}}{2}$，

∴ $BF = 2BP = 3\sqrt{10}$.

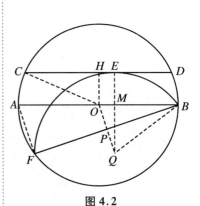

图 4.2

本题属于圆折叠问题. 对于圆折叠问题，一般利用圆心的对称点或者"等圆周角所对的弦相等"来解题. 此题不易从弦入手，且涉及相切问题，故采用对称圆心法. 利用勾股定理解三角形可得 QM、BM、OQ，再根据对称的性质可得 $OP = PQ$ 且 $OQ \perp BF$，结合垂径定理可得 $BF = 2BP$.

3. 如图 4.3 所示，$CA = CD$，过点 C 作 $CH \perp AB$ 于点 H.

∵ AC、CD、DE 均为 $\angle ABC$ 所对的弦，

∴ $AC = CD = DE$，

∴ $AH = DH = 2$，

∴ $BH = 8$.

∵ $\triangle ACH \sim \triangle CBH$，

∴ $\dfrac{AH}{CH} = \dfrac{CH}{BH}$，

∴ $CH^2 = AH \cdot BH = 16$，

∴ $CH = 4$，

∴ $DE = CD = 2\sqrt{5}$.

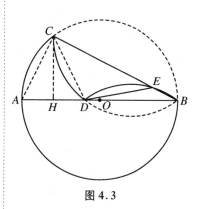

图 4.3

思路点拨

本题属于圆翻折问题. 根据同圆或等圆中相等的圆周角所对的弦相等，可得 $AC = CD = DE$，此题即转换为求 AC 或 CD. 根据 $\triangle CAD$ 为等腰三角形，结合勾股定理或相似三角形的性质，构造"三线合一"并求出 CH，进而求出 DE.

4. (1) ∵ $y = ax^2 + 6ax = ax(x+6)$ 与 x 轴交于点 A，

∴ $A(-6, 0)$.

(2) ① 如图 4.4 所示，连接 PC，连接 BP 并延长交 x 轴于点 F.

∵ ⊙P 过 O、A、B 三点，B 为抛物线的顶点，

∴ $PF \perp OA$，$\angle PBC + \angle BDF = 90°$.

∵ $PC = PB$，

∴ $\angle PCB = \angle PBC$.

∵ CE 为 ⊙P 的切线，

∴ $\angle PCB + \angle ECD = 90°$.

又 $\angle BDF = \angle CDE$，

∴ $\angle ECD = \angle CDE$，

∴ $CE = DE$.

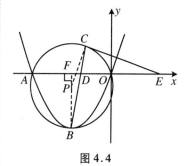

图 4.4

② 解法1 如图 4.5 所示，连接 AB、OC.

当 $a = \dfrac{\sqrt{3}}{3}$ 时，$y = \dfrac{\sqrt{3}}{3}(x^2 + 6x + 3^2 - 3^2) = \dfrac{\sqrt{3}}{3}(x+3)^2 - 3\sqrt{3}$.

∴ $B(-3, -3\sqrt{3})$，$\tan \angle BOA = \sqrt{3}$，

∴ $\angle BOA = 60°$，$OB = OA = 6$，

∴ $\triangle OAB$ 是等边三角形.

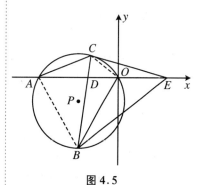

图 4.5

∵ ∠ECD = ∠BCO + ∠OCE, ∠CDE = ∠BOD + ∠OBD,
又 ∠BCO = ∠BOD = 60°,
∴ ∠OCE = ∠OBC = ∠CAE = ∠OBE.
又 ∠CEO = ∠AEC, ∠BOE = ∠ACO = 120°,
∴ △OCE ∽ △CAE, △CAO ∽ △OBE,
∴ $\dfrac{CE}{AE} = \dfrac{OE}{CE}$, $\dfrac{CE}{AC} = \dfrac{OE}{OC}$, $\dfrac{OE}{OC} = \dfrac{OB}{AC}$,
∴ $\dfrac{CE}{AC} = \dfrac{OB}{AC}$, $CE^2 = OE \cdot AE$,
∴ $CE = OB = OA = DE = 6$,
∴ $OE = AD$.
∵ $CE^2 = OE \cdot AE$, $AE = 2OE + OD$, $CE = DE = OD + OE$,
∴ $(OE + OD)^2 = OE \cdot (2OE + OD)$,
∴ $OE^2 = OD^2 + OD \cdot OE = OD(OD + OE) = OD \cdot DE$,
∴ $OE^2 = 6(6 - OE)$,
∴ $OE = 3(\sqrt{5} - 1)$,
∴ $OD = 6 - 3(\sqrt{5} - 1) = 9 - 3\sqrt{5}$,
∴ $\dfrac{1}{OD} - \dfrac{1}{OE} = \dfrac{1}{3(3-\sqrt{5})} - \dfrac{1}{3(\sqrt{5}-1)} = \dfrac{3+\sqrt{5}}{12} - \dfrac{\sqrt{5}+1}{12}$
$= \dfrac{1}{6}$.

解法 2 由解法 1 知 $OE^2 = OD \cdot DE, DE = 6$.
∴ $\dfrac{1}{OD} - \dfrac{1}{OE} = \dfrac{OE - OD}{OD \cdot OE} = \dfrac{OE - OD}{OE(DE - OE)} = \dfrac{OE - OD}{OE \cdot DE - OD \cdot DE} = \dfrac{OE - OD}{DE(OE - OD)} = \dfrac{1}{DE} = \dfrac{1}{6}$.

思路点拨

(1) 很容易求得点 A 的坐标.

(2) ① 要证明 $CE = DE$, 容易想到从角度入手, 只需证明 $\angle ECD = \angle CDE$. 这样要从切线开始考虑, 连接 CP, 结合二次函数图像的对称性可知 $BP \perp OA$, 利用直角三角形和切线的性质可直接推导出 $\angle ECD = \angle CDE$, 难度不大. ② 求 $\dfrac{1}{OD} - \dfrac{1}{OE}$ 的难度上升很多. 新给的条件 $\angle CAE = \angle OBE$ 是解决问题的突破口. 由边角关系可知 △OAB 为等边三角形, 结合前面的结论 $\angle BCE = \angle CDE$ 和外角的性质, 得到 $\angle OCE = \angle OBC = \angle CAE = \angle OBE$, 从而发现隐藏的相似三角形. 根据相似三角形的性质得到线段的比例关系,从而推出 $CE = OB$, $CE^2 = OE \cdot AE$,解得 OE、OD 的值,而解法 2 利用通分、约分法是非常巧妙的.

5. (1) 如图 4.6 所示,连接 OB、OP.

∵ $OA = OB$, $PA = PB$, $OP = OP$,
∴ $\triangle OAP \cong \triangle OBP$(SSS),
∴ $\angle OBP = \angle OAP = 90°$,
∴ PB 是 $\odot O$ 的切线.

(2) 连接 BC, OP 交 AB 于点 H,设 $OH = x$, $PH = a$.

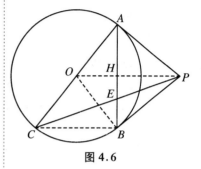

图 4.6

∵ $OA = OB$, $PA = PB$,
∴ $HA = HB$, $PO \perp AB$,
∴ $BC = 2OH = 2x$, $\angle APO = \angle BPO$.
∵ $\angle APC = 3\angle BPC$,
∴ $\angle OPC = \angle BPC$.
∴ $OP \parallel BC$,
∴ $\angle PCB = \angle BPC$,
∴ $BP = BC = AP = 2x$.
∵ $\triangle PAH \sim \triangle POA$,
∴ $\dfrac{PA}{PH} = \dfrac{PO}{PA}$,
∴ $\dfrac{2x}{a} = \dfrac{x+a}{2x}$,
∴ $4x^2 - ax - a^2 = 0$,
∴ 由求根公式可得

$x = \dfrac{-b \pm \sqrt{b^2 - 4ac}}{2a} = \dfrac{a \pm \sqrt{a^2 + 16a^2}}{2 \times 4} = \dfrac{1 \pm \sqrt{17}}{8}a$,

∴ $x = \dfrac{1 + \sqrt{17}}{8}a$,

∴ $\dfrac{PE}{CE} = \dfrac{PH}{BC} = \dfrac{a}{2x} = \dfrac{a}{\dfrac{1+\sqrt{17}}{4}a} = \dfrac{\sqrt{17}-1}{4}$.

思路点拨

(1) 根据全等三角形的性质可知 PB 是切线.

(2) 题目未给出任何数据,故采用设参法.根据 $\angle APC = 3\angle BPC$,结合前面结论可得 PC 平分 $\angle OPB$,再由平行关系可得 $\triangle BPC$ 为等腰三角形,故 $BP = 2x$.结合直角三角形内的相似关系得到关于 x 与 a 的方程,利用一元二次方程求根公式得到 x 与 a 的数量关系,从而求得 $\dfrac{PE}{CE}$ 的值.

6. 如图 4.7 所示,连接 BO 并延长交⊙O 于点 D,连接 PD.

∵ ∠D = ∠C,∠BPD = ∠PAC,

∴ △BPD∽△PAC,

∴ $\dfrac{BP}{PA} = \dfrac{BD}{PC}$,

∴ $y = \dfrac{30}{x}$.

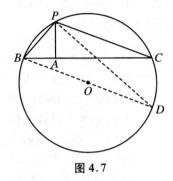

图 4.7

思路点拨

通过构造直径转换角,进而利用相似关系来解题. 在圆中添加直径是常规辅助线构造方法.

7. 如图 4.8 所示,延长 CD 至点 H,使得 ∠CBH = 45°,过点 F 作 FM⊥BD 于点 M,将△ABD 绕点 A 逆时针旋转 90° 至△ACN 处.

∵ ∠BAC = ∠BDC = 90°,

∴ A、B、D、C 四点在以 BC 为直径的⊙O 上,

∴ ∠BAE = ∠BCH.

又 ∠ABE = ∠CBH = 45°,

∴ △ABE∽△CBH,

∴ $\dfrac{BE}{BH} = \dfrac{AB}{BC} = \dfrac{\sqrt{2}}{2}$.

∵ ∠ABH = ∠ABC + ∠CBH = 90°,

∴ ∠FBM + ∠DBH = ∠DBH + ∠H = 90°.

又 ∠FMB = ∠BDH = 90°,

∴ △FBM∽△BHD,

∴ $\dfrac{BF}{BH} = \dfrac{FM}{BD}$.

∵ △BEF 为等腰直角三角形,

∴ $BE = \sqrt{2}BF$,

∴ $\dfrac{BE}{BH} = \dfrac{\sqrt{2}BF}{BH} = \dfrac{\sqrt{2}}{2}$,

∴ $\dfrac{BF}{BH} = \dfrac{FM}{BD} = \dfrac{1}{2}$,

∴ $FM = \dfrac{1}{2}BD$,

∴ $S_{△FBD} = \dfrac{BD \cdot FM}{2} = \dfrac{BD \cdot \dfrac{1}{2}BD}{2} = 4$,

∴ $BD = 4$($BD = -4$ 舍).

∵ ∠ABD + ∠ACD = 180°,∠ABD = ∠ACH,

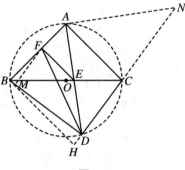

图 4.8

∴ ∠ACD + ∠ACN = 180°,
∴ D、C、N 三点共线.
又 AD = AN,∠DAN = 90°,
∴ △AND 为等腰直角三角形.
∵ DN = DC + CN = DC + BD = 7,
∴ $AD = \frac{DN}{\sqrt{2}} = \frac{7}{\sqrt{2}} = \frac{7\sqrt{2}}{2}$.

思路点拨

根据四边形 ABDC 对角互补可知 A、B、D、C 四点共圆,结合 AB = AC,将 △ABD 绕点 A 旋转至 △ACN,则可得 △AND 为等腰直角三角形,即可将分散的 BD 和 DC 拼凑成 DN,进而求得 AD 的长度. 此方法是对角互补的常规处理技巧,本题的难度不在于此,而在于如何求出 BD 的长度. 不难发现 △BEF 是等腰直角三角形,下面要运用这个隐藏条件. 过点 F 作 FM⊥BD, 关键是将 BD 与 FM 联系起来. 通过巧妙地构造 △FBM∽△BHD,结合 △ABE∽△CBH,将等腰 Rt△BEF 的作用发挥到极致,得到 △FBM∽△BHD 的相似比为 1∶2,从而求出 BD 的值,便很容易得到 AD 的值.

8. 如图 4.9 所示,延长 DA 至点 H,使得 AH = AE,连接 OB、OE.

∵ AC 是 ⊙O 的切线,
∴ ∠ABE + ∠EBO = 90°.
又∠OBE = ∠OEB,∠OBE + ∠OEB + ∠BOE = 180°,
∴ ∠BOE = 2∠ABE,
∴ ∠ADB = ∠ABE.
∵ AH = AE,AB⊥HE,
∴ ∠HBA = ∠ABE = α.
∵ ∠ADB + ∠ABD = 90°,
∴ ∠ADB + ∠ABE + ∠EBD = 90°,
∴ ∠DBH = ∠DBE + ∠ABE + ∠HBA = 90°.
∵ BE ∥ CD,
∴ △AEB∽△ADC,△BEF∽△DCF,
∴ $\frac{AE}{AD} = \frac{AB}{AC} = \frac{BE}{CD}$,$\frac{BE}{CD} = \frac{BF}{DF}$,
∴ $\frac{AE}{AD} = \frac{BF}{DF}$.
又 AH = AE,

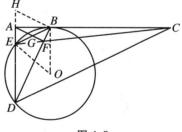

图 4.9

∴ $\dfrac{AH}{AD} = \dfrac{BF}{DF}$,

∴ $AF \parallel BH$,

∴ $\angle AFB = \angle HBD = 90°$.

∵ A 为 EH 的中点，$AG \parallel BH$,

∴ G 为 BE 的中点，

∴ $BG = EG$.

思路点拨

此题的核心条件为 $BE \parallel CD$，结合图形很容易发现基本相似图形中的 A 字形和 8 字形．暂时没有明确的思路证明 $AF \perp BD$，我们先来看看如何求证 $BG = EG$，即求证 G 为 BE 的中点．一般可利用平行关系构造 8 字形全等或者利用中位线逆定理来证明中点．本题中，我们先构造 A 为 EH 的中点，反过来证明 $BH \parallel AF$．观察到在基本相似图形的 A 字形和 8 字形中，$\dfrac{BE}{CD}$ 可以作为桥梁使得 $\dfrac{AE}{AD} = \dfrac{BF}{DF}$，结合 $AH = AE$，可转换为 $\dfrac{AH}{AD} = \dfrac{BF}{DF}$，即可得到 $BH \parallel AF$，则 G 为 BE 的中点得证.

9. 如图 4.10 所示，连接 AD、CF．设 $BF = x$，$AF = y$，则 $AE = 2x$，$AB = BC = x + y$.

∵ $\angle DAB + \angle ABD = \angle ABD + \angle DBC = 90°$,

∴ $\angle DAB = \angle DBC$.

又 $\angle ADF + \angle BDF = \angle BDF + \angle BDC = 90°$,

∴ $\angle ADF = \angle BDC$,

∴ $\triangle ADF \sim \triangle BDC$,

∴ $\dfrac{AD}{BD} = \dfrac{AF}{BC} = \dfrac{DF}{CD}$.

又 $\tan \angle ABE = \dfrac{AD}{BD} = \dfrac{AE}{AB}$,

∴ $\dfrac{AD}{BD} = \dfrac{AF}{BC} = \dfrac{DF}{CD} = \dfrac{AE}{AB}$,

∴ $\dfrac{AF}{BC} = \dfrac{AE}{AB}$,

∴ $\dfrac{y}{x+y} = \dfrac{2x}{x+y}$,

∴ $y = 2x$,

∴ $\dfrac{DF}{CD} = \dfrac{AF}{BC} = \dfrac{y}{x+y} = \dfrac{2}{3}$,

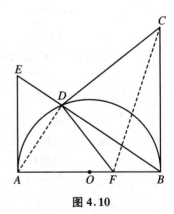

图 4.10

∴ $CD = 3\sqrt{10}$,

∴ $CF = \sqrt{CD^2 + DF^2} = \sqrt{130} = \sqrt{BC^2 + BF^2} = \sqrt{x^2 + (x+y)^2}$,解得 $x = \sqrt{13}$,

∴ $AB = 3\sqrt{13}$,即 ⊙O 的半径为 $\dfrac{3\sqrt{13}}{2}$.

思路点拨

根据 AB 为半圆的直径,连接 AD,得到 $\angle ADB = 90°$,这样就产生了几组相似关系,如 $\triangle ADF \backsim \triangle BDC$,$\triangle ABD \backsim \triangle EBA$,从而得到线段的比例关系.再利用三角函数,结合 $AB = BC$,以 $\dfrac{AE}{AB}$ 为桥梁得到 $\dfrac{AF}{BC} = \dfrac{AE}{AB}$,从而得到 x 与 y 的关系,最后利用勾股定理即可求出 ⊙O 的半径.

10. (1) 如图 4.11 所示,连接 BD.

∵ AC 平分 $\angle BCD$,

∴ $\angle ACB = \angle ACD = \angle ABD = \angle ADB$.

又 $AE \parallel BC$,

∴ $\angle ACB = \angle CAE$.

∵ 在 $\triangle ABD$ 中,$\angle ABD + \angle ADB + \angle BAC + \angle CAE + \angle DAE = 180°$,

又在 $\triangle CEF$ 中,$\angle FCE + \angle CFE + \angle CEF = 180°$,$\angle BAC + \angle DAE = \angle AFB$,$\angle AFB = \angle CFE$,

∴ $\angle ABD + \angle ADB + \angle BAC + \angle CAE + \angle DAE = \angle FCE + \angle BAC + \angle DAE + \angle CEF$,

∴ $\angle CEF = \angle ADB + \angle CAE = 2\angle ACE = \angle BCE$,

∴ $BC = BE$.

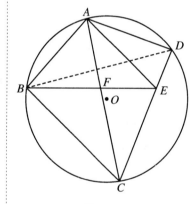

图 4.11

(2) 如图 4.12 所示,将 $\triangle ADE$ 绕点 A 顺时针旋转至 $\triangle ABP$,延长 PA、CD 交于点 Q,过点 B 作 $BM \perp CE$ 于点 M,过点 F 作 $FN \perp CE$ 于点 N,设 $CE = x$.

∵ $\angle ABC + \angle ADE = \angle ABC + \angle ABP = 180°$,

∴ C、B、P 三点共线,

∴ $PC = PB + BC = BC + DE = 21$.

∵ $\angle CAE = \angle ACE$,

∴ $AE = CE = x$.

∵ $AE \parallel BC$,

∴ $\angle AEQ = \angle BCE = \angle P = \angle QAE$,$\triangle QAE \backsim \triangle QPC$.

∵ $\angle QAE = \angle BCE$,$AE = CE$,$\angle QEA = \angle BEC$,

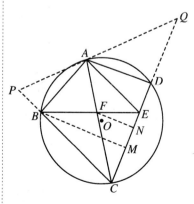

图 4.12

∴ △QAE≌△BCE(ASA).

∴ QE = BC = 16.

又 $\dfrac{AE}{PC} = \dfrac{QE}{QC}$,

∴ $\dfrac{x}{21} = \dfrac{16}{16+x}$,

∴ $x = 12$($x = -28$ 舍),

∴ $MC = ME = 6$,

∴ $BM = \sqrt{BC^2 - CM^2} = 2\sqrt{55}$.

又 △AEF∽△CBF,

∴ $\dfrac{EF}{BF} = \dfrac{AE}{BC} = \dfrac{3}{4}$.

又 $FN \parallel BM$,

∴ △EFN∽△EBM,

∴ $\dfrac{EF}{EB} = \dfrac{FN}{BM} = \dfrac{EN}{EM} = \dfrac{3}{7}$,

∴ $FN = \dfrac{6\sqrt{55}}{7}, EN = \dfrac{18}{7}$,

∴ $CN = \dfrac{66}{7}$,

∴ $CF = \sqrt{CN^2 + FN^2} = \dfrac{24\sqrt{11}}{7}$.

思路点拨

(1) 要证明 $BC = BE$,即证明 $\angle BCE = \angle BEC$.根据题目可发现,三个条件均与角度有关,故可从导角入手.条件涉及 $\angle AFB$,可以利用三角形内角和来进行推导.利用圆周角定理和平行线的性质可以得到很多相等的角,再结合三角形内角和,不难证得 $BC = BE$.

(2) 根据圆内接四边形 $ABCD$ 对角互补且 $AB = AD$,易想到利用旋转法,旋转后 $\angle P = \angle BCE$,可延长 PA、CD 构造等腰 △QPC,再由 $AE \parallel BC$ 得 △QAE∽△QPC,从而有 $\dfrac{AE}{PC} = \dfrac{QE}{QC}$.易发现 △QAE≌△BCE,这样等腰 △BCE 的三边已知,便可以通过解 △CFN 求出 CF.

11. 如图 4.13 所示,延长 AB 至点 P,使得 $BP = 2AC$,连接 PD,过点 P 作 $PH \perp AD$ 于点 H.

∵ $\angle ACD + \angle ABD = \angle ABD + \angle DBP = 180°$,

∴ $\angle ACD = \angle DBP$.

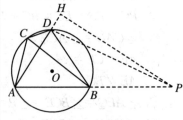

图 4.13

又 $BD = 2CD$，$BP = 2AC$，

∴ △ACD∽△PBD，

∴ $\dfrac{AD}{PD} = \dfrac{CD}{BD} = \dfrac{1}{2}$，$\angle ADC = \angle PDB$，

∴ $\angle CDB = \angle ADP$.

∵ $\angle CDB + \angle CAB = \angle ADP + \angle HDP = 180°$，

∴ $\angle HDP = \angle CAB$，

∴ $\cos \angle HDP = \dfrac{DH}{DP} = \dfrac{1}{4}$.

设 $DP = 4x$，则 $DH = x$，$AD = 2x$，$AH = 3x$.

∴ $PH = \sqrt{PD^2 - DH^2} = \sqrt{15}x$.

又 $2AC + AB = 8$，

∴ $AB + BP = AP = 8$.

∵ 在 Rt△AHP 中有 $AP^2 = AH^2 + PH^2$，

∴ $(3x)^2 + (\sqrt{15}x)^2 = 8^2$，解得 $x = \dfrac{2\sqrt{6}}{3}$（$x = -\dfrac{2\sqrt{6}}{3}$ 舍），

∴ $AD = 2x = \dfrac{4\sqrt{6}}{3}$.

思路点拨

此题难度升级，没有相等的边，但是有 $DB = 2CD$ 和 $2AC + AB = 8$ 这两个关键条件，故不能用全等旋转的处理方式，而要采用相似旋转法，即将 △DCA 绕点 A 旋转的同时扩大两倍，使得 DC 可与 DB 重合.本题添加辅助线的时候不是从旋转角度来说明的，但本质上就是旋转，只是旋转后需要证明 A、B、P 三点共线.接下来通过导角可得 $\angle HDP = \angle CAB$，从而 $\cos \angle CAB = \dfrac{1}{4}$ 派上了用场，最后解三角形即可.

12. 如图 4.14 所示，过点 F 作 $FH \perp CF$ 交 BC 于点 H，设 $BH = x$.

∵ $\angle EBC = \angle EDC = \angle A$，

∴ $AC = BC = 2\sqrt{2}$，

∴ $CD = \sqrt{BD^2 + BC^2} = 3$.

∵ $\angle ACF = \angle CFH = 90°$，

∴ $AC \parallel FH$，

∴ $\angle HFB = \angle A = \angle HBF$，

∴ $HF = HB = x$，

∴ $CH = 2\sqrt{2} - x$.

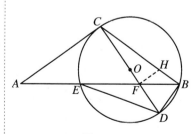

图 4.14

∵ △CFH ∽ △CBD，

∴ $\dfrac{FH}{BD} = \dfrac{CH}{CD} = \dfrac{CF}{CB}$，

∴ $\dfrac{x}{1} = \dfrac{2\sqrt{2}-x}{3} = \dfrac{CF}{2\sqrt{2}}$，解得 $x = \dfrac{\sqrt{2}}{2}$，

∴ $CF = 2$，

∴ $AF = \sqrt{AC^2 + CF^2} = 2\sqrt{3}$．

∵ $FH \parallel AC$，

∴ $\dfrac{BH}{CH} = \dfrac{BF}{AF}$，

∴ $BF = \dfrac{2\sqrt{3}}{3}$．

思路点拨

本题难度不大，易得 $BC = 2\sqrt{2}$，$CD = 3$．这样 △BCD 的三边均已知．构造 $FH \parallel AC$，利用相似三角形的性质和平行线分线段成比例定理计算 BF．本题还有另一种解法．通过导角得到 $\angle DFB = \angle DBF$，则 $DF = DB = 1$，从而易得 $CF = 2$，进而得 $AF = 2\sqrt{3}$．过点 C 作 AF 的垂线，通过解三角形和作差法可求出 BF．

13. 如图 4.15 所示，连接 OD 交 AC 于点 H，设 $EH = x$．

∵ D 为弧 $\overset{\frown}{AC}$ 的中点，

∴ $OD \perp AC$ 且 $AH = CH = 3 + x$．

∵ BC 为 $\odot O$ 的直径，

∴ $\angle EDC = \angle DHC = 90°$，

∴ △CDH ∽ △CED，

∴ $\dfrac{CD}{CH} = \dfrac{CE}{CD}$，

∴ $CD^2 = CH \cdot CE$，即 $(2\sqrt{5})^2 = (3+x)(3+x+x)$，

∴ $2x^2 + 9x - 11 = 0$，即 $(2x+11)(x-1) = 0$，解得 $x = 1$ $(x = -\dfrac{11}{2}$ 舍$)$，

∴ $CE = 5$，

∴ $DE = \sqrt{CE^2 - CD^2} = \sqrt{5}$，

∴ $\sin\angle DCE = \dfrac{DE}{CE} = \dfrac{\sqrt{5}}{5}$．

∵ $\angle DCE = \angle ABD = \angle CBD$，

∴ $\sin\angle CBD = \dfrac{CD}{BC} = \dfrac{\sqrt{5}}{5} = \dfrac{2\sqrt{5}}{BC}$，

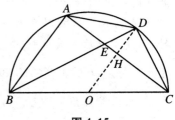

图 4.15

∴ BC = 10.

思路点拨

D 为弧 $\overparen{AC}$ 的中点是此题的突破口,可以得到 BD 平分∠ABC,DA = DC 等.一般情况下,由圆弧的中点首先想到的是垂径定理,同时会使用勾股定理,与本题问题求线段长度吻合.连接 OD 得到 △CDH∽△CED,此时需要巧设 EH 的长度,利用垂径定理表示 CH 的长度,接着利用相似三角形的性质求出 EH,再根据勾股定理求出 DE,从而得到∠DCE 的三角函数值,然后导角,再利用三角函数计算 BC.

14. 如图 4.16 所示,连接 OB、OP,过点 Q 作 QH⊥AC 于点 H,延长 ED、AC 交于点 M,设 OB = r.

∴ AB = 2r,OA = $\sqrt{3}$r,

∴ AP = $\sqrt{OA^2 - OP^2}$ = $\sqrt{2}$r.

∵ △AOP∽△AQH,

∴ $\frac{PO}{AP} = \frac{QH}{AH} = \frac{r}{\sqrt{2}r}$,

∴ AH = $\sqrt{2}$QH = 12$\sqrt{2}$.

∵ ∠CDM = 60°,

∴ ∠M = 30°,

∴ MH = $\sqrt{3}$QH = 12$\sqrt{3}$,CM = $\sqrt{3}$CD = 2$\sqrt{3}$r,

∴ AM = AH + MH = AC + CM,即 12$\sqrt{2}$ + 12$\sqrt{3}$ = 2$\sqrt{3}$r + 2$\sqrt{3}$r,

∴ r = 3 + $\sqrt{6}$.

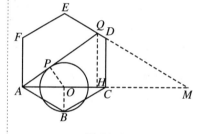

图 4.16

思路点拨

设⊙O 的半径,则 AB、OA、AP 均可用半径表示,从而∠QAC 的三角函数值可求.由于 AC⊥CD,延长 ED、AC 交于点 M,可以构造特殊角∠M = 30°.利用∠QAM、∠M 的三角函数值并构造线段长度和的方程即可解得半径.

15. 如图 4.17 所示,过点 A 作 AH⊥EF 于点 H,设 EH = FH = a.

∵ AH = CD,△DBE∽△HAE,

∴ $\frac{BD}{AH} = \frac{DE}{EH} = 2$,

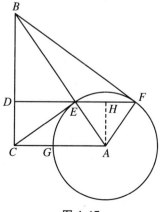

图 4.17

∴ $DE = 2EH = 2a$,

∴ $DF = 4a$.

∵ $\angle AEF = \angle AFE = \angle BED$, $\angle AFE + \angle BFD = \angle BED + \angle DBE = 90°$,

∴ $\angle DBE = \angle BFD$,

∴ $\triangle DBE \backsim \triangle DFB$,

∴ $\dfrac{DE}{BD} = \dfrac{BD}{DF}$,即 $\dfrac{2a}{BD} = \dfrac{BD}{4a}$,解得 $BD = 2\sqrt{2}a$,

∴ $CD = \sqrt{2}a$,

∴ $CE = \sqrt{6}a$, $AE = AG = \sqrt{3}a$,

∴ $\dfrac{AG}{CE} = \dfrac{\sqrt{3}a}{\sqrt{6}a} = \dfrac{\sqrt{2}}{2}$.

思路点拨

由 $\dfrac{BD}{CD} = 2$ 可联想到此题需要用到相似的知识;由 $DE \parallel AC$ 形成了基本相似的 A 字形;由 $AH \perp EF$ 想到垂径定理;利用 8 字形相似得到 DE 与 EF 的关系.利用 $\angle AFB = 90°$ 和 $\angle BDE = 90°$ 通过导角可得 $\triangle DBE \backsim \triangle DFB$,利用线段的比例关系求出 BD、CD,从而求得 AG 的值.

16. 如图 4.18 所示,过点 F 作 $MN \perp BC$ 于点 N,交 AD 于点 M,连接 OP、OQ,延长 PO 交 MN 于点 H.设圆 O 的半径为 r.

∵ $\triangle CDE \cong \triangle FDE$,

∴ $CE = EF = 10$, $CD = DF = 20$, $\angle DFE = 90°$,

∴ $\angle MFD + \angle MDF = \angle MFD + \angle EFN = 90°$,

∴ $\angle MDF = \angle EFN$,

∴ $\triangle DMF \backsim \triangle FNE$,

∴ $\dfrac{EF}{FD} = \dfrac{NE}{MF} = \dfrac{NF}{DM}$.

设 $NE = x$,则 $MF = 2x$, $FN = 20 - 2x$, $MD = 40 - 4x$.

∴ $CN = MD = x + 10 = 40 - 4x$,解得 $x = 6$,

∴ $BN = 9$, $FN = 8$,

∴ $FH = FN - r = 8 - r$, $OH = BN - r = 9 - r$.

∵ $OF^2 = OH^2 + FH^2$,

∴ $r^2 = (9-r)^2 + (8-r)^2$,解得 $r = 5$ ($r = 29$ 舍).

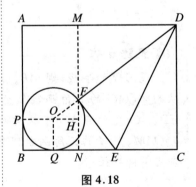

图 4.18

Rt△DCE 的折叠产生 K 字形相似,已知的直角边长提供相似比,利用相似比可求出相应的线段。结合 BN、FN 的长度,圆 O 与矩形两边相切,构造直角三角形,利用勾股定理即可求解.

17.（1）如图 4.19 所示,延长 AO 交⊙O 于点 P,连接 BP、CP.

∵ $AP = 10$,

∴ $PC = \sqrt{AP^2 - AC^2} = 6$.

∵ $\angle ABD = \angle APC$,

∴ △ABD ∽ △APC,

∴ $\dfrac{AD}{BD} = \dfrac{AC}{PC} = \dfrac{4}{3}$.

∵ $\angle ACD + \angle CAD = \angle ACD + \angle CBE = 90°$,

∴ $\angle CAD = \angle CBE$,

∴ △BFD ∽ △ACD,

∴ $\dfrac{AD}{BD} = \dfrac{AC}{BF} = \dfrac{4}{3}$,

∴ $BF = 6$.

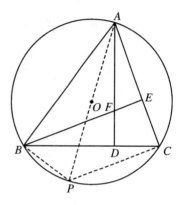

图 4.19

（2）如图 4.20 所示,延长 AO 交⊙O 于点 P,连接 BP、CP.

∵ $\angle DBF = \angle DAC, \angle BDF = \angle ADC, BF = AC$,

∴ △BDF ≌ △ADC（AAS）,

∴ $BD = AD$,

∴ $\angle ABD = \angle APC = 45°$.

∵ $\angle AFE + \angle CAD = \angle CAD + \angle ACD = 90°$,

∴ $\angle AFE = \angle ACD = \angle APB$,

∴ △ABP ∽ △AEF,

∴ $\dfrac{AP}{AF} = \dfrac{AB}{AE} = 2$.

又 △ABE 为直角三角形,

∴ $\angle ABE = 30°, \angle BAC = 60°$,

∴ $\angle BPC = 120°$,

∴ $\angle APB = 75°$,

∴ $\angle BAP = \angle CAD = 15°$,

∴ $\angle OAD = 30°$.

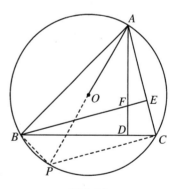

图 4.20

思路点拨

(1) 根据⊙O的直径为10,$AC=8$,可想到边长分别为6,8,10的直角三角形,故延长AO构造直径,得到Rt△ACP,然后利用△ABD∽△APC,△BFD∽△ACD,得到线段比4:3,从而求得BF.

(2) 借鉴前面的方法,首先延长直径,从而出现△BDF≌△ADC,△ABP∽△AEF,由题目中$AO=AF$这个条件得到相似比$\frac{AP}{AF}=\frac{AB}{AE}=2$,从而得到$\angle ABE=30°$.再利用由△$BFD$≌△$ACD$得到的等腰Rt△$ABD$,求出$\angle APB=75°$,进而求得$\angle OAD$.

18. (1) ∵ $\angle APB = \angle BCN = 90°$,
∴ $\angle A = \angle BNC = 30°$,
∴ $CM = \frac{AC}{\sqrt{3}} = \frac{5\sqrt{3}}{3}$, $CN = \sqrt{3}BC = \sqrt{3}$,
∴ $MN = CM + CN = \frac{8\sqrt{3}}{3}$.

(2) 如图 4.21 所示,连接 QM、QN.
∵ $\angle A = \angle BNC$,
∴ △AMC∽△NBC,
∴ $\frac{AC}{CN} = \frac{CM}{BC}$,
∴ $CM \cdot CN = 5$.
∵ $\angle NQM = \angle QCN = 90°$,
∴ △NQC∽△QMC,
∴ $\frac{NC}{QC} = \frac{QC}{CM}$,
∴ $QC^2 = CM \cdot CN = 5$,得 $QC = \sqrt{5}$,
∴ $AQ = AC - QC = 5 - \sqrt{5}$.

(3) 解法1(代数法——均值不等式) 设 $MC = x$, $NC = y$.
$x + y = (\sqrt{x})^2 + (\sqrt{y})^2 \geq 2\sqrt{xy} = 2\sqrt{5}$.

解法2(几何法——斜边大于直角边) 如图 4.22 所示,连接 PQ.
由(2)可得 $QC = \sqrt{5}$.
∵ $PQ \geq QC$(在 Rt△PQC 中,$PQ > QC$,当 PQ 与 QC 重合时取等号),
∴ $PQ \geq \sqrt{5}$,
∴ $MN = 2PQ \geq 2\sqrt{5}$.

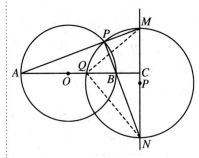

图 4.21

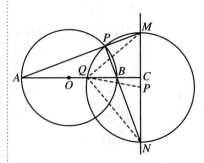

图 4.22

思路点拨

(1) 通过等量代换可得∠BNC = 30°，然后通过解直角三角形得到 CM 和 CN 的值，最后根据线段之和求得 MN.

(2) 当 P 点为动点时求 AQ 的值，是典型的"在变化中寻找不变"的问题. 由 △AMC ∽ △NBC 得到 CM · CN = 5，这是不变的，然后根据直角三角形的射影定理得到 QC^2 = CM · CN = 5，从而求出 AQ.

(3) 利用均值不等式或斜边与直角边的关系可求出 MN 的最值.

19. (1) ∵ ∠DEC = ∠DAC = 60°, ∠EDA = ∠ECA = 60°,
∴ △BDE 是等边三角形,
∴ BD = BE.

(2) 如图 4.23 所示, 过点 A 作 AH⊥BC 于点 H.
∵ △ABC 为等边三角形,
∴ ∠BAH = 30°, BH = CH = 3,
∴ AH = $\sqrt{3}$ BH = 3$\sqrt{3}$.
∵ BF∥AH,
∴ $\frac{AF}{EF} = \frac{BH}{BE} = \frac{3}{2}$,
∴ BE = 2,
∴ AE = $\sqrt{EH^2 + AH^2}$ = 2$\sqrt{13}$.

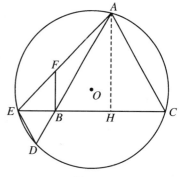

图 4.23

(3) ① 如图 4.24 所示, 过点 A 作 AH⊥BC 于点 H, 过点 E 作 EM⊥AD 于点 M, 设 BM = a.
∵ △BDE 为等边三角形,
∴ BM = DM = a,
∴ BE = 2a, EM = $\sqrt{3}$a.
∵ AH∥BF,
∴ $\frac{AF}{EF} = \frac{BH}{BE} = x$,
∴ BH = 2ax,
∴ AB = 2BH = 4ax,
∴ tan∠DAE = y = $\frac{EM}{AM} = \frac{\sqrt{3}a}{a+4ax} = \frac{\sqrt{3}}{4x+1}$.

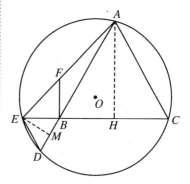

图 4.24

② 如图 4.25 所示, 过点 A 作 AH⊥BC 于点 H, 过点 O 作 ON⊥BC 于点 N, 设 BE = 2.
∵ AH∥BF,
∴ $\frac{AF}{EF} = \frac{BH}{BE} = x$,

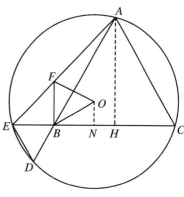

图 4.25

∴ $BH = CH = 2x$,
∴ $CE = 4x + 2$,
∴ $NE = NC = 2x + 1$,
∴ $BN = 2x - 1$.
∵ $AH = 2\sqrt{3}x$, $\triangle EFB \sim \triangle EAH$,
∴ $\dfrac{EF}{EA} = \dfrac{BF}{AH} = \dfrac{1}{x+1}$,
∴ $BF = \dfrac{2\sqrt{3}x}{x+1}$.

$S_{\triangle BFO} = \dfrac{BF \cdot BN}{2} = \dfrac{1}{2} \cdot \dfrac{2\sqrt{3}x}{x+1} \cdot (2x - 1)$
$= \dfrac{\sqrt{3}x(2x-1)}{x+1}$,

$S_{\triangle AEC} = \dfrac{CE \cdot AH}{2} = \dfrac{1}{2} \cdot (4x + 2) \cdot 2\sqrt{3}x$
$= \sqrt{3}x(4x + 2)$,

∴ $\sqrt{3}x(4x + 2) = 10 \cdot \dfrac{\sqrt{3}x(2x-1)}{x+1}$,
∴ $(2x - 3)(x - 2) = 0$,
∴ $x_1 = \dfrac{3}{2}$, $x_2 = 2$.

又 $y = \dfrac{\sqrt{3}}{4x+1}$,

∴ $y = \dfrac{\sqrt{3}}{7}$ 或 $y = \dfrac{\sqrt{3}}{9}$.

思路点拨

(1) 利用圆周角定理推导角度关系,得到 $\triangle BDE$ 为等边三角形,即可证明 $BD = BE$.

(2) 由条件 $AF : EF = 3 : 2$ 可想到利用相似关系.根据等边三角形的"三线合一"定理,过点 A 作 $AH \perp BC$,形成 A 字形相似。本题利用平行线分线段成比例定理,通过计算求出 BE,最后利用勾股定理求得 AE.

(3) ① 由于 $\triangle BDE$ 为等边三角形,根据"三线合一"定理,过点 E 作 $EM \perp AD$,设 $BM = a$,则 BE、EM 的长度可表示出来.再利用平分线分线段成比例定理和三角函数,即可得到 y 关于 x 的函数表达式.② 设 $BE = 2$,利用 A 字形相似、"三线合一"定理及垂径定理,结合 $\dfrac{AF}{EF} = x$,分别求出两个三角形的底和高,利用面积的倍数关系得到等式,从而解出 x,最后利用①中得到的函数关系式求出 y.

第四部分 圆100题解析

20. **解法1** 如图4.26所示,连接 AO、BO、CO、DO.

∵ $\angle ADB = \angle CBD = 30°$,

∴ $\angle AOB = \angle COD = 60°$,

∴ $AB = CD = 4$.

∵ $PE \parallel AB$,

∴ $\triangle DPE \sim \triangle DBA$,

∴ $\dfrac{PE}{AB} = \dfrac{DP}{BD}$. ①

∵ $\triangle BPF \sim \triangle BDC$,

∴ $\dfrac{PF}{CD} = \dfrac{BP}{BD}$. ②

∴ ①+②得 $\dfrac{PE + PF}{4} = \dfrac{BP + DP}{BD}$,

∴ $PE + PF = 4$.

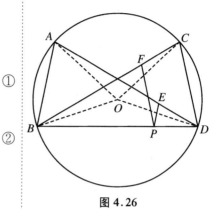

图4.26

解法2 如图4.27所示,连接 OC、OD,将 DE 沿 BD 对称得 DG,连接 PG,则 $PE = PG$.

∵ $\angle ADB = \angle CBD = 30°$,

∴ $\angle COD = 60°$,

∴ $\triangle OCD$ 为等边三角形,$CD = 4$.

又 $\angle A = \angle BCD$,

∴ $\angle ABD = \angle BDC$.

又 $PE \parallel AB$,$PF \parallel CD$,

∴ $\angle ABD = \angle EPD = \angle GPD = \angle BDC = \angle BPF$,

∴ F、P、G 三点共线.

∵ $\angle GDP = \angle CBD = 30°$,

∴ $CF \parallel DG$,

∴ 四边形 $CFGD$ 为平行四边形,

∴ $FG = CD = 4$,

∴ $PE + PF = PG + PF = FG = 4$.

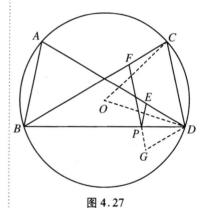

图4.27

思路点拨

解法1:从多组平行线入手,发现两组 A 字形相似,结合这两组相似得到线段的比例关系,利用等比性质可得到 $PE + PF$ 的值.

解法2:从问题来看,有点像"将军饮马"模型,利用平行线得到角度的等量关系,从而可知 PE 的对称线段 PG 与 PF 拼成了一条线段 FG,根据平行四边形的知识可将 FG 转化为 CD.

21. (1) 如图4.28所示,连接 MD.

∵ $MN \perp AB$,$AM = BM$,

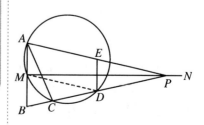

图4.28

∴ $PA = PB$,

∴ $\angle PAB = \angle B$.

∵ $\angle APB = 28°$,

∴ $\angle B = \frac{1}{2}(180° - \angle APB) = 76°$.

∵ MD 为 $\triangle PAB$ 的中位线,

∴ $MD \parallel AP$,

∴ $\angle MDB = \angle APB = 28°$,

∴ $\overset{\frown}{CM} = 2\angle MDB = 56°$.

(2) 如图 4.29 所示,连接 MD,设 $\angle APB = 2\alpha$.

∵ 由(1)可得 $\angle MDB = \angle APB = \angle BAC = 2\alpha$, $\angle APM = \angle BPM = \alpha$,

∴ $\angle B = 90° - \alpha$,

∴ $\angle ACB = 180° - \angle B - \angle BAC = 90° - \alpha$,

∴ $\angle ACB = \angle B$,

∴ $AC = AB$.

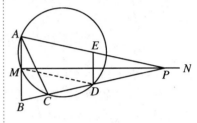

图 4.29

(3) ① 如图 4.30 所示,MP 与圆的另一个交点记为 R,连接 CR、AR、MD.

∵ 由(2)可得 $\angle MDC = \angle APB = \angle MRC = 2\alpha$, $\angle BPM = \alpha$,

∴ $\angle PCR = \angle RPC = \alpha$,

∴ $RC = PR$.

∵ $\angle ACR = \angle AMR = 90°$,

∴ $AM^2 + MR^2 = AC^2 + CR^2 = AR^2$,

∴ $AM^2 + (MP - PR)^2 = AC^2 + PR^2$.

又由(2)可得 $AC = AB = 2$,

∴ $1 + (4 - PR)^2 = 4 + PR^2$,解得 $PR = \frac{13}{8}$,

∴ $MR = \frac{19}{8}$.

∵ $AP = \sqrt{AM^2 + MP^2} = \sqrt{17}$,

∴ $\cos \alpha = \frac{MP}{AP} = \frac{4\sqrt{17}}{17}$.

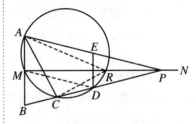

图 4.30

Ⅰ. 当 $\angle ACQ = 90°$ 时,AQ 为圆的直径,则 Q 与 R 重合,有 $MQ = MR = \frac{19}{8}$.

Ⅱ. 当 $\angle QCD = 90°$ 时,如图 4.31 所示.

∵ $\angle QCP = 90°$, $\angle RCP + \angle QCR = \angle CPQ + \angle CQP = 90°$, $\angle RCP = \angle CPQ$,

∴ $\angle QCR = \angle CQP$,

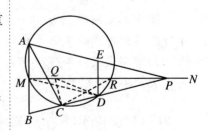

图 4.31

∴ $RQ = RC = RP = \dfrac{13}{8}$,

∴ $PQ = \dfrac{13}{4}$,

∴ $MQ = \dfrac{3}{4}$.

Ⅲ. 当∠QDC = 90°时,如图 4.32 所示.

∴ $\cos\angle CPQ = \cos\alpha = \dfrac{DP}{PQ} = \dfrac{4\sqrt{17}}{17}$,$DP = \dfrac{1}{2}BP = \dfrac{\sqrt{17}}{2}$,

∴ $PQ = \dfrac{DP}{\cos\alpha} = \dfrac{17}{8}$,

∴ $MQ = \dfrac{15}{8}$.

Ⅳ. 当∠AEQ = 90°时,如图 4.33 所示. MN 为 AB 的垂直平分线,结合对称性和情况Ⅲ可知此时点 Q 与情况Ⅲ重合,则 $MQ = \dfrac{15}{8}$.

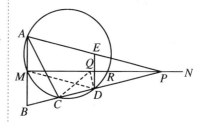

图 4.32

综上所述,MQ 的值为 $\dfrac{19}{8}$,$\dfrac{3}{4}$,$\dfrac{15}{8}$.

② 如图 4.34 所示,过点 C 作 CH⊥AB 于点 H.

∵ ED 为△ABP 的中位线,

∴ $ED = \dfrac{1}{2}AB = AM = 1$,∠DEF = ∠BAP.

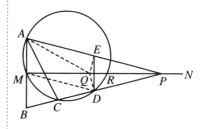

图 4.33

∵ ∠DFA + ∠AMD = ∠AMD + ∠BMD = 180°,

∴ ∠DFA = ∠BMD.

又 DM = DB,

∴ ∠BMD = ∠B = ∠BAP = ∠DFA,

∴ DF = DE = 1.

∵ 由对称性可得 GE = GD,

∴ △DEG 是等边三角形,

∴ ∠EDF = 90° − ∠GDE = 30°,

∴ ∠DEF = ∠BMD = 75°,

∴ ∠GMD = 90° − ∠BMD = 15°.

又∠PGD = 30°,

∴ ∠GMD = ∠GDM,

∴ GM = GD = 1.

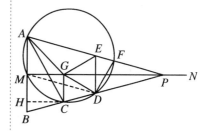

图 4.34

∵ 由(2)可得∠B = ∠ACB,

∴ ∠BAC = 30°,

∴ $CH = \dfrac{1}{2}AC = \dfrac{1}{2}AB = 1$,$AH = \sqrt{3}$,

∴ $CG = MH = \sqrt{3} - 1$,

∴ $S_{\triangle ACG} = \dfrac{1}{2}CG \cdot CH = \dfrac{\sqrt{3}-1}{2}$.

∵ $S_{\triangle DEG} = \dfrac{\sqrt{3}}{4}$,

∴ $S_{\triangle ACG} : S_{\triangle DEG} = \dfrac{6-2\sqrt{3}}{3}$.

思路点拨

(1) 利用垂直平分线发现等腰△PBA，从而易求出∠B 的度数.由中点想到了中位线，根据平行线的性质，易求出∠MDB，从而得到$\overset{\frown}{CM}$的度数.

(2) 在(1)问的基础上，将特殊角变成一般角 α.根据三角形内角和，易推出∠ACB=∠B，从而证明 AC=AB.

(3) ① 此问是典型的分类讨论问题.根据 90°的圆周角所对的弦为直径，连接 AR，则 AR 为圆的直径.通过角度关系推导，可得△CPR 为等腰三角形.再根据题目条件和勾股定理，可计算出 RP 的长度，这为后面分类讨论情况中的计算做好准备.② 此问同样需要用到前面的一些结论，如等腰三角形、中位线等.通过导角发现△DEF 为等腰三角形，通过对称发现△DEG 为等边三角形，进而得到特殊角 60°、30°.接下来将特殊角放入直角三角形，通过解三角形求出线段的长度，然后计算出两个三角形的面积.此处用了一个教材未给出的公式，即等边三角形的面积公式 $S = \dfrac{\sqrt{3}}{4}a^2$ (a 为等边三角形的边长).

22. (1) ∵ $PB \perp AM, PC \perp AN$,

∴ $\angle ABP = \angle ACP = 90°$,

∴ $\angle BAC + \angle BPC = 180°$.

又 $\angle BPD + \angle BPC = 180°$,

∴ $\angle BPD = \angle BAC$.

(2) ① ∵ 如图 4.35 所示，$\angle APB = \angle BDE = 45°$, $\angle ABP = 90°$,

∴ $BP = AB = 2\sqrt{5}$.

∵ $\angle BPD = \angle BAC$,

∴ $\tan \angle BPD = \tan \angle BAC$,

∴ $\dfrac{BD}{PD} = 2$,

∴ $BP = \sqrt{5} PD$,

∴ $PD = 2$.

② Ⅰ. $BD = BE$.

∵ $\angle BED = \angle BDE$,

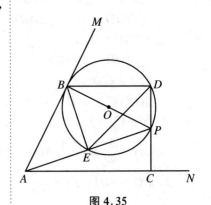

图 4.35

∴ ∠BPD = ∠BPE = ∠BAC，

∴ tan∠BPE = 2.

∵ AB = $2\sqrt{5}$，

∴ BP = $\sqrt{5}$，

∴ BD = 2.

Ⅱ．当 BE = DE 时，∠EBD = ∠EDB．

如图 4.36 所示，过点 B 作 BH⊥AC 于点 H，则四边形 BHCD 是矩形．

∵ ∠APB = ∠BDE，∠DBE = ∠APC，

∴ ∠APB = ∠APC，

∴ AC = AB = $2\sqrt{5}$．

∵ AB = $2\sqrt{5}$，tan∠BAC = 2，

∴ AH = 2，

∴ BD = CH = $2\sqrt{5} - 2$．

Ⅲ．当 BD = DE 时，设 PD = x，则 BD = 2x．

∵ ∠DEB = ∠DBE = ∠APC，∠DEB = ∠DPB = ∠BAC，

∴ ∠APC = ∠BAC，

∴ $\dfrac{AC}{PC} = 2$，

∴ $\dfrac{2x+2}{4-x} = 2$，

∴ $x = \dfrac{3}{2}$，

∴ BD = 2x = 3．

综上所述，当 BD = 2，3，$2\sqrt{5}-2$ 时，△BDE 为等腰三角形．

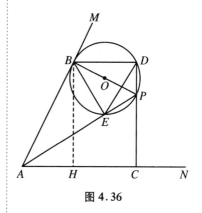

图 4.36

(3) 如图 4.37 所示，延长 AB、CP 交于点 G，设 PC = 1．

∵ BE∥OC 且 BO = PO，

∴ OF 为△PBE 的中位线，OC⊥AP，EF = PF．

∵ △PFC∽△PCA，△PBE∽△PAB，

∴ $\dfrac{PF}{PC} = \dfrac{PC}{AP}$，$\dfrac{PE}{PB} = \dfrac{PB}{AP}$，

∴ $PC^2 = PF \cdot PA$，$PB^2 = PE \cdot PA$．

又 PE = 2PF，

∴ $PB^2 = 2PC^2$，

∴ PB = $\sqrt{2}$，

∴ PG = $\sqrt{2}$PB = 2，

∴ CA = CG = CP + GP = 3，AG = $3\sqrt{2}$，

∴ AB = $2\sqrt{2}$，

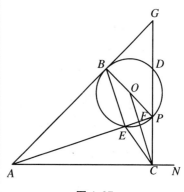

图 4.37

$$\therefore \tan \angle BAP = \frac{BP}{AB} = \frac{1}{2}, \tan \angle CAP = \frac{CP}{AC} = \frac{1}{3}.$$

又 $\angle POF = \angle BAP, \angle PCF = \angle PAC$,

$\therefore OF = 2PF, CF = 3PF$,

$$\therefore \frac{S_1}{S_2} = \frac{OF}{CF} = \frac{2}{3}.$$

> **思路点拨**
>
> (1) 根据四边形 ABPC 对角互补,结合邻补角互补,轻松证得 $\angle BPD = \angle BAC$.
>
> (2) ① 结合(1)问的结论 $\angle BPD = \angle BAC$,得到 $\angle BPD$ 的正切值,解 Rt△BPD 即可得到 PD 的值. ② 此问是典型的分类讨论问题. 利用圆内角度关系和 $\angle BPD$ 的正切值,很容易计算 BD 的值. 情况Ⅱ难度较大,首先从角度入手,利用等腰三角形的性质和圆内的角度关系得到 $\angle APB = \angle APC$,从而得到 $AB = AC$,进而将求 BD 转换为求 CH.
>
> (3) 两次利用射影定理得到 PB 和 PC 的关系,结合含 45° 角的等腰直角三角形,将各线段的长度求出,从而得到 $\angle BAP$ 和 $\angle CAP$ 的正切值,最终将面积比转化为 OF 与 CF 的比值.

23. (1) 由对称性可知 $\angle A = \angle DFB$.

又 $\angle DFB = \angle C$,

$\therefore \angle A = \angle C = 45°$.

(2) ① 设 $DF = AD = 3x$.

$\because \overset{\frown}{BF} = \overset{\frown}{BC}$,

$\therefore \overset{\frown}{FH} = \overset{\frown}{CH}$,

$\therefore \angle FBE = \angle CBH$,

$\therefore △BFE \cong △BCE$,

$\therefore \angle C = \angle BFE = \angle A = \angle BFD = 45°$,

$\therefore \angle DFE = 90°$.

$\because \tan \angle EDF = \frac{EF}{DF} = \frac{4}{3}$,

$\therefore EF = CE = 4x, DE = 5x$,

$\therefore AC = AD + DE + CE = 12x = 6\sqrt{2}$,

$\therefore CE = 4x = 2\sqrt{2}$.

② Ⅰ. 当点 Q 落在 BF 上时,如图 4.38 所示,连接 OD、QE.

$\because \angle BFE = \angle BCE = 45°, EF = EQ$,

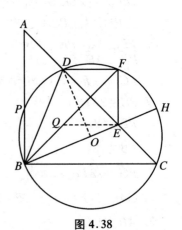

图 4.38

∴ △EFQ 为等腰直角三角形,
∴ ∠FEA = ∠AEQ = 45°,
∴ EQ ∥ BC,
∴ ∠QBE = ∠CBH = ∠BEQ.
又 ∠FQE = ∠QBE + ∠BEQ,
∴ ∠CBH = ∠FBH = 22.5°.
又 ∠ABD = ∠FBD,∠ABC = 90°,
∴ ∠FBD = ∠FBE = 22.5°.
又 BF⊥AC,
∴ △BDE 为等腰三角形,
∴ BD = BE.
∵ ∠DBO = 45°,OB = OD,
∴ △OBD 为等腰直角三角形,
∴ BE = BD = √2 OB,
∴ OE = (√2 − 1) OB,
∴ $\frac{EO}{BO} = \sqrt{2} - 1$.

Ⅱ. 当点 Q 落在 BE 上时,如图 4.39 所示,连接 OD.
∴ EQ⊥AC,∠FEA = ∠AEQ.
又 ∠BEC = ∠BEF = 2∠AEB,
∴ ∠AEB + ∠BEC = 3∠AEB = 180°,
∴ ∠AEB = 60°.
∵ ∠ABD = ∠FBD,∠FBH = ∠CBH,
∴ ∠DBH = 45°.
又 OD = OB,
∴ △OBD 为等腰直角三角形.
∵ 由对称性可得∠DFE = ∠DQE = 90°,
∴ 点 Q 与点 O 重合.
∵ OD = OB = √3 OE,
∴ $\frac{EO}{BO} = \frac{\sqrt{3}}{3}$.

(3) 如图 4.40 所示,在 BD 上取点 M,使得 DA = DM,连接 AM,设 AD = DF = x.
∵ ∠PBC = 90°,
∴ PC 为⊙O 直径,点 O 在 PC 上.
∵ OG⊥BF,
∴ BG = GF = $\frac{1}{2}$BF = $\frac{1}{2}$BC,
∴ ∠BCG = 30°,
∴ ∠ABD = ∠FBD = 15°,∠FBH = ∠CBH = 30°,

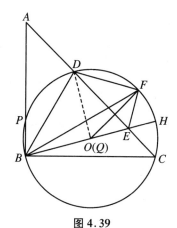

图 4.39

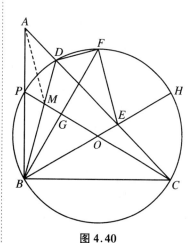

图 4.40

∴ $\angle BDC = 60°$,

∴ $\angle BEF = \angle BEC = 105°$,

∴ $\angle DEF = 30°$,

∴ $EF = \sqrt{3}DF = \sqrt{3}x$.

∵ $\angle ADM = 120°$, $DA = DM$,

∴ $AM = EF = \sqrt{3}x$, $\angle DAM = 30°$,

∴ $\angle BAM = \angle ABM = 15°$,

∴ $MB = MA = EF = CE = \sqrt{3}x$,

∴ $BD = AD + CE$.

思路点拨

本题是基于半角模型＋圆命制的. 本题使用了几个恒成立的结论：△DEF 为直角三角形，则 $AD^2 + CE^2 = DE^2$；$\angle DBE$ 一定为 $45°$.

(1) 根据对称关系和圆周角定理，易证 $\angle C = 45°$.

(2) ① 利用给出的三角函数得到 Rt△DEF 三边长度的比值，再利用对称的性质求出 AC，从而解得 CE. ② 此问是典型的分类讨论问题，点 F 的对称点不可能落在 EF 上，故只需要讨论另外两种情况. 充分利用对称的性质，推出 $\angle DBO = 45°$ 和 $OB = OD$，故此题有一个隐藏的等腰 Rt△OBD，这在情况 Ⅰ 和情况 Ⅱ 中均可以辅助计算. 两种情况都可以得到特殊角度，利用特殊角度的三角函数得到线段长度的比值.

(3) 由 $PC \perp BF$ 想到垂径定理，推出 $BG = \frac{1}{2}BC$，这样就发现在 Rt△BCG 中含特殊角 $30°$、$60°$. 这是解题的关键.

24. (1) 设 ⊙O 的半径为 r. $\angle BOD = 90°$, $r = \frac{\sqrt{10}}{2}x$.

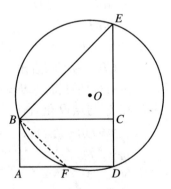

图 4.41

(2) 如图 4.41 所示，连接 BF.

∵ $\angle BFA + \angle BFD = \angle BFD + \angle E = 180°$,

∴ $\angle BFA = \angle E = 45°$,

∴ △ABF 为等腰直角三角形，

∴ $AB = AF = x$,

∴ F 为 AD 的中点.

(3) ① Ⅰ. $DB = DH = \sqrt{5}x$ 时，如图 4.42 所示，连接 EF.

∵ $\angle DHG + \angle EHD = \angle EHD + \angle EFG = 180°$,

∴ $\angle DHG = \angle EFG$,

∴ △GDH ∽ △GEF,

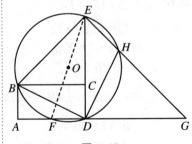

图 4.42

$\therefore \dfrac{DG}{EG} = \dfrac{DH}{EF}$,

$\therefore \dfrac{10-x}{\sqrt{(3x)^2+(10-x)^2}} = \dfrac{\sqrt{5}x}{\sqrt{10}x}$,得 $2x^2+5x-25=0$,

$\therefore (2x-5)(x+5)=0$,

$\therefore x = \dfrac{5}{2}(x=-5\text{舍})$.

Ⅱ. $DH = BE = 2\sqrt{2}x$ 时,同情况Ⅰ.

$\therefore \dfrac{DG}{EG} = \dfrac{DH}{EF}$,

$\therefore \dfrac{10-x}{\sqrt{(3x)^2+(10-x)^2}} = \dfrac{2\sqrt{2}x}{\sqrt{10}x}$,得 $7x^2+4x-20=0$,

$\therefore (7x-10)(x+2)=0$,

$\therefore x = \dfrac{10}{7}(x=-2\text{舍})$.

Ⅲ. $HE = HD$ 时,如图 4.43 所示,连接 OH、OE,OH 交 DE 于点 M.

$\therefore OH \perp DE, ME = MD = \dfrac{3}{2}x$,

$\therefore MH = \dfrac{1}{2}DG = \dfrac{10-x}{2}$,

$\therefore OM = OH - MH = \dfrac{\sqrt{10}}{2}x - \dfrac{10-x}{2} = \dfrac{\sqrt{10}+1}{2}x - 5$.

又 $OM = \sqrt{OE^2 - EM^2} = \dfrac{1}{2}x$,

$\therefore \dfrac{\sqrt{10}+1}{2}x - 5 = \dfrac{1}{2}x$,解得 $x = \sqrt{10}$.

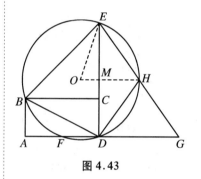

图 4.43

② 如图 4.44 所示,连接 DB、PG、BH,PG 交 DH 于点 M,过点 H 作 $HN \perp DE$ 于点 N.

$\therefore \angle DHG + \angle EHD = \angle EHD + \angle EBD = 180°$,

$\therefore \angle DHG = \angle EBD = \angle PHD$,

$\therefore DE = DP = DG$(等角对等弦),

$\therefore \triangle EDG$ 是等腰直角三角形,

$\therefore \angle BED = \angle DEH = 45°$,

$\therefore BD = DH$,

$\therefore \triangle BDH$ 为等腰直角三角形,

$\therefore \triangle DNH \cong \triangle BCD$,

$\therefore DN = BC = 2x, HN = EN = CD = x$.

$\because HN \parallel DG$,

$\therefore \dfrac{EH}{HG} = \dfrac{EN}{ND} = \dfrac{1}{2}$,

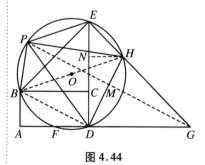

图 4.44

$\therefore S_{\triangle PEH} = \frac{1}{2} S_{\triangle HPG}$, $S_{\triangle DEH} = \frac{1}{2} S_{\triangle DHG} = \frac{1}{4} DH \cdot GM = \frac{1}{8} DH \cdot GP$.

$\because DP = DE$, $DB = DH$,

$\therefore \overset{\frown}{DB} = \overset{\frown}{DH}$, $\overset{\frown}{DP} = \overset{\frown}{DE}$,

$\therefore \overset{\frown}{BP} = \overset{\frown}{EH}$,

$\therefore \overset{\frown}{BE} = \overset{\frown}{PH}$,

$\therefore BP = EH$, $BE = PH = HG$,

$\therefore \triangle BPE \cong \triangle HEP$(SSS),

$\therefore S_{\triangle BEP} = S_{\triangle PEH} = \frac{1}{2} S_{\triangle HPG} = \frac{1}{4} PG \cdot HM$.

$\because$ 由(2)得 $FG = DF + DG = x + 3x = 10$, 解得 $x = \frac{5}{2}$,

$\therefore DG = \frac{15}{2}$, $BD = \frac{5\sqrt{5}}{2}$.

$\because \angle BDH = \angle EDG = 90°$,

$\therefore \triangle BCD \backsim \triangle GMD$,

$\therefore \frac{CD}{DM} = \frac{BD}{DG}$,

$\therefore \frac{\frac{5}{2}}{DM} = \frac{\frac{5\sqrt{5}}{2}}{\frac{15}{2}}$, 解得 $DM = \frac{3\sqrt{5}}{2}$,

$\therefore HM = DH - DM = \sqrt{5}$,

$\therefore \frac{S_{\triangle BEP}}{S_{\triangle DEH}} = \frac{\frac{1}{4} PG \cdot HM}{\frac{1}{8} DH \cdot GP} = \frac{2HM}{DH} = \frac{2\sqrt{5}}{\frac{5\sqrt{5}}{2}} = \frac{4}{5}$.

思路点拨

(1) 根据△BCE为等腰直角三角形可得∠BOD = 90°, 由 BD 可求半径.

(2) 根据圆内接四边形对角互补和邻补角互补, 挖掘隐藏的等腰△ABF, 即可得证.

(3) ① 此问是典型的分类讨论问题. 虽然 x 未知, 但是多条边的长度均可用 x 表示, 如 BD、DE、EF、FG. 情况Ⅰ中, 易证△GDH∽△GEF, 从而得到线段长度比, 列方程求解即可. 情况Ⅱ与情况Ⅰ类似. 情况Ⅲ中由 HE = HD 联想到垂径定理, 结合 DE 和半径已知, 解三角形即可. ② 此问难度略大, 充分利用对称的性质, 特别是 ∠DHG = ∠EBD = ∠PHD, 这一容易被疏忽的条件

可用于证明 △EDG 是等腰直角三角形,进而可得 △BDH 为等腰直角三角形.利用一线三等角全等和平行线分线段成比例定理,很容易得到 $\dfrac{EH}{HG}=\dfrac{1}{2}$,为后面将线段比转化为面积比做好铺垫.无须直接去求问题中两个三角形的面积,可将面积比转化为 $\dfrac{2HM}{DH}$,故问题变成求 HM、DH.挖掘此题中隐藏的 △BCD∽△GMD 条件,便可顺利求解.

25. (1) ∵ ∠OPD = ∠OQE,∠POD = ∠EOQ,OD = OE,
∴ △OPD≌△OQE(AAS),
∴ EQ = PD,
∴ CD = EF.
又 CD∥EF,
∴ △EMQ∽△DMC,
∴ $\dfrac{EQ}{CD}=\dfrac{MQ}{CM}=\dfrac{1}{2}$,
∴ CM = 2MQ.
∵ CP = QF,CP∥QF,
∴ 四边形 CPFQ 为平行四边形,
∴ CQ∥PF,PF = CQ = 3MQ,
∴ △MQN∽△FPN,
∴ $\dfrac{MQ}{PF}=\dfrac{QN}{PN}=\dfrac{1}{3}$,
∴ PQ = 4NQ.
又 OP = OQ,
∴ OP = OQ = 2NQ,
∴ ON = NQ.

(2) 如图 4.45 所示,连接 DF,过点 M 作 MH⊥EF 于点 H,延长 HM 交 CD 于点 G.设 MH = a,EH = 2b.
∵ CD∥EF,
∴ $\dfrac{EQ}{CD}=\dfrac{MH}{GM}=\dfrac{1}{2}$,
∴ GM = 2a.
∵ MH∥DF,
∴ $\dfrac{EM}{ED}=\dfrac{EH}{EF}=\dfrac{1}{3}$,
∴ EF = 6b,
∴ EQ = FQ = 3b,
∴ HQ = GP = b,

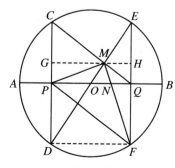

图 4.45

∴ $PQ = 3a = 6 - 2x$, $PD = \sqrt{OD^2 - OP^2} = \sqrt{9 - \frac{9}{4}a^2}$

$= 3b$.

① 当 $\angle PMF = 90°$ 时.

∵ $\angle GMP + \angle GPM = \angle GMP + \angle FMH$,

∴ $\angle GPM = \angle FMH$,

∴ $\triangle MGP \backsim \triangle FHM$,

∴ $\frac{GP}{MH} = \frac{GM}{HF}$,

∴ $\frac{b}{a} = \frac{2a}{4b}$,

∴ $b^2 = \frac{1}{2}a^2$.

∵ $PD = \sqrt{OD^2 - OP^2} = \sqrt{9 - \frac{9}{4}a^2} = 3b$,

∴ $9 - \frac{9}{4}a^2 = 9b^2$,

∴ $9 - \frac{9}{4}a^2 = \frac{9a^2}{2}$, 解得 $a = \frac{2\sqrt{3}}{3}$,

∴ $6 - 2x = 2\sqrt{3}$,

∴ $x = 3 - \sqrt{3}$.

② 当 $\angle MPF = 90°$ 时.

∵ $\angle GMP + \angle GPM = \angle GPM + \angle DPF$,

∴ $\angle GMP = \angle DPF$,

∴ $\triangle MGP \backsim \triangle PDF$,

∴ $\frac{MG}{PD} = \frac{GP}{DF}$,

∴ $\frac{2a}{3b} = \frac{b}{3a}$,

∴ $b^2 = 2a^2$.

∵ $PD = \sqrt{OD^2 - OP^2} = \sqrt{9 - \frac{9}{4}a^2} = 3b$,

∴ $9 - \frac{9}{4}a^2 = 18a^2$, 解得 $a = \frac{2}{3}$,

∴ $6 - 2x = 2$,

∴ $x = 2$.

(3) 由(2)可知 $S_{\triangle MPQ} = \frac{PQ \cdot HQ}{2} = \frac{3ab}{2}$.

∵ $9 - \frac{9}{4}a^2 = 9b^2$,

∴ $\frac{1}{4}a^2 + b^2 = 1$.

∵ $\frac{1}{4}a^2 + b^2 - ab = \left(\frac{1}{2}a - b\right)^2 \geqslant 0$,

∴ $\frac{1}{4}a^2 + b^2 \geqslant ab$,

∴ $ab \leqslant 1$,

∴ $S_{\triangle MPQ} = \frac{PQ \cdot HQ}{2} = \frac{3ab}{2} \leqslant \frac{3}{2}$,

∴ 当 $a = 2b$ 时 $S_{\triangle MPQ}$ 取最大值 $\frac{3}{2}$,此时 $PD = \sqrt{OD^2 - OP^2} = \sqrt{9 - \frac{9}{4}a^2} = 3b$,

∴ $b = \frac{\sqrt{2}}{2}, a = \sqrt{2}$.

又 $PQ = 3a = 6 - 2x$,

∴ $x = \frac{6 - 3\sqrt{2}}{2}$.

思路点拨

(1) 求证 $ON = NQ$,即求证 N 为 OQ 的中点.根据题目条件可知 $OP = OQ$,若能证明 $PN = 3QN$,即可得证. $\triangle EMQ \sim \triangle DMC$ 这个 8 字形相似提供了 CM 与 MQ 的比值,便于求出 $\triangle MQN$ 与 $\triangle FPN$ 的相似比.

(2) 此问需要分类讨论. $\angle PFM$ 不可能为直角,故只需讨论其他两种情况.此处需要用到(1)中相似的线段比值,利用 K 字形相似和勾股定理即可求解.

(3) 此问需要使用(1)、(2)中已经得到的线段比,利用三角形的面积公式得到 $S_{\triangle MPQ} = \frac{3ab}{2}$,结合 $\frac{1}{4}a^2 + b^2 = 1$,利用均值不等式即可求出最大值.

26. (1) 如图 4.46 所示,过点 A 作 $AH \perp OB$ 于点 H.
∵ $A(3,4), B(5,0)$,
∴ $OH = 3, AH = 4, BH = 2$,
∴ $OA = \sqrt{OH^2 + AH^2} = 5, AB = \sqrt{AH^2 + HB^2} = 2\sqrt{5}$.

(2) ∵ BC 为 $\odot P$ 的直径,
∴ $\angle CEB = 90°$.
∵ $OA = OB$,
∴ $\angle CAE = \angle EBF$,
∴ $\triangle ACE \sim \triangle BEF$.

(3) 如图 4.47 所示,设 $OD = 3a$,则 $BD = OB - OD = 5 - 3a$.

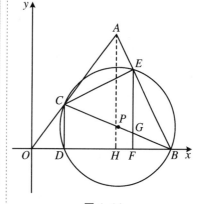

图 4.46

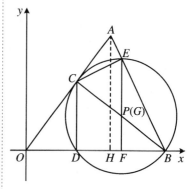

图 4.47

∵ $\tan \angle AOH = \dfrac{CD}{OD} = \dfrac{AH}{OH} = \dfrac{4}{3}$,

∴ $CD = 4a$.

∵ P 为 BC 的中点，$PF \parallel CD$,

∴ $PF = \dfrac{CD}{2} = 2a$，$FD = FB = \dfrac{BD}{2}$.

又 $\tan \angle ABH = \dfrac{EF}{BF} = \dfrac{AH}{BH} = 2$,

∴ $EF = 2BF = BD = 5 - 3a$,

∴ $PE = EF - PF = 5 - 5a$.

又 $PF = PC = PB$,

∴ $BC = 10 - 10a$.

∵ $CD^2 + BD^2 = BC^2$,

∴ $(4a)^2 + (5-3a)^2 = (10-10a)^2$，整理得 $15a^2 - 34a + 15 = 0$,

∴ $(5a-3)(3a-5) = 0$,

∴ $a = \dfrac{3}{5}$（点 C 在 OA 上，故舍 $a = \dfrac{5}{3}$），

∴ $BC = 10 - 10a = 4$.

(4) Ⅰ．当 $CE = CG$ 时，如图 4.48 所示，设 $OD = 3a$，则 $CD = 4a$.

∵ $CE = CG$,

∴ $\angle CEG = \angle CGE$.

又 $\angle CEG + \angle FEB = \angle FEB + \angle EBF = 90°$,

∴ $\angle CEG = \angle EBF$.

又 $CD \parallel EF$,

∴ $\angle BCD = \angle CGE = \angle CEG = \angle EBF$,

∴ $\tan \angle BCD = \tan \angle ABH = 2$,

∴ $BD = 2CD = 8a$,

∴ $OB = 11a = 5$，得 $a = \dfrac{5}{11}$,

∴ $C\left(\dfrac{15}{11}, \dfrac{20}{11}\right)$.

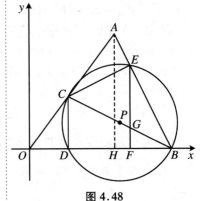

图 4.48

Ⅱ．当 $EC = EG$ 时，如图 4.49 所示，设 $OD = 3a$，则 $CD = 4a$.

∵ $EC = EG$,

∴ $\angle ECG = \angle EGC$.

又 $CD \parallel EF$,

∴ $\angle DCB = \angle EGC = \angle ECG$.

又 $BC = BC$，$\angle CDB = \angle CEB = 90°$,

∴ $\triangle BCD \cong \triangle BCE$（AAS）

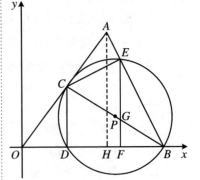

图 4.49

∴ $CE = CD = 4a$.

∵ $S_{\triangle OAB} = S_{\triangle ABC} + S_{\triangle OBC}$,

∴ $\dfrac{OB \cdot AH}{2} = \dfrac{OB \cdot CD}{2} + \dfrac{AB \cdot CE}{2}$,即 $\dfrac{5 \times 4}{2} = \dfrac{20a}{2} + \dfrac{8\sqrt{5}a}{2}$,

∴ $a = 5 - 2\sqrt{5}$,

∴ $C(15 - 6\sqrt{5}, 20 - 8\sqrt{5})$.

Ⅲ. 当 $GC = GE$ 时.

∵ $\triangle BCE$ 为直角三角形,$GC = GE$,

∴ $\angle GCE = \angle GEC$.

又 $\angle GCE + \angle CBE = \angle GEC + \angle GEB$,

∴ $\angle CBE = \angle GEB$,

∴ $GE = GB = GC$,

∴ G 为 BC 的中点,

∴ 点 P、G 重合(图 4.47).

∴ 由(3)可得 $OD = 3a = \dfrac{9}{5}$,$CD = 4a = \dfrac{12}{5}$,

∴ $C\left(\dfrac{9}{5}, \dfrac{12}{5}\right)$.

思路点拨

(1)在直角坐标系中,已知线段两个端点的坐标求线段长度,可使用勾股定理,通常需要构造横平竖直的辅助线.

(2)由(1)中 $OA = OB$ 得到 $\angle CAE = \angle EBF$,易证 $Rt\triangle ACE \backsim Rt\triangle BEF$.

(3)圆心 P 落在 EF 上,表示点 P、G 重合,P 是 BC 的中点.由此联想到中位线和直角三角形斜边中线定理.通过设未知数,利用勾股定理求解.

(4)最后一问需要分类讨论.情况Ⅰ中,挖掘隐含条件 $\angle CEG = \angle EBF$,从而得到 $\angle BCD = \angle ABH$.利用设参法和三角函数即可求解.情况Ⅱ中,由等腰三角形和平行关系推出 BC 平分 $\angle ECD$,进而可得 $CE = CD$.然后利用面积关系和面积公式即可得解.情况Ⅲ同第三问.

27. (1) ∵ $\angle A = 45°$,$AP = AQ$,

∴ $\angle AQP = \angle APQ = \angle DQC = \angle BQE = 67.5°$,

∴ $\angle D = \angle CBQ = 22.5°$,

∴ $\angle PBQ = \angle PBC - \angle QBC = 22.5°$,

∴ $\overset{\frown}{PQ}$ 的度数为 $45°$.

(2) 连接 OP,如图 4.50 所示.设 $\angle PBQ = \alpha$.

∴ $\angle QBC = \angle D = 45° - \alpha$,$\angle POQ = 2\alpha$,

∴ $\angle OPQ = \angle OQP = \dfrac{180° - \angle POQ}{2} = 90° - \alpha$,

$\angle DQC = \angle AQP = 90° - \angle D = 45° + \alpha$,

∴ $\angle APQ = 180° - \angle A - \angle AQP = 90° - \alpha = \angle OPQ$,

∴ $AB \parallel QF$,

∴ $\angle FQE = \angle A = 45°$,

∴ $\triangle EFQ$ 为等腰直角三角形,

∴ $y = \sqrt{2}x$.

(3) ① 解法 1　Ⅰ. 当 $BQ = 2BF$ 时,如图 4.51 所示,过点 Q 作 $QM \perp AB$ 于点 M,过点 F 作 $FN \perp AB$ 于点 N. 设 $BN = a$.

∵ $\angle NFB + \angle NBF = \angle NBF + \angle MBQ = 90°$,

∴ $\angle NFB = \angle MBQ$,

∴ $\triangle FNB \sim \triangle BMQ$,

∴ $\dfrac{BN}{MQ} = \dfrac{NF}{BM} = \dfrac{BF}{BQ} = \dfrac{1}{2}$,

∴ $MQ = NF = 2BN = 2a$,

∴ $BM = 2NF = 4a$,

∴ $QF = MN = BM + BN = 5a$,$AM = MQ = 2a$,

∴ $AB = AM + BM = 6a = \sqrt{2}AC = 4\sqrt{2}$,

∴ $a = \dfrac{2\sqrt{2}}{3}$,

∴ $r = \dfrac{5}{2}a = \dfrac{5\sqrt{2}}{3}$.

Ⅱ. 当 $BF = 2BQ$ 时,如图 4.52 所示,过点 Q 作 $QM \perp AB$ 于点 M,过点 F 作 $FN \perp AB$ 于点 N. 设 $BM = b$.

∵ $\angle NFB + \angle NBF = \angle NBF + \angle MBQ = 90°$,

∴ $\angle NFB = \angle MBQ$,

∴ $\triangle FNB \sim \triangle BMQ$,

∴ $\dfrac{BM}{NF} = \dfrac{MQ}{BN} = \dfrac{BQ}{BF} = \dfrac{1}{2}$,

∴ $NF = MQ = 2BM = 2b$,

∴ $BN = 2MQ = 4b$.

∴ $QF = MN = BM + BN = 5b$,$AM = MQ = 2b$,

∴ $AQ = \sqrt{2}AM = 2\sqrt{2}b$,$BQ = \sqrt{BM^2 + MQ^2} = \sqrt{5}b$,

∴ $CQ = AQ - AC = 2\sqrt{2}b - 4$.

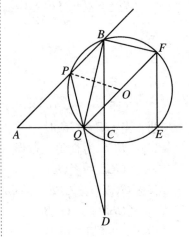

图 4.50

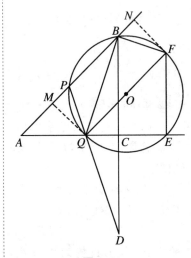

图 4.51

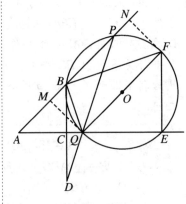

图 4.52

∵ $CQ^2 + BC^2 = BQ^2$,

∴ $(2\sqrt{2}b - 4)^2 + 4^2 = (\sqrt{5}b)^2$,

∴ $3b^2 - 16\sqrt{2}b + 32 = 0$,

∴ $(3b - 4\sqrt{2})(b - 4\sqrt{2}) = 0$,解得 $b_1 = \frac{4}{3}\sqrt{2}, b_2 = 4\sqrt{2}$.

∵ $AQ > 4$,

∴ $AM > 2\sqrt{2}$.

又 $AB = 4\sqrt{2}$,

∴ $BM < 2\sqrt{2}$,

∴ $b = \frac{4}{3}\sqrt{2}(b = 4\sqrt{2}$舍$)$,

∴ $r = \frac{5}{2}b = \frac{10\sqrt{2}}{3}$.

综上所述,$r = \frac{5\sqrt{2}}{3}, \frac{10\sqrt{2}}{3}$.

解法2 Ⅰ. 当 $BQ = 2BF$ 时,如图 4.53 所示,连接 BE,过点 Q 作 $QH \perp BE$ 于点 H. 设 $CQ = x$.

∵ $\angle BFQ = \angle BEQ$, $\angle BFQ + \angle BQF = \angle BEQ + \angle EQH = \angle BFQ + \angle EBC$,

∴ $\angle BQF = \angle EQH = \angle EBC$,

∴ $\tan \angle BQF = \tan \angle EQH = \tan \angle EBC = \frac{BF}{BQ} = \frac{1}{2}$,

∴ $BC = 2CE, QH = 2HE$,

∴ $CE = 2, QE = \sqrt{5}EH$.

∵ $\angle QBE = \angle QFE = 45°$,

∴ $BH = QH = 2EH$,

∴ $BE = 3EH$.

又 $BE = \sqrt{5}CE$,

∴ $3 \times \frac{x+2}{\sqrt{5}} = 2\sqrt{5}$,解得 $x = \frac{4}{3}$,

∴ $QF = \sqrt{2}QE = \sqrt{2}(x+2) = \frac{10\sqrt{2}}{3}$,

∴ $r = \frac{QF}{2} = \frac{5\sqrt{2}}{3}$.

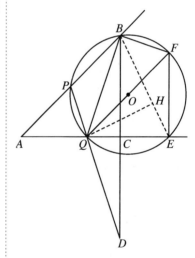

图 4.53

Ⅱ. 当 $BF = 2BQ$ 时,如图 4.54 所示,连接 BE,过点 Q 作 $QH \perp BE$ 于点 H. 设 $CQ = x$.

∵ $\angle BFQ = \angle BEQ$,

∴ $\tan \angle BFQ = \tan \angle BEC = \frac{BQ}{BF} = \frac{BC}{CE} = \frac{HE}{QH} = \frac{1}{2}$,

∴ $CE = 2BC = 8, HE = 2QH$,

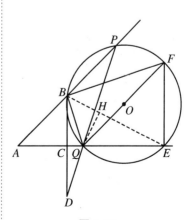

图 4.54

$\therefore BE = 4\sqrt{5}, QE = \sqrt{5} QH.$

$\because \angle QBE = \angle QFE = 45°,$

$\therefore BH = QH,$

$\therefore BE = 3QH,$

$\therefore 3 \times \dfrac{8-x}{\sqrt{5}} = 4\sqrt{5}, 解得 x = \dfrac{4}{3},$

$\therefore QF = \sqrt{2} QE = \sqrt{2}(8 - x) = \dfrac{20\sqrt{2}}{3},$

$\therefore r = \dfrac{QF}{2} = \dfrac{10\sqrt{2}}{3}.$

② 如图 4.55 所示,连接 OP,过点 O 作 $ON \perp AB$ 于点 N,过点 Q 作 $QM \perp AB$ 于点 M. 设 $NP = t$.

$\therefore NP = NB = t,$

$\therefore BP = BG = ON = 2t,$

$\therefore OQ = MN = OP = \sqrt{NP^2 + ON^2} = \sqrt{5} t,$

$\therefore AM = MQ = ON = 2t,$

$\therefore AB = AM + MN + NB = 2t + \sqrt{5}t + t = (3+\sqrt{5})t = \sqrt{2} AC = 4\sqrt{2},$

$\therefore t = 3\sqrt{2} - \sqrt{10},$

$\therefore FG = OF - OG = (\sqrt{5} - 1)t = 4\sqrt{10} - 8\sqrt{2}.$

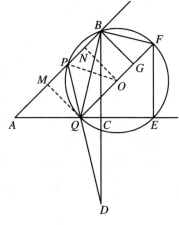

图 4.55

思路点拨

(1) 在等腰 $\triangle APQ$ 中,已知顶角 $\angle A = 45°$,易得两底角的角度数. 利用对顶角和对称的性质,计算等腰 $\triangle BQD$ 的顶角,从而得其底角,进而轻松求得 $\overset{\frown}{PQ}$ 所对的圆周角.

(2) 观察图形,大胆猜测 $\triangle EFQ$ 为等腰直角三角形,然后朝这个目标推导. 利用(1)中所得结果进行角度关系推算,即可得证.

(3) ① 此问只给出两条直角边的比值,需分类讨论. 构造 K 字形相似,得到线段长度比,再利用线段和差关系,结合勾股定理即可求解. (还有一种解法:由已知的直角边之比得到两个直角三角形公共角的正切值,从而得到线段的长度关系并求出 BE. 根据同弦所对的圆周角相等,推出 $\triangle BHQ$ 为等腰直角三角形,使线段关系逐步接近圆的半径.) ② 利用垂径定理推出 $NP = NB$,从而求得 BP. 由旋转的性质得 $BP = BG$. 由于 $AB \parallel QF$,故 $BP = BG = ON$. 然后根据勾股定理与线段和差关系即可得解.

28. (1) ∵ ∠DCG = ∠ECG，∠ECG = ∠EBG，AB∥CD，

∴ ∠EBD = ∠CDG = ∠DCG，

∴ GD = GC，

∴ △DCG 为等腰三角形.

(2) ① ∵ CG = CF，∠BGC = ∠BEC，∠BEC = ∠DCF，

∴ ∠DCF = ∠DFC，

∴ DF = DC = 8.

∵ BD = $\sqrt{AD^2 + AB^2}$ = 10，

∴ BF = BD − DF = 2.

∵ ∠BEC = ∠BGC = ∠CFG = ∠BFE，

∴ BE = BF = 2.

② 如图 4.56 所示，连接 OG，过点 O 作 OH⊥EG 交 BD 于点 M，过点 M 作 MN⊥OG. 设 EG = 6x.

∵ ∠EBG = ∠ECG，

∴ tan∠ECG = $\frac{EG}{CG}$ = tan∠ABD = $\frac{AD}{AB}$ = $\frac{3}{4}$，

∴ CG = 8x，

∴ CE = $\sqrt{EG^2 + CG^2}$ = 10x.

∵ O 为 CE 的中点，

∴ OB = $\frac{CE}{2}$ = 5x.

∵ OB∥EG，

∴ ∠EGB = ∠OBG = ∠OGB，

∴ GB 平分∠OGH，

∴ MH = MN.

∵ GH = HE = 3x，OG = 5x，

∴ OH = 4x.

∵ $S_{△OGH} = S_{△OGM} + S_{△GHM}$，

∴ $\frac{GH \cdot OH}{2} = \frac{OG \cdot MN}{2} + \frac{GH \cdot HM}{2}$，

∴ $\frac{3x \cdot 4x}{2} = \frac{5x \cdot MN}{2} + \frac{3x \cdot HM}{2}$，

∴ MH = MN = $\frac{3}{2}$x，

∴ tan∠EGB = tan∠BCE = $\frac{MH}{GH}$ = $\frac{BE}{BC}$ = $\frac{1}{2}$，

∴ BE = $\frac{1}{2}$BC = 3，

∴ CE = 3$\sqrt{5}$ = 10x，得 x = $\frac{3\sqrt{5}}{10}$.

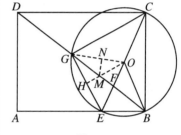

图 4.56

∵ ∠OCG = ∠OGC,∠OGB = ∠BCE,
∴ ∠BCG = ∠BGC,
∴ BG = BC = 6.

Ⅰ．当∠PCB = 90°时,由题意可知点 P 与点 D 重合,则 BP = BD = 10.

Ⅱ．当∠PEB = 90°时,如图 4.57 所示.

∵ $BE = 3, \tan\angle PBE = \dfrac{PE}{BE} = \dfrac{3}{4}$,

∴ $PE = \dfrac{3}{4}BE = \dfrac{9}{4}$,

∴ $BP = \sqrt{PE^2 + BE^2} = \dfrac{15}{4}$.

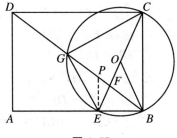

图 4.57

Ⅲ．当∠GEP = 90°时,如图 4.58 所示.

∴ $EP = \dfrac{1}{2}EG = 3x = \dfrac{9\sqrt{5}}{10}$,

∴ $GP = \sqrt{5}EP = \dfrac{9}{2}$,

∴ $BP = BG - GP = \dfrac{3}{2}$.

Ⅳ．当∠PCG = 90°时,如图 4.59 所示.

∵ ∠PCG = ∠CGE = 90°,

∴ PC // GE,

∴ $\tan\angle P = \tan\angle BGE = \dfrac{CG}{CP} = \dfrac{1}{2}$,

∴ $GP = \sqrt{5}CG = 8\sqrt{5}x = 12$,

∴ BP = PG - BG = 6.

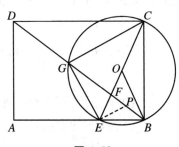

图 4.58

(3) 如图 4.60 所示,过点 G 作 GM⊥CF,过点 E 作 EN⊥BF.设 EN = 3a,GM = 12b.

∵ GC = GF,

∴ ∠GCF = ∠F.

∵ ∠GCE + ∠GBE = ∠GBE + ∠DBA = 180°,

∴ ∠GCE = ∠DBA = ∠F,

∴ ∠FBE = ∠ABD = ∠F,

∴ BN = NF = 4a,EF = 5a,MC = MF = 16b.

∵ ∠EGM + ∠CGM = ∠CGM + ∠GCM = 90°,

∴ ∠EGM = ∠GCM,

∴ $\tan\angle EGM = \tan\angle GCM = \dfrac{GM}{MC} = \dfrac{ME}{GM} = \dfrac{3}{4}$,

∴ ME = 9b,

∴ MF = ME + EF,即 16b = 9b + 5a,解得 $a = \dfrac{7}{5}b$,

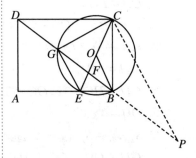

图 4.59

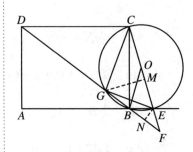

图 4.60

$$\therefore S_1 = \frac{CE \cdot GM}{2} = 150b^2, S_2 = \frac{BF \cdot EN}{2} = 12a^2 = \frac{588}{25}b^2,$$

$$\therefore \frac{S_1}{S_2} = \frac{625}{98}.$$

思路点拨

（1）根据同弧所对的圆周角相等，平行线内错角相等，即可证明△DCG是等腰三角形。

（2）① 通过角度关系的推导得出△DCF为等腰三角形，进而可得△BEF为等腰三角形。② 先解固定的三角形，再对动点进行研究、分类，这样可以减少计算量，以免重复计算。△OBG是隐藏的等腰三角形，结合口诀"等腰三角形 + 平行 = 角平分线"可以快速推出GB平分∠OGH。由∠EBG = ∠ECG = ∠ABD可得 $\tan \angle ECG = \tan \angle ABD = \frac{3}{4}$，再由 $\tan \angle EGB = \tan \angle BCE = \frac{1}{2}$ 算出BE，从而推算出各线段的值。然后通过角度关系推算出BG = 6。接下来进行分类讨论，充分利用正切值研究线段的长度关系，从而求解。

（3）先设参数a、b，再通过角度关系的推导得到正切值，从而获得线段的长度关系，进而求出a与b的关系，最后根据面积公式得到面积比。

29．（1）∵ ∠CGE = ∠CAG + ∠ACG = 3∠CAG，

∴ ∠ACG = ∠OAC = 2∠CAG，

∴ ∠CAG = ∠OAG，即AB平分∠CAO。

（2）① 如图4.61所示，连接OB、OD，延长AO交DF于点H。设∠CAG = α，BH = x。

∴ ∠CAO = 2α，∠CGE = 3α，

∴ ∠OCD = ∠ODC = 90°− 3α，

∴ ∠COD = 6α，

∴ ∠CAD = 3α，

∴ ∠OAD = α，

∴ AH平分∠BAD，

∴ ∠BOH = ∠DOH = 2∠OAB = 2∠OAD = 2α，

∴ OH ⊥ BD，

∴ BH = DH = x，

∴ $OH = \sqrt{OB^2 - BH^2} = \sqrt{100 - x^2}$。

∵ ∠BOH = ∠FAH，

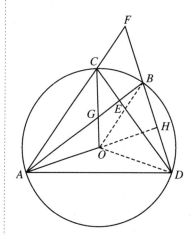

图4.61

∴ $OB \parallel AF$,

∴ $\dfrac{BH}{BF} = \dfrac{OH}{OA}$,

∴ $\dfrac{x}{\frac{15}{2}} = \dfrac{\sqrt{100-x^2}}{10}$,解得 $x = 6(x = -6$ 舍$)$,

∴ $BD = 2BH = 12$.

② Ⅰ. 当点 P 落在 BD 上时,如图 4.62 所示.

∴ $BO = BP = 10$,

∴ $HP = 4$,

∴ $OP = \sqrt{HP^2 + OH^2} = 4\sqrt{5}$.

Ⅱ. 当点 P 落在 AC 上时,如图 4.63 所示.过点 B 作 $BQ \perp AF$ 于点 Q,过点 O 作 $OM \perp AF$ 于点 M.

∵ AB 平分 $\angle FAH$,

∴ $BQ = BH = 6, AQ = AH = 18$.

又 $PQ = \sqrt{PB^2 - BQ^2} = 8$,

∴ $AP = AQ - PQ = 10$.

∵ $OM = BQ = BH = 6$,

∴ $AM = \sqrt{OA^2 - OM^2} = 8$,

∴ $MP = AP - AM = 2$,

∴ $OP = \sqrt{MP^2 + OM^2} = 2\sqrt{10}$.

(3) 如图 4.64 所示,延长 CO 交 AD 于点 H,在 AC 上取点 M 使得 $AM = AO = 10$,连接 OM 交 AB 于点 N,连接 OD. 设 $CM = x$.

由(2)可知 $\angle CAD = 3\alpha, \angle OAD = \angle ODA = \alpha$.

∵ $CA = CD$,

∴ $\angle CDA = \angle CAD = 3\alpha$,

∴ $\angle ODC = \angle OCD = 2\alpha$,

∴ $\angle ACD = 2\angle OCD = 4\alpha$.

∵ $\angle ACD + \angle CAD + \angle CDA = 180°$,

∴ $\alpha = 18°$,

∴ $\angle OAM = 36°$,

∴ $\angle AMO = \angle AOM = 72°$,

∴ $\angle OCM = \angle COM = 36°$,

∴ $MO = MC = x, \triangle MOC \sim \triangle OAC$,

∴ $\dfrac{OM}{OA} = \dfrac{OC}{AC}$,

∴ $\dfrac{x}{10} = \dfrac{10}{10 + x}$,解得 $x = 5\sqrt{5} - 5$.

∵ AN 平分 $\angle OAM$,

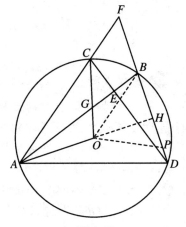

图 4.62

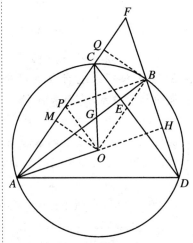

图 4.63

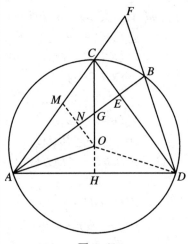

图 4.64

∴ $AN \perp OM$ 且 $NM = NO$.
∵ $CA = CD, OA = OD$,
∴ $CH \perp AD$.
又 AO 平分 $\angle NAH$,
∴ $OH = ON = MN = \dfrac{OM}{2} = \dfrac{5\sqrt{5}-5}{2}$,
∴ $CH = CO + OH = \dfrac{5\sqrt{5}+15}{2}$,
∴ $\sin \angle CAD = \dfrac{CH}{AC} = \dfrac{\frac{5\sqrt{5}+15}{2}}{5\sqrt{5}+5} = \dfrac{1+\sqrt{5}}{40}$.

思路点拨

（1）利用三角形外角的性质,结合圆中等腰 $\triangle OAC$ 即可得证.

（2）① 此问难度很大,需要充分利用题中条件,通过构造辅助线进行角度关系的推导以挖掘隐含信息——AH 平分 $\angle BAD$,进而可得 $OH \perp BD$,但是这样还不能够与条件中的 BF 联系起来.根据圆内垂径定理和勾股定理可以列出含未知数的式子.此时需要继续深挖角度条件,发现隐藏极深的 $OB \parallel AF$,根据平行线分线段成比例定理,找到联系 BF 的桥梁,问题也就迎刃而解.② 此问是典型的分类讨论问题,继续求线段的长度,依然利用勾股定理或者相似的性质来处理.

（3）在最后一问中,虽然无法使用 BF 的长度,但是可以沿用(2)问中的所有思路及挖掘出的角度信息,结合新给的条件 $AC = CD$,继续挖掘出 $36°$、$72°$ 角.根据黄金三角形的特征,通过构造母子型相似来得到黄金三角形的黄金分割比,最后利用角平分线的性质计算 CH 的长度,即可得解.

30.（1）∵ E 为 AB 的中点,

∴ $AE = 3, DE = \sqrt{AE^2 + AD^2} = 3\sqrt{5}$.

∵ $\triangle APE \sim \triangle CPD$,

∴ $\dfrac{AE}{CD} = \dfrac{PE}{DP} = \dfrac{1}{2}$,

∴ $PE = \dfrac{1}{3}DE = \sqrt{5}$.

(2) 如图 4.65 所示,连接 BP.

∵ $AD = AB$, $\angle DAP = \angle BAP$, $AP = AP$,

∴ $\triangle ADP \cong \triangle ABP$(SAS),

∴ $\angle ADP = \angle ABP$.

又 $\angle ABP = \angle PGE$,

∴ $\angle PGE = \angle ADE$.

(3) ① Ⅰ. 当 $\angle EPH = 90°$, $\dfrac{PH}{PE} = \dfrac{3}{2}$ 时,如图 4.66 所示.

∵ $\angle PHE = \angle PBE = \angle ADE$,

∴ $\cot \angle PHE = \cot \angle ADE = \dfrac{PH}{PE} = \dfrac{AD}{AE} = \dfrac{3}{2}$.

∵ $\triangle APE \backsim \triangle CPD$,

∴ $\dfrac{AP}{CP} = \dfrac{AE}{CD} = \dfrac{2}{3}$,

∴ $AP = \dfrac{2}{5} AC = \dfrac{2\sqrt{2}}{5}$.

Ⅱ. 当 $\angle EGH = 90°$, $\dfrac{EG}{GH} = \dfrac{3}{2}$ 时,如图 4.67 所示.

过点 G 作 $GM \perp AB$ 于点 M,过点 G 作 $GN \perp BC$ 于点 N.

∵ 由(2)可得 $\angle ADP = \angle PGE = \angle ABP$,

又 $\angle APD = \angle GPE$,

∴ $\angle DAP = \angle PEG = \angle PBG = 45°$,

∴ $\angle ABG = \angle ABP + \angle PBG = 45° + \angle ABP$.

∵ $\angle DEB = \angle DAE + \angle ADE = \angle DEG + \angle GEB$,

∴ $\angle GEB = 45° + \angle ABP = \angle ABG$,

∴ $GE = GB$, $EM = MB = GN$.

∵ $\angle GBN = \angle GEH$,

∴ $\dfrac{BN}{GN} = \cot \angle GEH = \cot \angle GBN = \dfrac{EG}{GH} = \dfrac{3}{2}$.

又 $GN = CN$,

∴ $CN = 2.4$, $BN = 3.6$,

∴ $BE = 2GN = 4.8$,

∴ $AE = 1.2$.

∵ $\triangle APE \backsim \triangle CPD$,

∴ $\dfrac{AP}{CP} = \dfrac{AE}{CD} = \dfrac{1}{5}$,

∴ $AP = \dfrac{1}{6} AC = \sqrt{2}$.

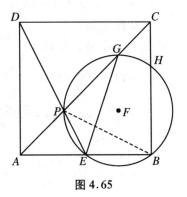

图 4.65

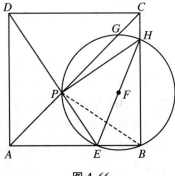

图 4.66

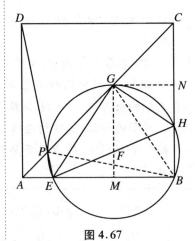

图 4.67

② 如图 4.68 所示,过点 G 作 $GM \perp AB$ 于点 M,过点 G 作 $GN \perp BC$ 于点 N. 设 $FM = x$.

由(3)①中情况 Ⅱ 可知 $GE = GB$, $\angle PEG = 45°$.

∴ $EM = BM$, $\angle GFP = 90°$, G、F、M 三点共线,

∴ $QF \parallel AB$,

∴ $\dfrac{GQ}{QE} = \dfrac{GF}{FM} = 2$,

∴ $EF = GF = PF = 2FM = 2x$,

∴ $\angle FEM = 30°$,

∴ $EM = BM = GN = CN = \sqrt{3}FM = \sqrt{3}x$,

∴ $BC = CN + GF + FM = (\sqrt{3}+3)x = 6$,

∴ $x = 3 - \sqrt{3}$,

∴ $S_1 = \dfrac{PF \cdot GF}{2} = \dfrac{1}{2} \cdot 2x \cdot 2x = 2x^2$, $S_2 = \dfrac{BC \cdot GN}{2} = \dfrac{1}{2} \cdot 6 \cdot \sqrt{3}x = 3\sqrt{3}x$,

∴ $\dfrac{S_2}{S_1} = \dfrac{3\sqrt{3}x}{2x^2} = \dfrac{3\sqrt{3}+3}{4}$.

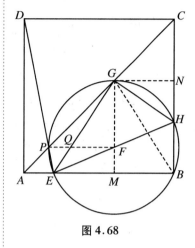

图 4.68

思路点拨

(1) 利用 8 字形相似,结合中点提供的相似比 1∶2 进行计算,即可得 PE 的值.

(2) 对角线 AC 为正方形的对称轴,故 $\angle ADP = \angle ABP$,然后根据圆内同弧所对的圆周角相等即可得到结论.

(3) ① 此问涉及直角三角形存在性问题,需要分类讨论.情况 Ⅰ 利用(2)中的结论 $\angle ABP = \angle ADP$,再根据同弧所对的圆周角相等,由等角的余切值可计算 AP 的长度.情况 Ⅱ 利用(2)中的结论得到特殊角 $45°$.此题还隐藏一个结论——无论点 P 如何运动,$GE = GB$ 恒成立.此结论被发现后,计算也就简单了.② 在①的结论基础上进行计算.

31. (1) ∵ $\angle BDP = 90°$,

∴ BP 为 $\odot O$ 的直径,

∴ $\angle BFP = 90°$,

∴ $PF \parallel BE$.

又 $EF \parallel BP$,

∴ 四边形 $FEBP$ 是平行四边形.

(2) ∵ $AC = 10, \sin\angle C = \dfrac{4}{5}$,

∴ $AB = AC \cdot \sin\angle C = 8, BC = 6$,

∴ $BD = BC \cdot \sin\angle C = \dfrac{24}{5}$.

∵ $\angle ABD + \angle A = \angle A + \angle C = 90°$,

∴ $\angle ABD = \angle C$,

∴ $AD = AB \cdot \sin\angle ABD = \dfrac{32}{5}$.

∵ △AFP ∽ △ABC,

∴ $\dfrac{AP}{AC} = \dfrac{FP}{BC}$,即 $\dfrac{AP}{10} = \dfrac{2}{6}$,

∴ $AP = \dfrac{10}{3}$,

∴ $PD = AD - AP = \dfrac{46}{15}$.

(3) ① Ⅰ. 当 $PF = PD$ 时.

∵ $S_{\triangle ABD} = S_{\triangle ABP} + S_{\triangle BDP} = \dfrac{AB \cdot PF}{2} + \dfrac{BD \cdot PD}{2} = \dfrac{BD \cdot AD}{2}$,

∴ $\dfrac{8PF}{2} + \dfrac{\dfrac{24}{5}PD}{2} = \dfrac{\dfrac{24}{5} \times \dfrac{32}{5}}{2}$,

∴ $PF = PD = \dfrac{12}{5}$.

Ⅱ. 当 $FQ = FP$ 时,连接 BQ,如图4.69所示. 设 $FQ = FP = 3x$,则 $AF = 4x$.

∵ $FQ = FP$,

∴ $\angle FBQ = \angle PBF$.

又 $EF // BP$,

∴ $\angle QFB = \angle PBF = \angle QBF$.

又 $\angle QFB + \angle E = \angle QBF + \angle QBE = 90°$,

∴ $\angle E = \angle QBE$,

∴ $QE = QB = QF = PF = 3x$.

又 $BE = PF = 3x, AF = 4x$,

∴ $BF = AB - AF = 8 - 4x$.

∵ $EF = 2BE$,

∴ $\angle EFB = 30°$,

∴ $BF = \sqrt{3}BE$,即 $8 - 4x = 3\sqrt{3}x$,解得 $x = \dfrac{24\sqrt{3} - 32}{11}$,

∴ $PF = 3x = \dfrac{72\sqrt{3} - 96}{11}$.

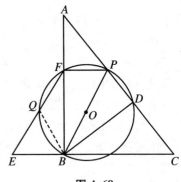

图 4.69

Ⅲ. 当 $FQ=PD$ 时,如图 4.70 所示,连接 BQ、QP. 设 $FP=BE=3x$,则 $AF=4x$.

∵ $FQ=PD$,
∴ $\angle FBQ=\angle PBD$,
∴ $\angle QBP=\angle ABD$.
∵ $\angle EFB=\angle QPB,\angle EFB+\angle E=\angle QPB+\angle QBP=90°$,
∴ $\angle E=\angle QBP=\angle ABD=\angle C$,
∴ $BE:BF:EF=3:4:5$,
∴ $AB=2BF=8x=8$,得 $x=1$,
∴ $PF=3$.

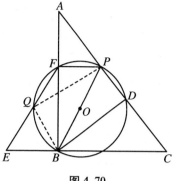

图 4.70

② 如图 4.71 所示,连接 FD.
∵ $\angle OBD=\angle ODB=\angle QFB,EF\parallel BP$,
∴ $\angle PBF=\angle QFB=\angle DBP$,
∴ 由(3)①中情况Ⅰ可知 $DP=FP=\dfrac{12}{5}$,
∴ $QD=PB=\sqrt{DP^2+BD^2}=\dfrac{12\sqrt{5}}{5}$.
∵ $\angle FQD=\angle FBD=\angle C$,
∴ $QF=QD\cdot\cos\angle FQD=\dfrac{12\sqrt{5}}{5}\times\dfrac{3}{5}=\dfrac{36\sqrt{5}}{25}$.
∵ $\triangle QFM\backsim\triangle BDM$,
∴ $\dfrac{S_1}{S_2}=\left(\dfrac{FQ}{BD}\right)^2=\dfrac{9}{20}$.

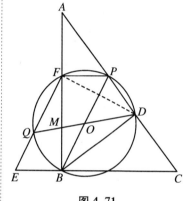

图 4.71

思路点拨

(1) 根据直径所对的圆周角为 $90°$,推出 $PF\parallel BE$,从而证明四边形 $FEBP$ 是平行四边形.

(2) 在 Rt$\triangle BCD$ 和 Rt$\triangle ABD$ 中利用三角函数求出 BD、AD 的长度.要求 PD,只需求出 AP.由于 PF 的长度已知,利用三角函数可快速求出 AP.

(3) ① 此问需要分类讨论,FQ、FP、PD 均是圆内的弦,由弦相等可得对应的圆周角相等,进而从角度出发求解.情况Ⅰ中,结合(2)中已经求出的线段长度,利用面积法列出等式,求出 PF 的长度.情况Ⅱ中,利用 $\square FEBP$ 进行角度和边的转化.情况Ⅲ通过角度关系的推导得出 $\angle E=\angle C$,从而求得 $\angle E$ 的三角函数,进而解三角形即可. ② 此问中 $\triangle QFM$ 与 $\triangle BDM$ 为相似三角形,故面积比为相似比的平方,只需求出一组对应边的比值即可,而 BD 的长度已知,故只需求出 QF 的长度.
此处利用三点共线的条件,三点共线即为直径,故
∠QFD 为 90°,利用圆内同弧所对的圆周角相等可得
∠FQD 的三角函数,从而求出 QF.

32. (1) ∵ F 是弧 EG 的中点,
∴ ∠ADF = ∠EDF.
又 ∠AFD = ∠EFD,
∴ ∠DAE = ∠AED,
∴ DE = DA.

(2) Ⅰ. 当 DC = DF 时,如图 4.72 所示.
∵ DF = DC = 4, DF⊥AE,
∴ $AF = \sqrt{AD^2 - DF^2} = 3$.
∵ ∠DFA = ∠B, ∠DAF = ∠AEB, AB = DF,
∴ △DAF ≌ △AEB(ASA),
∴ BE = AF = 3,
∴ CE = BC - BE = 2.

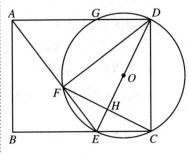

图 4.72

Ⅱ. 当 CD = CF 时,如图 4.73 所示,连接 EG、CG、OF.
∵ ∠EGD = ∠GDC = ∠DCE = 90°,
∴ 四边形 CDGE 为矩形,
∴ CE = DG, CG 经过点 O.
∵ CF = CD, OF = OD,
∴ CG⊥DF,
∴ CG∥AE,
∴ 四边形 AECG 为平行四边形,
∴ $CE = AG = \frac{1}{2}AD = \frac{5}{2}$.

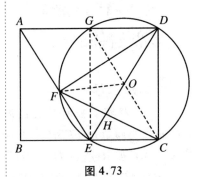

图 4.73

Ⅲ. 当 FC = FD 时, ∠FED = ∠FCD = ∠FDC.
∵ ∠FDC + ∠FEC = ∠FEC + ∠AEB = 180°,
∴ ∠AEB = ∠CDF = ∠AED.
又 ∠DAE = ∠AEB,
∴ ∠DAE = ∠DEA,
∴ DE = DA = 5,
∴ $CE = \sqrt{DE^2 - DC^2} = 3$.

(3) ① 如图 4.74 所示,连接 OF、AP.
∵ ∠AEB = ∠AEP = ∠DAE,
∴ DE = DA = 5,

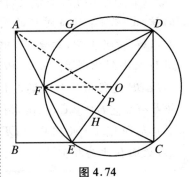

图 4.74

$\therefore CE = \sqrt{DE^2 - DC^2} = 3.$

$\because DF \perp AE,$

$\therefore F$ 为 AE 的中点,

$\therefore OF // AD // CE,$

$\therefore \triangle OFH \sim \triangle ECH,$

$\therefore \dfrac{OF}{CE} = \dfrac{OH}{EH}.$

$\because OF = \dfrac{DE}{2} = \dfrac{5}{2},$

$\therefore \dfrac{OH}{EH} = \dfrac{5}{6},$

$\therefore \dfrac{DH}{EH} = \dfrac{5+11}{6} = \dfrac{8}{3},$

$\therefore \dfrac{S_{\triangle EFH}}{S_{\triangle DFH}} = \dfrac{EH}{DH} = \dfrac{3}{8}.$

② Ⅰ. 当点 P 落在 DF 上时, B、F、P、D 四点共线, 如图 4.75 所示.

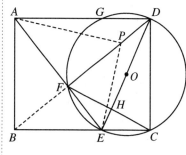

图 4.75

$\because AF \perp BD,$

$\therefore \angle BAE + \angle EAD = \angle EAD + \angle ADF = 90°,$

$\therefore \angle BAE = \angle ADB,$

$\therefore \triangle ABE \sim \triangle DAB,$

$\therefore \dfrac{AB}{DA} = \dfrac{BE}{AB} = \dfrac{4}{5},$

$\therefore BE = \dfrac{16}{5},$

$\therefore CE = BC - BE = \dfrac{9}{5}.$

Ⅱ. 当点 P 落在 AD 上时, 点 P 与点 G 重合, 如图 4.76 所示.

$\because$ 四边形 $ABEP$ 是正方形,

$\therefore BE = BA = 4,$

$\therefore CE = BC - BE = 1.$

综合情况Ⅰ、Ⅱ, $1 < CE \leqslant \dfrac{9}{5}.$

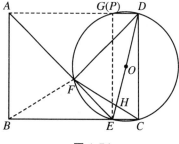

图 4.76

思路点拨

(1) 由 F 为弧 $\overparen{EG}$ 的中点得到 DF 平分 $\angle ADE$, 结合 $DF \perp AE$ 推导出 $\triangle ADE$ 为等腰三角形.

(2) 此问是典型的分类讨论情况. 情况Ⅰ利用全等直角三角形和勾股定理可求解 CE. 情况Ⅱ挖掘出一个矩形和一个平行四边形, 求解 CE 很容易. 情况Ⅲ根据圆内接四边形对角互补,邻补角互补,同弧所对的圆周角相等,得出△DAE为等腰三角形,然后根据勾股定理求出CE.

(3)① 此问类似(2)中情况Ⅲ,利用"角平分线+平行=等腰三角形"可轻松得到△DAE为等腰三角形,从而得到CE=3.由于△EFH和△DFH的高相同,故面积比转化为DH:EH,由此联想到相似三角形.F为中点,O为中点,连接OF则出现A字形相似和8字形相似,从而顺利求解.② 此问通过点P落在DF和AD上的两种极端情况进行分析.当点P落在DF上时,根据对称的性质可知AF⊥BD,结合∠BAD=90°可推出∠BAE=∠ADB,从而得出△ABE∽△DAB,利用相似比可计算出$CE=\frac{9}{5}$.情况Ⅱ中四边形ABEP是正方形,易得CE=1.综合这两种情况便可得出CE的取值范围.

33. (1) 如图 4.77 所示,连接 BE.

∵ E 为弧CD的中点,

∴ ∠DBE = ∠GBE.

又 BE⊥DG,

∴ ∠BDG = ∠BGD,

∴ BD = BG.

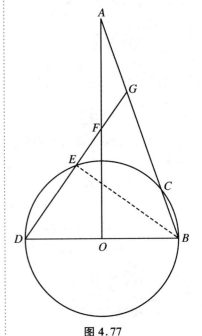

图 4.77

(2) 如图 4.78 所示,过点 G 作 GH⊥BD 于点 H.

∵ BG = BD = 6,△BGH∽△BAO,

∴ $\frac{BG}{BA} = \frac{BH}{BO} = \frac{6}{9}$,

∴ $BH = \frac{2}{3}BO = 2$,

∴ $DH = BD - BH = 4, GH = \sqrt{BG^2 - BH^2} = 4\sqrt{2}$,

∴ $DG = \sqrt{DH^2 + GH^2} = 4\sqrt{3}$.

又 AO∥GH,OH = OB - BH = 1,

∴ $\frac{GF}{DG} = \frac{OH}{DH} = \frac{1}{4}$,

∴ $GF = \frac{1}{4}DG = \sqrt{3}$.

(3) ① Ⅰ. 当∠PCB = 90°时,如图 4.79 所示,连接 CD 交 AO 于点 P,连接 BP.

∵ ∠AOB = 90°,∠DCB = 90°,

∴ △DCB∽△AOB,△APC∽△ABO,

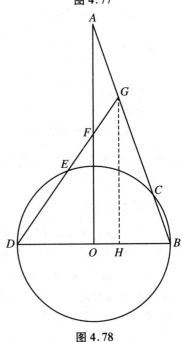

图 4.78

$\therefore \dfrac{BD}{AB} = \dfrac{BC}{OB}, \dfrac{AP}{AB} = \dfrac{AC}{AO}$,

$\therefore BC = \dfrac{2}{3}OB = 2$,

$\therefore AC = AB - BC = 7$.

又 $OA = \sqrt{AB^2 - OB^2} = 6\sqrt{2}$,

$\therefore AP = \dfrac{AC \cdot AB}{AO} = \dfrac{21\sqrt{2}}{4}$,

$\therefore OP = OA - AP = \dfrac{3\sqrt{2}}{4}$.

Ⅱ. 当 $\angle PEC = 90°$时,如图 4.80 所示,延长 EP 交 AB 于点 Q,连接 OE、BE、CP.

$\because \angle ECQ + \angle ECB = \angle ECB + \angle D = 180°$,

$\therefore \angle ECQ = \angle D$.

又 $\angle DEB = \angle QEC$,$CE = DE$,

$\therefore \triangle BED \cong \triangle QEC$(ASA),

$\therefore CQ = BD = 6$.

$\because AC = 7$,

$\therefore AQ = AC - CQ = 1$.

$\because BD = BG$,$BE \perp DG$,

$\therefore E$ 为 DG 的中点,

$\therefore OE \parallel AB$,

$\therefore \dfrac{OE}{AQ} = \dfrac{OP}{AP} = 3$,

$\therefore OP = \dfrac{3}{4}OA = \dfrac{9\sqrt{2}}{2}$.

Ⅲ. 当 $\angle PED = 90°$时,如图 4.81 所示,连接 BE 交 OA 于点 P,连接 PD.

$\because BD = BG$,$BE \perp DG$,

$\therefore DE = EG = \dfrac{1}{2}DG = 2\sqrt{3}$,

$\therefore BE = \sqrt{BD^2 - DE^2} = 2\sqrt{6}$,

$\therefore \tan\angle DBE = \dfrac{DE}{BE} = \dfrac{\sqrt{2}}{2}$,

$\therefore OP = OB \cdot \tan\angle DBE = \dfrac{3\sqrt{2}}{2}$.

② 如图 4.82 所示,连接 OE、GO,由前面可得 $BC = 2$,$CG = 4$,$AG = 3$,$AC = 7$.

$\because OE \parallel AB$,

$\therefore \triangle OEH \sim \triangle ACH$,$\triangle OEF \cong \triangle AGF$,

$\therefore \dfrac{OH}{AH} = \dfrac{OE}{AC} = \dfrac{3}{7}$,$EF = FG$,$AF = OF$,

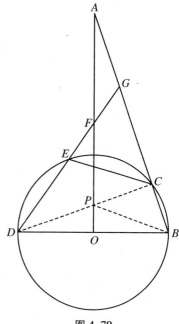

图 4.79

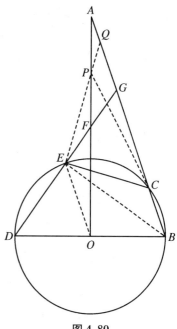

图 4.80

∴ $OH:FH:AF = 3:2:5$,

∴ $\dfrac{S_{\triangle EFH}}{S_{\triangle AEF}} = \dfrac{FH}{AF} = \dfrac{2}{5}$.

又 $S_{\triangle AEF} = S_{\triangle AFG} = S_{\triangle OFG}, \dfrac{S_{\triangle AOG}}{S_{\triangle AOC}} = \dfrac{AG}{AC} = \dfrac{3}{7}$,

∴ $S_{\triangle AOC} = \dfrac{7}{3}S_{\triangle AOG} = \dfrac{14}{3}S_{\triangle AEF}$,

∴ $S_{\triangle EFH} : S_{\triangle AEF} : S_{\triangle AOC} = 6 : 15 : 70$.

思路点拨

(1) 根据弧的中点构造角平分线, 直径对应的圆周角为 90°, 得到等腰三角形.

(2) 通过添加辅助线得到两个 A 字形相似, 利用相似比和勾股定理可顺利求解.

(3) ① 此问中情况 I、Ⅲ 比较简单, 通过题中现有的一些角度和线段长度, 利用相似三角形或者三角函数和勾股定理即可求得 OP. 情况 Ⅱ 较难, 此处需要用到前面求出的 OA 和 AC 的值. 由于 E 为 DG 的中点, O 为 BD 的中点, 可构造中位线, 利用平行线分线段成比例定理得到线段之间的比值, 从而解得 OP. ② 此问实际上是在 ① 中情况 Ⅱ 的基础上提出的, 利用 8 字形全等和 8 字形相似得到线段比, 再将线段比转化为面积比.

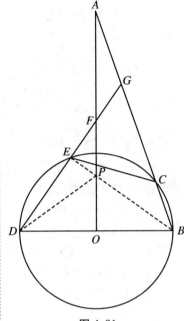

图 4.81

34. (1) ∵ $AB \parallel CD$,

∴ $\angle CDB = \angle FBE$,

又 $\angle FBE = \angle FCE$,

∴ $\angle ECG = \angle BDC$.

(2) ① 如图 4.83 所示, 过点 C 作 $CH \perp BD$ 于点 H.

∵ $S_{\triangle BCD} = \dfrac{BC \cdot CD}{2} = \dfrac{BD \cdot CH}{2}$,

∴ $CH = \dfrac{BC \cdot CD}{BD} = \dfrac{24}{5}$.

∵ $BF = 2\sqrt{2}, BC = 8$,

∴ $CF = \sqrt{BF^2 + BC^2} = 6\sqrt{2}$,

∴ $\sin \angle BFC = \dfrac{BC}{CF} = \dfrac{2\sqrt{2}}{3}$.

又 $\angle BFC = \angle CEH$,

∴ $\sin \angle CEH = \dfrac{CH}{CE} = \dfrac{2\sqrt{2}}{3}$,

∴ $CE = \dfrac{18\sqrt{2}}{5}$.

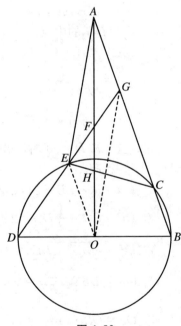

图 4.82

② Ⅰ. 当 $EG = EC$ 时，如图 4.84 所示，过点 E 作 $EM \perp CG$ 于点 M，过点 C 作 $CH \perp BD$ 于点 H.

$\therefore \angle EGC = \angle ECG = \angle GDC$，

$\therefore CG = CD = 6, GM = CM = 3$.

$\because \angle MCE = \angle ABD$，

$\therefore \cos \angle MCE = \cos \angle ABD = \dfrac{AB}{BD} = \dfrac{CM}{CE} = \dfrac{3}{5}$，

$\therefore EC = EG = 5$.

又 $S_{\triangle BCD} = \dfrac{BC \cdot CD}{2} = \dfrac{BD \cdot CH}{2}$，

$\therefore CH = \dfrac{BC \cdot CD}{BD} = \dfrac{24}{5}$，

$\therefore BH = \sqrt{BC^2 - CH^2} = \dfrac{32}{5}, EH = \sqrt{CE^2 - CH^2} = \dfrac{7}{5}$，

$\therefore BE = BH + EH = \dfrac{39}{5}$.

Ⅱ. 当 $CE = CG$ 时，如图 4.85 所示，过点 E 作 $EM \perp CG$ 于点 M，过点 C 作 $CH \perp BD$ 于点 H. 设 $CE = CG = 5x$.

$\because S_{\triangle BCD} = \dfrac{BC \cdot CD}{2} = \dfrac{BD \cdot CH}{2}$，

$\therefore CH = \dfrac{BC \cdot CD}{BD} = \dfrac{24}{5}$，

$\therefore BH = \sqrt{BC^2 - CH^2} = \dfrac{32}{5}$.

$\because \angle MCE = \angle ABD$，

$\therefore \cos \angle MCE = \cos \angle ABD = \dfrac{AB}{BD} = \dfrac{CM}{CE} = \dfrac{3}{5}$，

$\therefore CM = 3x$，

$\therefore GM = 2x, EM = 4x$，

$\therefore \cot \angle EGC = \dfrac{GM}{EM} = \dfrac{GH}{CH} = \dfrac{1}{2}$，

$\therefore HG = HE = \dfrac{1}{2} CH = \dfrac{12}{5}$，

$\therefore BE = BH + HE = \dfrac{44}{5}$.

Ⅲ. 当 $GE = GC$ 时，如图 4.86 所示.

$\therefore \angle GCE = \angle GEC = \angle GDC$，

$\therefore$ 点 E 与点 D 重合，

$\therefore BE = BD = 10$.

综合情况 Ⅰ、Ⅱ、Ⅲ，BE 的长度为 $\dfrac{39}{5}, \dfrac{44}{5}, 10$.

(3) 如图 4.87 所示，O 为 CF 的中点，过点 E 作 $EM \perp AD$ 于点 M，过点 O 作 $OH \perp CD$ 于点 H，交 ME 于点 N. 设

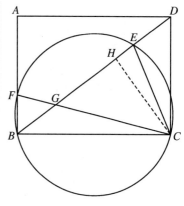

图 4.83

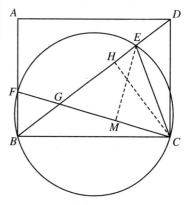

图 4.84

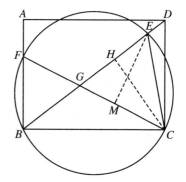

图 4.85

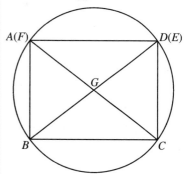

图 4.86

$DM = a$.

$\because PE \parallel CF, OE \perp PE$,

$\therefore \triangle OCE$ 为等腰直角三角形,

$\therefore \angle ECF = \angle EBF = 45°$,

$\therefore$ 四边形 $ABCD$ 为正方形,

$\therefore MD = ME = a$.

$\because PE \parallel CF$,

$\therefore \triangle EPM \backsim \triangle FCB$,

$\therefore \dfrac{PE}{CF} = \dfrac{PM}{BC} = \dfrac{1}{6}$,

$\therefore PM = \dfrac{1}{6}BC = \dfrac{4}{3}$.

$\because \angle MPE + \angle PEM = \angle PEM + \angle OEN = 90°$,

$\therefore \angle MPE = \angle OEN$,

$\therefore \triangle EPM \backsim \triangle OEN$,

$\therefore \dfrac{PE}{OE} = \dfrac{ME}{ON} = \dfrac{1}{3}$,

$\therefore ON = 3ME = 3a$,

$\therefore OH = ON + NH = 4a$.

$\because O$ 为 CF 的中点, $OH \parallel BC$,

$\therefore BC = 2OH = 8a$, 得 $a = 1$,

$\therefore S_1 = \dfrac{PD \cdot ME}{2} = \dfrac{7}{6}$, $S_2 = \dfrac{CD \cdot MD}{2} = 4$,

$\therefore \dfrac{S_1}{S_2} = \dfrac{7}{24}$.

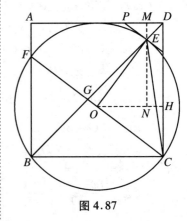

图 4.87

思路点拨

(1) 根据同弧所对的圆周角相等,平行线内错角相等,即可证明 $\angle ECG = \angle BDC$.

(2) ① 求线段 CE 的长度,可构造垂直关系,利用相似三角形或三角函数和勾股定理进行计算. ② 此问是典型的分类讨论问题. 在分类过程中抓住关键条件 $\angle ABD = \angle GCE$, 若这两个角在直角三角形中,则可以利用三边比值 $3:4:5$ 进行计算.

(3) 由 $PE \parallel CF$ 和 $CF = 6PE$ 可以联想到相似,利用平行和相切的关系挖掘出一个隐藏的特殊角($45°$),从而推导出四边形 $ABCD$ 为正方形,再添加相互垂直的线构造 K 字形相似,利用条件中的 $CF = 6PE$ 进行求解.

35. (1) $\because \overparen{CP} = 100°$,

∴ ∠CQP = 50°,
∴ ∠QBP = ∠QPB = 25°.

(2) 如图 4.88 所示,连接 EQ.
∵ EC = EP,
∴ ∠CQE = ∠PQE = ∠CPE.
又 QB = QP,
∴ ∠CQP = 2∠QPB = 2∠CPE.
∵ ∠QCE = 90°,
∴ QE 为 ⊙O 的直径,
∴ ∠EPQ = 90°,
∴ ∠EPC + ∠CPQ = ∠CPQ + ∠QPB = 90°,即 BP⊥CP.

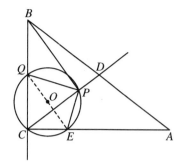

图 4.88

(3) Ⅰ. 当点 O 在 BC 上时,如图 4.89 所示.
∵ DB = DC,
∴ ∠DCB = ∠DBC,
∴ △QCP∽△ABC,
∴ CP : QP : QC = BC : AC : AB = 3 : 4 : 5,
∴ 设 CP = 3x,则 QP = QB = 4x,QC = 5x,
∴ BC = BQ + QC = 9x = 6,得 $x = \dfrac{2}{3}$,
∴ $r = \dfrac{CQ}{2} = \dfrac{5}{2}x = \dfrac{5}{3}$.

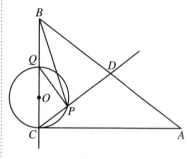

图 4.89

Ⅱ. 当点 O 在 CD 上时,如图 4.90 所示.
∵ DB = DC,
∴ ∠DCB = ∠DBC,
∴ △PCQ∽△ABC,
∴ CQ : QP : CP = BC : AC : AB = 3 : 4 : 5,
∴ 设 CQ = 3x,则 QP = QB = 4x,CP = 5x,
∴ BC = BQ + QC = 7x = 6,得 $x = \dfrac{6}{7}$,
∴ $r = \dfrac{CP}{2} = \dfrac{5}{2}x = \dfrac{15}{7}$.

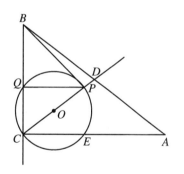

图 4.90

(4) 如图 4.91 所示,过点 O 作 OH⊥CQ 于点 H,连接 QE、OP,OP 交 CE 于点 M. 设 PE = 15a.
∵ ∠DCA = ∠DAC,PE∥AB,
∴ ∠PEC = ∠PCE,
∴ OP⊥CE.
∵ ∠QCE = ∠QPE = 90°,∠PQE = ∠PCE = ∠BAC,
∴ △QEP∽△ABC∽△EPM,
∴ PE : PQ : QE = PM : ME : PE = BC : AC : AB = 3 : 4 : 5,

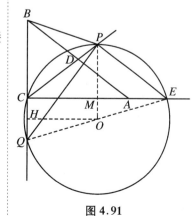

图 4.91

∴ $PQ = 20a$,$QE = 25a$,$PM = 9a$,

∴ $OM = CH = HQ = \frac{7}{2}a$,

∴ $CQ = 2OM = 7a$.

∵ $QB = QP$,

∴ $7a + 6 = 20a$,解得 $a = \frac{6}{13}$,

∴ $PQ = 20a = \frac{120}{13}$.

思路点拨

(1) 弧的度数等于圆心角的度数,从而得到圆周角的度数,结合等腰三角形外角的性质可得∠BPQ.

(2) 由弦相等得到圆周角相等,结合等腰三角形外角的性质可得很多相等的角. 再根据直径所对的圆周角为 90°,列出两角度和为 90°的表达式,然后进行角度等量代换可得两线段的垂直关系.

(3) 此问需要分类讨论,根据直角三角形斜边中线定理,得出等腰三角形,由于等腰三角形的底角相等,Rt△QPC∽Rt△ACB,然后利用相似比 3∶4∶5 可轻松计算出圆的半径.

(4) 根据△PCE 为等腰三角形,结合圆内同弧所对的圆周角相等,可得∠$PQE = \angle PCE = \angle BAC$,从而得到三个三角形相似,然后利用相似比 3∶4∶5 结合垂径定理和勾股定理,用参数 a 表示线段 QB、QP 的长,列出等式并求解.

36. (1) ∵ $CD \parallel EF$,

∴ $\angle CPF = \angle PCD$,

∴ $\angle APE = \angle CPF = \angle PCD = \angle DBP$.

(2) 如图 4.92 所示,连接 DP. 设 $DP = 3x$.

∵ BP 为⊙O 的直径,

∴ $PD \perp AB$,

∴ △APD∽△ABC,

∴ $\frac{DP}{BC} = \frac{AD}{AC}$,得 $AD = 4x$.

又 $\tan \angle APE = \tan \angle DBP = \frac{DP}{BD} = \frac{1}{2}$,

∴ $BD = 2DP = 6x$,

∴ $AB = AD + DB = 10x = 5$,得 $x = \frac{1}{2}$,

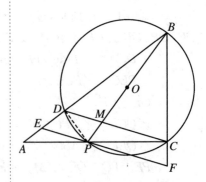

图 4.92

$\therefore BP = \sqrt{DP^2 + BD^2} = \dfrac{3\sqrt{5}}{2}$.

(3) Ⅰ. 当 $BC = BD = 3$ 时,如图 4.93 所示,连接 DP.

$\because BD = BC$,

$\therefore BP \perp CD$,

$\therefore \angle DBP = \angle CBP$,

$\therefore PD = PC$.

$\because S_{\triangle ABC} = S_{\triangle ABP} + S_{\triangle BCP}$,即 $\dfrac{AC \cdot BC}{2} = \dfrac{AB \cdot PD}{2} + \dfrac{PC \cdot BC}{2}$,

$\therefore \dfrac{3 \times 4}{2} = \dfrac{5PD}{2} + \dfrac{4PC}{2}$,得 $PC = PD = \dfrac{3}{2}$,

$\therefore AP = AC - PC = \dfrac{5}{2}$.

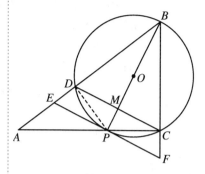

图 4.93

Ⅱ. 当 $CB = CD = 3$ 时,如图 4.94 所示.

$\because \angle DBC = \angle BDC = \angle BPC$,

$\therefore \triangle BCP \backsim \triangle ACB$,

$\therefore \dfrac{PC}{BC} = \dfrac{BC}{AC}$,得 $PC = \dfrac{9}{4}$,

$\therefore AP = AC - PC = \dfrac{7}{4}$.

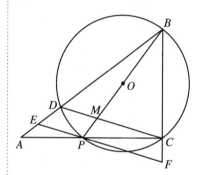

图 4.94

Ⅲ. 当 $DB = DC$ 时,如图 4.95 所示.

$\because DB = DC$,

$\therefore \angle DBC = \angle DCB$.

又 $\angle DBC + \angle A = \angle DCB + \angle DCA = 90°$,

$\therefore \angle A = \angle DCA$,

$\therefore DC = DA = DB = \dfrac{AB}{2} = \dfrac{5}{2}$.

$\because \angle BPC = \angle CDB = 2\angle A$,

$\therefore \angle A = \angle ABP$,

$\therefore \triangle DAC \backsim \triangle PAB$,

$\therefore \dfrac{PA}{DA} = \dfrac{AB}{AC}$,

$\therefore AP = \dfrac{25}{8}$.

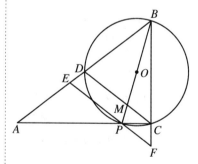

图 4.95

② 如图 4.96 所示,过点 E 作 $EH \perp AC$ 于点 H,过点 H 作 $HN \perp EP$ 于点 N.设 $S_{\triangle EHN} = 3S$.

$\because BP$ 平分 $\angle ABC$,

$\therefore BP \perp CD$,$PD = PC$.

$\because EF \parallel CD$,

$\therefore BP \perp EF$,$PE = PF$,

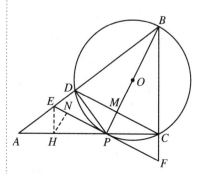

图 4.96

∴ ∠FPC = ∠PBC = ∠EPH.
∵ ∠EHN + ∠NHP = ∠NHP + ∠EPH = 90°,
∴ ∠EHN = ∠EPH = ∠PBC = ∠MDP.
又 △EHP ≌ △FCP,
∴ HP = CP = DP,
∴ △HNP ≌ △PMD.

∵ 由(3)①中情况Ⅰ可知 $PC = \frac{3}{2}$,
∴ $\tan \angle PBC = \tan \angle EPH = \tan \angle EHN$,即 $\frac{PC}{BC} = \frac{HN}{PN} = \frac{EN}{HN} = \frac{1}{2}$,
∴ $HN = 2EN, PN = 2HN = 4EN$,
∴ $S_{\triangle PHN} = 4S_{\triangle EHN} = 12S = S_2$.
∵ $\tan \angle A = \frac{BC}{AC} = \frac{EH}{AH} = \frac{3}{4}, HP = 2EH$,
∴ $\frac{AH}{HP} = \frac{2}{3}$,
∴ $\frac{S_{\triangle AEH}}{S_{\triangle EHP}} = \frac{2}{3}$.
又 $S_{\triangle EHP} = S_{\triangle EHN} + S_{\triangle HNP} = 15S$,
∴ $S_{\triangle AEH} = 10S$,
∴ $S_1 = 25S$,
∴ $\frac{S_1}{S_2} = \frac{25}{12}$.

思路点拨

(1) 根据平行线内错角相等,同弧所对的圆周角相等,即可证明 ∠APE = ∠DBP.

(2) 利用(1)的结论,将 ∠APE 转化为 ∠DBP,连接 PD,构造直角三角形,以便于利用三角函数,再结合 △APD ∽ △ABC 即可轻松计算出 BP 的长度.

(3) ① 此问是典型的分类讨论问题.根据等腰三角形的性质和圆内角度关系,利用勾股定理或相似的性质进行计算. ② 此问其实就是①中某一种情况的延伸,利用 $\tan \angle PBC = \frac{1}{2}$ 和相似比 3∶4∶5 可计算出 $\frac{S_1}{S_2}$ 的值.

37. (1) ∵ CH ⊥ AB, HD = HB,
∴ CD = CB,
∴ ∠CBD = ∠CDB = 90° − ∠A = 60°.
(2) 如图 4.97 所示,连接 DE.设 HB = HD = x.

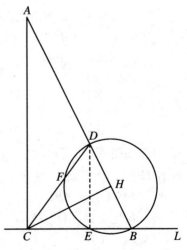

图 4.97

∵ △CBH∽△ABC，

∴ $\dfrac{AC}{CH}=\dfrac{BC}{BH}$，

∴ $CH=2BH=2x$.

∵ BD 为 ⊙O 的直径，

∴ $DE\perp BC$，

∴ △DBE∽△CBH，

∴ $\dfrac{BD}{BC}=\dfrac{BE}{BH}$，

∴ $BE=x^2$.

又 $BH^2+CH^2=BC^2$，即 $5x^2=4$，

∴ $BE=x^2=\dfrac{4}{5}$.

(3) ① Ⅰ. 当点 E 在 BC 上时，如图 4.98 所示，连接 DE. 设 $HD=HB=x$，$CE=y$，$BC=3y$.

∵ BD 为 ⊙H 的直径，

∴ $\angle DEB=\angle ACB=90°$，

∴ △BDE∽△BAC，

∴ $\dfrac{BE}{BC}=\dfrac{BD}{BA}$，得 $BA=3x$.

∵ △BDE∽△BCH，

∴ $\dfrac{BD}{BC}=\dfrac{BE}{BH}$，即 $\dfrac{2x}{3y}=\dfrac{2y}{x}$，得 $x^2=3y^2$.

又 $AC^2+BC^2=AB^2$，

∴ $4^2+(3y)^2=(3x)^2$，解得 $y=\dfrac{2\sqrt{2}}{3}$，

∴ $BC=2\sqrt{2}$，即 $m=2\sqrt{2}$.

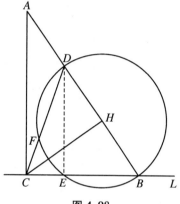

图 4.98

Ⅱ. 当点 E 在 BC 的延长线上时，如图 4.99 所示，连接 DE. 设 $AD=a$.

∵ $AC\parallel DE$，

∴ $\dfrac{BA}{AD}=\dfrac{BC}{CE}$，

∴ $AB=3AD=3a$，

∴ $BD=AB+AD=4a$，

∴ $HD=HB=2a$，$AH=a$.

∵ △ACH∽△ABC，

∴ $\dfrac{AC}{AB}=\dfrac{AH}{AC}$，即 $\dfrac{4}{3a}=\dfrac{a}{4}$，解得 $a^2=\dfrac{16}{3}$，

∴ $BC=\sqrt{AB^2-AC^2}=4\sqrt{2}$，即 $m=4\sqrt{2}$.

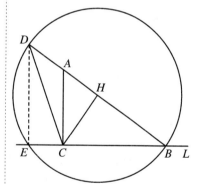

图 4.99

② Ⅰ. 当点 D 在线段 AB 上时，如图 4.100 所示，过点 F 作 $FP\perp EH$ 于点 P. 设 $FP=5b$.

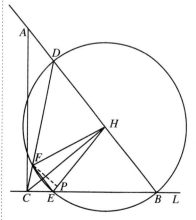

图 4.100

∵ $\tan \angle FHE = \dfrac{FP}{PH} = \dfrac{5}{12}$,

∴ $PH = 12b$,

∴ $FH = EH = \sqrt{FP^2 + PH^2} = 13b$,

∴ $EP = EH - PH = b$,

∴ $EF = \sqrt{FP^2 + EP^2} = \sqrt{26}\,b$.

∵ $EF \parallel BD$,

∴ $\dfrac{S_{\triangle FHD}}{S_{\triangle EFH}} = \dfrac{DH}{EF} = \dfrac{13b}{\sqrt{26}\,b} = \dfrac{\sqrt{26}}{2}$.

Ⅱ. 当点 D 在 BA 的延长线上时,如图 4.101 所示. 过点 F 作 $FP \perp EH$ 于点 P. 设 $FP = 5b$.

同情况Ⅰ,$\dfrac{S_{\triangle FHD}}{S_{\triangle EFH}} = \dfrac{DH}{EF} = \dfrac{13b}{\sqrt{26}\,b} = \dfrac{\sqrt{26}}{2}$.

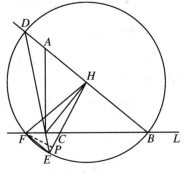

图 4.101

思路点拨

(1) 根据 CH 为 BD 的垂直平分线,得出 $\angle CDB = \angle CBD$. 由于 $\angle CBD$ 与 $\angle A$ 互余,故 $\angle CDB$ 易求.

(2) 由于 BD 为 $\odot H$ 的直径,故 $\triangle BDE$ 为直角三角形. 多次利用 $Rt\triangle BDE$ 三边之比 $1:2:\sqrt{5}$ 推算 BD、BC、BE 之间的关系,最后利用 A 字形相似的比值和勾股定理求出 BE 的长度.

(3) ① 此问因为点 B 在射线 CL 上,所以随着点 B 运动,点 D 会运动,故需要分类讨论. 核心条件 $BC = 3CE$ 很容易让人想到相似. 添加竖直辅助线,构造常规的 A 字形相似进行求解,在此过程中要结合(2)中的另一组相似图形. ② 此问虽然有两种情况,但是结果相同. 此处隐藏条件 $EF \parallel AB$,故 $\triangle FHD$ 和 $\triangle EFH$ 的高相等,因此面积比即为底之比 $\dfrac{DH}{EF}$. 通过构造直角三角形,借助题目中所给的三角函数,即可求得 DH 与 EF.

38. (1) 如图 4.102 所示,连接 OE,过点 E 作 $EH \perp AB$ 于点 H.

∵ E 是 $\overset{\frown}{BC}$ 的中点,

∴ $\angle EOH = 45°$,

∴ $\triangle OEH$ 为等腰直角三角形,

∴ $EH = \dfrac{OE}{\sqrt{2}} = 2\sqrt{2}$,

∴ $S_{\triangle ADE} = \dfrac{AD \cdot EH}{2} = 6\sqrt{2}$.

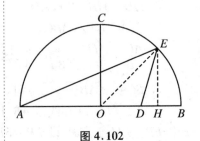

图 4.102

(2) 如图 4.103 所示,过点 D 作 $DH \perp AE$ 于点 H,连接 BE. 设 $DH = 3x$.

$\because \tan \angle AED = \dfrac{DH}{EH} = \dfrac{3}{2}$,

$\therefore EH = 2x$.

$\because \angle AHD = \angle AEB = 90°$,

$\therefore DH \parallel BE$,

$\therefore \dfrac{AH}{EH} = \dfrac{AD}{BD} = 3$,

$\therefore AH = 6x$.

$\because AH^2 + DH^2 = AD^2$,即 $(6x)^2 + (3x)^2 = 6^2$,解得 $x = \dfrac{2\sqrt{5}}{5}$,

$\therefore AE = AH + EH = 8x = \dfrac{16\sqrt{5}}{5}$.

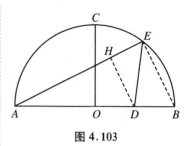

图 4.103

(3) ① Ⅰ. 当 $\angle FED = 90°$ 时,如图 4.104 所示,连接 OE,过点 E 作 $EH \perp OB$ 于点 H,过点 E 作 $EM \perp OC$ 于点 M.

$\because \angle FED = \angle MEH = 90°$,

$\therefore \angle FEM = \angle DEH$.

又 $\angle EMF = \angle EHD$,$EF = ED$,

$\therefore \triangle EMF \cong \triangle EHD$(AAS),

$\therefore EM = EH$,

$\therefore$ 四边形 $OMEH$ 为正方形.

又 $OE = 4$,

$\therefore m = EM = \dfrac{OE}{\sqrt{2}} = 2\sqrt{2}$.

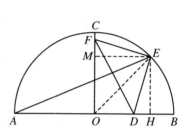

图 4.104

Ⅱ. 当 $\angle FDE = 90°$ 时,如图 4.105 所示,连接 OE,过点 E 作 $EH \perp OB$ 于点 H.

$\because \angle FDO + \angle EDH = \angle EDH + \angle DEH = 90°$,

$\therefore \angle FDO = \angle DEH$.

又 $\angle FOD = \angle EHD$,$DF = DE$,

$\therefore \triangle DFO \cong \triangle EDH$(AAS),

$\therefore EH = OD = 2$.

又 $OE = 4$,

$\therefore m = OH = \sqrt{OE^2 - EH^2} = 2\sqrt{3}$.

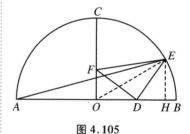

图 4.105

Ⅲ. 当 $\angle DFE = 90°$ 时,如图 4.106 所示,连接 OE,过点 E 作 $EH \perp OC$ 于点 H.

$\because \angle OFD + \angle EFH = \angle EFH + \angle FEH = 90°$,

$\therefore \angle OFD = \angle FEH$.

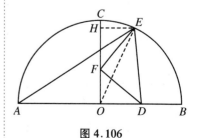

图 4.106

又∠FOD=∠EHF,FD=FE,

∴△DFO≌△FEH(AAS),

∴OF=EH=m,OD=HF=2.

又OE=4,$EH^2+OH^2=OE^2$,

∴$m^2+(m+2)^2=4^2$,解得$m=\sqrt{7}-1$.

② 如图4.107所示,连接OG,延长ED、GO交于点P,GO交AE于点H.

∵G为弧$\overset{\frown}{AE}$的中点,

∴OG⊥AE且HA=HE.

又AG∥EP,

∴△AGH≌△EPH,

∴AG=EP,GH=PH.

∵AG∥DP,

∴△AGO∽△DPO,

∴$\dfrac{AG}{DP}=\dfrac{OA}{OD}=\dfrac{OG}{OP}=\dfrac{4}{2}=2$,

∴OD=OP=2,AG=2DP,

∴GP=OG+OP=6,

∴GH=PH=3,

∴OH=1,

∴$AH=\sqrt{OA^2-OH^2}=\sqrt{15}$,

∴$AG=EP=\sqrt{AH^2+GH^2}=2\sqrt{6}$,

∴$DP=\dfrac{AG}{2}=\sqrt{6}$,

∴$DE=\sqrt{6}$.

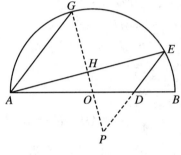

图4.107

思路点拨

(1) 根据$\overset{\frown}{BC}$的中点所产生的45°角,过点E作垂直线,构造等腰Rt△OEH,从而求出△ADE的高EH,而底边$AD=\dfrac{3}{2}OB$,故$S_{\triangle ADE}$易求.

(2) 三角函数的使用需要放到直角三角形中.过点D作垂直线构造直角,结合∠AEB=90°,得到A字形相似,利用相似比和勾股定理进行求解,便可得AE的长.

(3) ① 此问是典型的分类讨论问题,按照直角三角形的顶点分为三种情况.紧抓等腰直角三角形构造K字形全等,利用勾股定理进行求解.② AG∥DE是核心条件,一般与相似有关,问题是没有现成的相似形,故需要添加辅助线来构造.G为$\overset{\frown}{AE}$的中点,这就是我们构造的方向.圆中的中点多与垂径定理有关.连接OG,结合平行关系,构造8字形相似和8字形全等.最后利用勾股定理解三角形.

39.(1)设直线AB的解析式为$y=kx+b$.

∵$A(-8,0),B(0,6)$,

∴由$\begin{cases}b=6\\-8k+b=0\end{cases}$解得$\begin{cases}k=\dfrac{3}{4}\\b=6\end{cases}$,

∴$y=\dfrac{3}{4}x+6$.

(2)如图4.108所示,连接BC,过点D作$DH\perp AC$于点H.

∵$\angle OBC=\angle ODC$,

∴$\tan\angle OBC=\tan\angle ODC=\dfrac{OC}{OB}=\dfrac{5}{3}$,得$OC=10$,

∴$AC=AO+OC=18$.

∵$\angle BOC=90°$,

∴BC为$\odot P$的直径,

∴$\angle CDB=90°$.

∵$AB=\sqrt{OA^2+OB^2}=10$,

∴$\cos\angle BAO=\dfrac{OA}{AB}=\dfrac{4}{5}$,$\tan\angle BAO=\dfrac{BO}{AO}=\dfrac{3}{4}$,

∴$\cos\angle DAC=\dfrac{AD}{AC}=\dfrac{4}{5}$,得$AD=\dfrac{72}{5}$.

∴$\cos\angle DAH=\dfrac{AH}{AD}=\dfrac{4}{5}$,得$AH=\dfrac{288}{25}$,

∴$\tan\angle DAH=\dfrac{DH}{AH}=\dfrac{3}{4}$,得$DH=\dfrac{216}{25}$,

∴$OH=AH-OA=\dfrac{88}{25}$,

∴$D\left(\dfrac{88}{25},\dfrac{216}{25}\right)$.

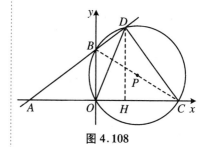

图4.108

(3)Ⅰ.当$CD=CO$时,如图4.109所示,连接BC.设$CD=3a$.

∵$\triangle ACD\sim\triangle ABO$,

∴$AD=4a$,$AC=5a$.

∵$CD=CO$,$\angle BOC=\angle BDC$,$BC=BC$,

∴$\text{Rt}\triangle BOC\cong\text{Rt}\triangle BDC(\text{HL})$,

∴$BD=BO$.

∵$S_{\triangle ACD}=S_{\triangle ACB}+S_{\triangle BCD}$,即$\dfrac{CD\cdot AD}{2}=\dfrac{AC\cdot OB}{2}+$

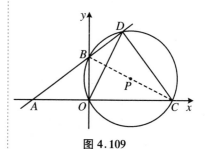

图4.109

$\dfrac{CD \cdot BD}{2}$,

∴ $3a \cdot 4a = 5a \cdot OB + 3a \cdot BD$,得 $a = 4$,

∴ $m = OC = 3a = 12$.

Ⅱ. 当 $DO = DC$ 时,如图 4.110 所示,过点 D 作 $DH \perp AC$ 于点 H. 设 $CD = DO = 5b$.

∵ $\angle DCA + \angle DAC = \angle BAO + \angle ABO = 90°$,

∴ $\angle DCO = \angle ABO$,

∴ $\cos \angle DCH = \cos \angle ABO = \dfrac{CH}{CD} = \dfrac{BO}{AB} = \dfrac{3}{5}$,

∴ $CH = 3b$.

∵ $DO = DC, DH \perp OC$,

∴ $OC = 2CH = 6b$,

∴ $AC = OA + OC = 6b + 8$,

∴ $\sin \angle DAC = \dfrac{CD}{AC} = \dfrac{5b}{6b + 8} = \dfrac{3}{5}$,解得 $b = \dfrac{24}{7}$,

∴ $m = 6b = \dfrac{144}{7}$.

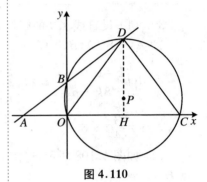

图 4.110

Ⅲ. 当 $OC = OD$ 时,如图 4.111 所示,过点 O 作 $OH \perp CD$ 于点 H. 设 $OC = OD = 5c$.

∵ $\angle DCA + \angle DAC = \angle BAO + \angle ABO = 90°$,

∴ $\angle DCO = \angle ABO$,

∴ $\cos \angle HCO = \cos \angle ABO = \dfrac{HC}{OC} = \dfrac{BO}{AB} = \dfrac{3}{5}$,

∴ $CD = 2HC = 6c$.

∵ $\sin \angle BAO = \dfrac{CD}{AC} = \dfrac{BO}{AB} = \dfrac{6c}{5c + 8} = \dfrac{3}{5}$,解得 $5c = 8$,

∴ $m = 5c = 8$.

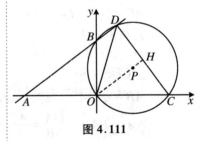

图 4.111

(4) 如图 4.112 所示,连接 PQ、OQ、DP,过点 O 作 $OH \perp AB$ 于点 H.

∵ $OH = \sin \angle BAO \cdot OA = \dfrac{24}{5}$,$AH = \cos \angle BAO \cdot OA = \dfrac{32}{5}$,

∴ $BH = AB - AH = \dfrac{18}{5}$.

∵ 点 P、Q 关于 OD 对称,

∴ $PQ \perp OD$ 且 $QM = MP$,

∴ $MD = MO$,

∴ 四边形 $OPDQ$ 为菱形.

∵ $\angle DPO = 2\angle DCO$,

∴ $\angle DPQ = \angle QPO = \angle DCO = \angle ABO = \angle DQP = \angle OQP$.

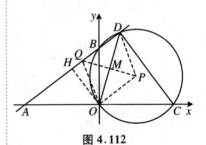

图 4.112

∵ ∠DQP + ∠QDM = ∠ABO + ∠BAO = 90°,
∴ ∠DAO = ∠ADO,
∴ OD = OA = 8,
∴ DM = OM = 4,
∴ $\sin \angle DPM = \sin \angle ABO = \dfrac{OA}{AB} = \dfrac{DM}{DP} = \dfrac{4}{5}$,
∴ DP = OQ = 5,
∴ $HQ = \sqrt{OQ^2 - OH^2} = \dfrac{7}{5}$,
∴ $BQ = BH - HQ = \dfrac{11}{5}$.

思路点拨

(1) 已知两点的坐标,采用代入法可求出直线的解析式.

(2) 给出了∠ODC的正切值,三角函数的使用需要放到直角三角形中,利用圆周角定理将∠ODC转换成∠OBC,结合OB = 6解直角三角形.

(3) 此问是典型的分类讨论问题.根据等腰三角形的性质和圆周角定理,挖掘隐含信息,最后利用挖掘出的三角函数来解三角形.

(4) 根据对称关系得到菱形.利用圆内圆心角和圆周角的关系,根据圆内接四边形对角互补和邻补角互补,得到OD = OA,然后解三角形.

40. (1) ∵ ∠PDC = ∠PCD,BP∥CD,
∴ ∠BPA = ∠PCD = ∠BPD = ∠PDC.
又 PA = PD,PB = PB,
∴ △BPA ≌ △BPD(SAS),
∴ ∠BDP = ∠BPA = 90°.

(2) 设 BE = AF = x,则 PF = AF - AP = x - 4.
∵ ∠BPA = ∠BPD,BE∥AF,
∴ ∠BPA = ∠EBP = ∠BPE,
∴ EP = BE = x.
∵ $EP^2 = PF^2 + EF^2$,
∴ $x^2 = (x-4)^2 + 8^2$,解得 x = 10,即 BE = 10.

(3) Ⅰ. 当点 F 在线段 AC 的延长线上时,如图 4.113 所示,设 CF = y,AF = 3y.由(2)可得△EBP 为等腰三角形,则 EP = EB = AF = 3y.
∵ AC = AF - CF = 2y,$EP^2 = PF^2 + EF^2$,
∴ $(3y)^2 = (2y)^2 + 8^2$,解得 $y = \dfrac{8\sqrt{5}}{5}$,

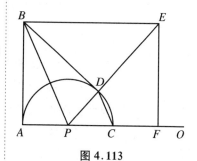

图 4.113

∴ $AP = \dfrac{AC}{2} = y = \dfrac{8\sqrt{5}}{5}$.

Ⅱ. 当点 F 在线段 AC 上时,如图 4.114 所示,设 $CF = a$, $AF = 3a$. 由(2)可得 $\triangle EBP$ 为等腰三角形,则 $EP = EB = AF = 3a$.

∵ $AC = AF + CF = 4a$,

∴ $AP = PC = 2a$, $PF = a$.

∵ $EP^2 = PF^2 + EF^2$,

∴ $(3a)^2 = a^2 + 8^2$, 解得 $a = 2\sqrt{2}$,

∴ $AP = 2a = 4\sqrt{2}$.

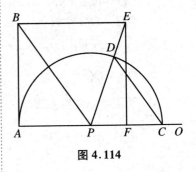

图 4.114

② 如图 4.115 所示,设 $DE = 5b$.

∵ $\sin\angle DBE = \dfrac{5}{12}$,

∴ $BD = 12b$, $EB = EP = AF = 13b$,

∴ $DP = PC = 8b$.

∵ $S_{\triangle BDP} = \dfrac{PD \cdot BD}{2} = \dfrac{8b \cdot 12b}{2} = 48b^2$, $S_{\triangle DPC} = \dfrac{PD \cdot PC \cdot \sin\angle DPC}{2} = \dfrac{8b \cdot 8b \cdot \dfrac{12}{13}}{2} = \dfrac{384}{13}b^2$,

∴ $\dfrac{S_{\triangle DPC}}{S_{\triangle BDP}} = \dfrac{8}{13}$.

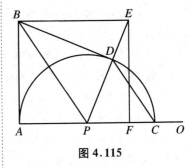

图 4.115

思路点拨

(1) 通过三角形全等即可得证.

(2) 根据 PB 平分 $\angle APE$ 和 $BE \parallel AO$, 可得 $\triangle EBP$ 为等腰三角形,利用等腰三角形的性质和勾股定理即可求解.

(3) ① 由于题目中出现"动点 P 在射线 AO 上",可想到此题需要分类讨论,分为点 F 在线段 AC 外和点 F 在线段 AC 上两种情况. 这两种情况都需要在 $\triangle BEP$ 为等腰三角形的基础上结合勾股定理进行求解. ② 只需要解直角三角形,然后利用解得的数据结合三角函数进行计算即可.

41. (1) ∵ PC 为 $\odot D$ 的直径,

∴ $\angle CEP = \angle AOB = 90°$.

∵ $\angle BAO + \angle ABO = \angle BAO + \angle APC = 90°$,

∴ $\angle ABO = \angle APC$,

∴ $\triangle ABO \sim \triangle CPE$.

(2) ① ∵ $y = \frac{1}{2}x + 3$,

∴ $A(-6,0), B(0,3)$,即 $OA = 6, OB = 3$,

∴ $AB = \sqrt{AO^2 + OB^2} = 3\sqrt{5}$.

∵ △ABO∽△APC,

∴ $\frac{AB}{AP} = \frac{OA}{AC}$,即 $\frac{3\sqrt{5}}{m} = \frac{6}{AC}$,得 $AC = \frac{2\sqrt{5}m}{5}$.

② Ⅰ.当 $CE = CF$ 时,如图 4.116 所示.

∵ $\angle CEF = \angle CFE = \angle CPA = \angle CPB, PC \perp AB$,

∴ $\angle BAP = \angle ABP$,

∴ $PA = PB = m$.

∵ $OP^2 + BO^2 = PB^2$,

∴ $(6-m)^2 + 3^2 = m^2$,解得 $m = \frac{15}{4}$.

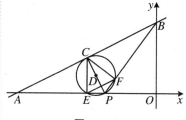

图 4.116

Ⅱ.当 $EC = EF$ 时,如图 4.117 所示.

∵ $\angle ECF = \angle EFC = \angle EPC, \angle ECF + \angle EPF = \angle EPF + \angle BPO = 180°$,

∴ $\angle ECF = \angle BPO = \angle APC = \angle ABO$,

∴ △BPO∽△ABO,

∴ $\frac{OP}{OB} = \frac{OB}{OA}$,得 $OP = \frac{3}{2}$,

∴ $m = OA - OP = \frac{9}{2}$.

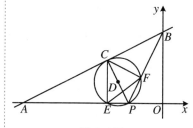

图 4.117

Ⅲ.当 $FC = FE$ 时,如图 4.118 所示.

∵ $\angle FCE = \angle FEC = \angle FPC, \angle ECF + \angle EPF = \angle EPF + \angle BPO = 180°$,

∴ $\angle BPO = \angle ECF = \angle FPC$,即 BP 平分 $\angle ABO$,

∴ $PC = PO$.

∵ △APC∽△ABO,

∴ $\frac{AP}{AB} = \frac{PC}{BO}$,

∴ $AP = \sqrt{5}PC = \sqrt{5}PO$.

又 $OA = AP + PO = 6$,

∴ $(\sqrt{5} + 1)PO = 6$,得 $PO = \frac{3\sqrt{5} - 3}{2}$,

∴ $m = \frac{15 - 3\sqrt{5}}{2}$.

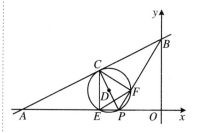

图 4.118

(3) 如图 4.119 所示,设 $OA = OB = 6$,过点 D 作 $DH \perp OA$ 于点 H.再设 $DH = a, GP = b$.

∵ $HP = EH = DH = a$,

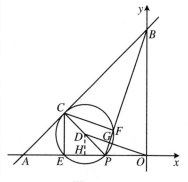

图 4.119

∴ $EP = EC = EA = 2a$,

∴ $OP = 6 - 4a, HO = 6 - 3a$.

∵ $\angle CFP = 90°, OD \parallel CF$,

∴ $OD \perp FP$,

∴ $\angle DOH + \angle GOB = \angle GOB + \angle OBP = 90°$,

∴ $\angle DOH = \angle OBP$,

∴ $\triangle ODH \sim \triangle BPO$,

∴ $\dfrac{DH}{OP} = \dfrac{HO}{OB}$, 即 $\dfrac{a}{6-4a} = \dfrac{6-3a}{6}$, 解得 $a = 1 (a = 3 舍)$,

∴ $\tan \angle OBP = \tan \angle GOP = \dfrac{GP}{OG} = \dfrac{OG}{BG} = \dfrac{OP}{OB} = \dfrac{6-4a}{6} = \dfrac{1}{3}$,

∴ $OG = 3GP = 3b, BG = 3OG = 9b$.

∵ $EP = 2, CP = CA = 2\sqrt{2}, AB = 6\sqrt{2}$,

∴ $BC = AB - CA = 4\sqrt{2}$,

∴ $\tan \angle CBP = \tan \angle PDG = \dfrac{CP}{BC} = \dfrac{GP}{DG} = \dfrac{1}{2}$,

∴ $DG = 2GP = 2b$,

∴ $\dfrac{S_1}{S_2} = \dfrac{2b \cdot b}{3b \cdot 9b} = \dfrac{2}{27}$.

思路点拨

(1) 题中出现多个直角，通常需要用到等量代换.

(2) ① 此问利用相似的性质和勾股定理即可求解.
② 等腰三角形的两腰需要分类讨论. 通过角度关系的推导发现相似三角形，利用线段的比值和勾股定理进行计算.

(3) 由 $OD \parallel CF$ 可得 $OD \perp FP$，进而联想到相似图形. 由于 D 为 CP 的中点，构造垂直辅助线后，利用中位线和等腰直角三角形，可把各边的长度都表示出来，最后利用相似和 $\tan \angle OBP = \dfrac{1}{3}$ 求出面积公式所用的各边代数式.

42. (1) ∵ $\angle CAB + \angle ABC = \angle ABC + \angle CBD = 90°$,

∴ $\angle CAB = \angle CBD$.

又 $\angle CBD + \angle CED = \angle CED + \angle AEC = 180°$,

∴ $\angle AEC = \angle CBD = \angle CAB$.

(2) ① 如图 4.120 所示，延长 EC 交 AB 于点 H.

∵ $AB = 5, BC = 3$,

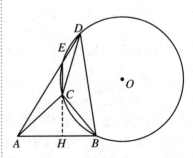

图 4.120

∴ $AC = 4$.
∵ $EC \parallel BD$,
∴ $EH \perp AB$,
∴ $\triangle ACH \sim \triangle ABC$,
∴ $\dfrac{AH}{AC} = \dfrac{AC}{AB}$,
∴ $AH = \dfrac{16}{5}$.

又由(1)可得$\angle AEC = \angle CAB$,
∴ $\triangle EAH \sim \triangle ABC$,
∴ $\dfrac{AE}{AB} = \dfrac{AH}{BC}$,得 $AE = \dfrac{16}{3}$.

② Ⅰ.当$\angle DCB = 90°$时,如图 4.121 所示.
∵ $\angle CAB = \angle CBD$,
∴ $\triangle BDC \sim \triangle ABC$,
∴ $\dfrac{BD}{AB} = \dfrac{BC}{AC}$,得 $BD = \dfrac{15}{4}$.

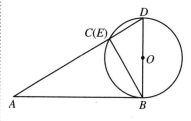

图 4.121

Ⅱ.当$\angle CDB = 90°$时,如图 4.122 所示.
∵ $\angle CAB = \angle CBD$,
∴ $\triangle BCD \sim \triangle ABC$,
∴ $\dfrac{BD}{AC} = \dfrac{BC}{AB}$,
∴ $BD = \dfrac{12}{5}$.

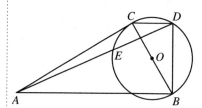

图 4.122

综上所述,BD 的长度为$\dfrac{15}{4}$或$\dfrac{12}{5}$.

(3) 如图 4.123 所示,过点 C 作 $CM \perp AD$ 于点 M,过点 C 作 $CN \perp BD$ 于点 N.
∵ $AB = 5, BC = \sqrt{5}$,
∴ $AC = \sqrt{AB^2 - BC^2} = 2\sqrt{5}$.
∵ $\angle CAB = \angle CBD$,
∴ $\triangle BCN \sim \triangle ABC$,
∴ $\dfrac{AB}{BC} = \dfrac{BC}{CN}$,得 $CN = 1$.
∵ $CE = CB$,
∴ $\angle EDC = \angle BDC$,
∴ $CM = CN = 1$,
∴ Rt$\triangle CME \cong$ Rt$\triangle CNB$(HL),
∴ $ME = BN = 2, AM = \sqrt{AC^2 - MC^2} = \sqrt{19}$.

设 $DM = DN = x$,则 $DA = x + \sqrt{19}, BD = x + 2$.
∵ $AB^2 + BD^2 = AD^2$,

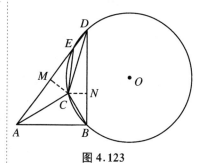

图 4.123

∴ $5^2 + (x+2)^2 = (x+\sqrt{19})^2$,解得 $x = \dfrac{5}{\sqrt{19}-2}$,

∴ $\dfrac{S_{\triangle BCD}}{S_{\triangle ACE}} = \dfrac{BD \cdot CN}{AE \cdot CM} = \dfrac{BD}{AE} = \dfrac{x+2}{\sqrt{19}+2} = \dfrac{2\sqrt{19}+1}{15}$.

思路点拨

(1) 先抓住条件 $\angle ACB = 90°$ 和 $BD \perp AB$ 进行角度的等量代换,再根据圆内接四边形对角互补和邻补角互补,可推出 $\angle AEC = \angle CAB$.

(2) ① 由 $DB \perp AB$ 和 $EC \parallel BD$ 可知 $EH \perp AB$,结合(1)可知 $\triangle ACH \sim \triangle ABC$,再利用相似比 $3:4:5$ 解三角形可得 AE. ② 此问是典型的分类讨论问题,其中 $\angle CBD$ 不可能为直角,故舍去,只需讨论剩余两种情况. 利用三角形相似即可求解.

(3) 在圆内由弦相等得对应的圆周角相等,从而推出 DC 平分 $\angle ADB$,故过点 C 向两边作垂线. 题目中出现 $\sqrt{5}$,根据命题数据规律一般会用到边长比 $1:2:\sqrt{5}$. 利用勾股定理求出 AC,进而可求出 AM,故只需求出 DN. 通过设未知数,利用勾股定理即可求出 DN. 注意,对 DN 的值不用进行分母有理化,这样有利于后续的计算.

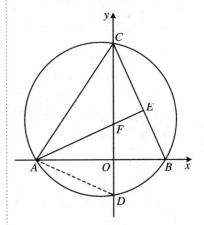

图 4.124

43. (1) 如图 4.124 所示,连接 AD.

∵ $AE \perp BC$,

∴ $\angle EAB + \angle ABC = \angle ABC + \angle BCO = 90°$,

∴ $\angle EAB = \angle BCO$.

又 $\angle DAB = \angle BCD$,

∴ $\angle FAO = \angle DAO$.

又 $\angle FOA = \angle DOA, OA = OA$,

∴ $\triangle AOF \cong \triangle AOD$(ASA),

∴ $OF = OD$.

(2) 如图 4.125 所示,设 $CO = x$.

∵ $CO = CE, AC = AC$,

∴ $Rt\triangle ACE \cong Rt\triangle ACO$(HL),

∴ $AE = AO = 3$,

∴ $BE = \sqrt{AB^2 - AE^2} = 4$.

∵ $\angle FAO = \angle BAE, AO = AE, \angle AOF = \angle AEB$,

∴ $\triangle AOF \cong \triangle AEB$(ASA),

∴ $OF = BE = 4$. 由(1)可知 $OD = OF = 4$.

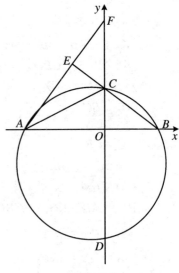

图 4.125

(3)① Ⅰ.当点 G 落在 AC 上时,$\angle ACB = 90°$,如图 4.126所示.

$\because AB$ 是圆的直径,$CO \perp AB$,

$\therefore \triangle AOC \sim \triangle COB$,

$\therefore \dfrac{AO}{OC} = \dfrac{CO}{OB}$,得 $OC = \sqrt{6}$,即 $C(0,\sqrt{6})$.

Ⅱ.当点 G 落在直线 BC 上时,如图 4.127 所示,过点 G 作 $GH \perp OF$ 于点 H,交 AF 于点 M.设 $OC = a$.

$\because \angle FGH + \angle GFH = \angle GFH + \angle OFB = 90°$,

$\therefore \angle FGH = \angle OFB$.

又 $\angle GHF = \angle FOB$,$FG = FB$,

$\therefore \triangle GHF \cong \triangle FOB$(AAS),

$\therefore FH = OB = 2$.

$\because \angle FAB + \angle AFO = \angle FAO + \angle ABE = 90°$,

$\therefore \angle MFH = \angle OBC$.

又 $\angle MHF = \angle COB$,$FH = OB$,

$\therefore \triangle FMH \cong \triangle BCO$(ASA),

$\therefore MH = OC = a$.

$\because FG = FB$,$FE \perp BG$,

$\therefore EG = EB$.

又 $GM \parallel AB$,

$\therefore \triangle GME \cong \triangle BAE$,

$\therefore GM = AB = 5$,

$\therefore GH = OF = a + 5$,

$\therefore CH = OF - OC - FH = 3$.

$\because \triangle FCH \sim \triangle BCO$,

$\therefore \dfrac{CH}{GH} = \dfrac{OC}{OB}$,即 $\dfrac{3}{a+5} = \dfrac{a}{2}$,解得 $a = 1$($a = -6$ 舍),

$\therefore C(0,1)$.

② 如图 4.128 所示,设 $OC = b$.

$\because CG \parallel AB$,

$\therefore CG \perp OF$.

又 $\angle FGC + \angle GFC = \angle GFC + \angle OFB = 90°$,

$\therefore \angle FGC = \angle OFB$.

又 $\angle GCF = \angle FOB$,$FG = FB$,

$\therefore \triangle GCF \cong \triangle FOB$(AAS),

$\therefore FC = OB = 2$.

$\because \angle FAB + \angle AFO = \angle FAB + \angle ABE = 90°$,

$\therefore \angle AFO = \angle OBC$,

$\therefore \triangle FAO \sim \triangle BCO$,

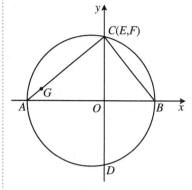

图 4.126

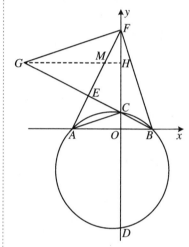

图 4.127

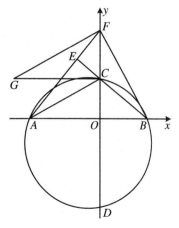

图 4.128

∴ $\dfrac{OA}{OF} = \dfrac{OC}{OB}$，即 $\dfrac{3}{b+2} = \dfrac{b}{2}$，解得 $b = \sqrt{7} - 1$（$b = -\sqrt{7} - 1$ 舍），

∴ $S_{\triangle ABC} = \dfrac{1}{2} AB \cdot OC = \dfrac{5\sqrt{7} - 5}{2}$.

思路点拨

（1）当一个图形中出现多个直角时，通常会用到角度的等量代换. 利用同弧所对的圆周角相等得到 $\angle DAO = \angle FAO$，从而可证 $OF = OD$.

（2）由 $CO = CE$ 可联想到角平分线，根据题意画出大概图形后很容易得到 $\triangle AOF \cong \triangle AEB$.

（3）① 此问是典型的分类讨论问题. 情况 I 利用相似三角形的性质可轻松求解. 情况 II 的求解过程稍复杂. 抓住线段旋转 $90°$ 出现的等腰直角三角形，构造"一线三等角"全等，通过设未知数，利用全等和相似的性质进行推算. ② 此问的解答方法与①问的情况 II 类似.

44．（1）∵ AB 为 $\odot O$ 的直径，

∴ $\angle DCB = 90°$,

∴ $GC = GB = GD$.

又 $\angle CGB = 70°$,

∴ $\angle D = \angle DCG = 35°$.

∵ $\angle CAB + \angle ABC = \angle DAB + \angle D = 90°$,

∴ $\angle ABC = \angle D = 35°$,

∴ $\overset{\frown}{AC}$ 的度数为 $70°$.

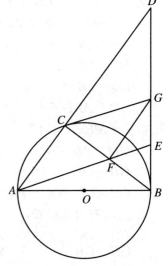

图 4.129

（2）∵ 如图 4.129 所示，$EF \parallel CG$，E 为 BG 的中点，

∴ F 为 BC 的中点.

又 G 为 BD 的中点，

∴ $FG \parallel AD$,

∴ 四边形 $AFGC$ 为平行四边形.

（3）① I . 当 $AC = BC$ 时，如图 4.130 所示.

∵ $\angle CAB = \angle CBA = 45°$,

∴ $\triangle ABD$ 为等腰直角三角形，

∴ $BD = BA = 6$,

∴ $BE = \dfrac{BD}{4} = \dfrac{3}{2}$.

II . 当 $AC = BH$ 时，如图 4.131 所示.

∵ $\angle ABC = \angle BAE = \angle D$,

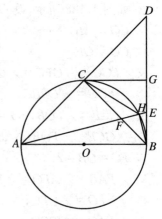

图 4.130

∴ △ABE ∽ △DBA，

∴ $\frac{AB}{BD} = \frac{BE}{AB}$，即 $\frac{6}{4BE} = \frac{BE}{6}$，解得 $BE = 3$.

Ⅲ．当 $AC = CH$ 时，如图 4.132 所示.

∵ $\angle ABC = \angle CBH = \angle D = \angle DCG$，$\angle DCH + \angle ACH = \angle ACH + \angle ABH = 180°$，

∴ $\angle DCH = \angle ABH = 2\angle ABC$，

∴ $\angle GCH = \angle DCG = \angle D = \angle ABC = \angle AHC$，

∴ $CG \parallel AE$，

∴ $\frac{AC}{CD} = \frac{GE}{DG} = \frac{1}{2}$，

又 △ABC ∽ △BDC，

∴ $\frac{BC}{AC} = \frac{CD}{BC} = \frac{2AC}{BC}$，得 $BC = \sqrt{2}AC$，

∴ $\frac{AB}{BD} = \frac{AC}{BC} = \frac{\sqrt{2}}{2}$，得 $BD = 6\sqrt{2}$，

∴ $BE = \frac{1}{4}BD = \frac{3\sqrt{2}}{2}$.

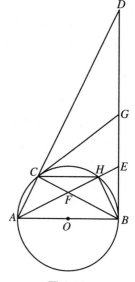

图 4.131

② ∵ 如图 4.133 所示，BC 垂直平分 HP，

∴ $\angle ABC = \angle CBH = \angle AHC = \angle CAH$，

∴ $AC = CH$，同(3)①中情况Ⅲ，

∴ $BE = \frac{3\sqrt{2}}{2}$，

∴ $AE = \sqrt{AB^2 + BE^2} = \frac{9\sqrt{2}}{2}$，

∴ $\sin \angle EAB = \frac{BE}{AE} = \frac{1}{3}$，

∴ $BH = \sin \angle EAB \cdot AB = 2 = BP$.

∵ $PH \parallel AC$，

∴ $\frac{PM}{AC} = \frac{BM}{BC} = \frac{BP}{AB} = \frac{1}{3}$，

∴ $AC = 3PM$，$CM = 2BM$，

∴ $\frac{S_{\triangle ACP}}{S_{\triangle BHP}} = \frac{AC \cdot CM}{PH \cdot BM} = \frac{3PM \cdot 2BM}{2PM \cdot BM} = 3$.

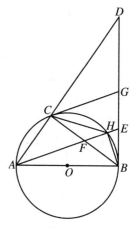

图 4.132

思路点拨

(1) 利用好题中的三个直角三角形 ABC、BCD、ABD 以及斜边上的中线与斜边所构成的等腰三角形便可推算 $\stackrel{\frown}{AC}$ 的度数.

(2) 由平行线和中点联想到中位线．利用中位线即可确定四边形 $AFGC$ 为平行四边形.

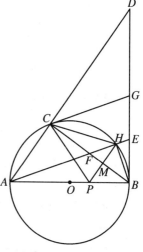

图 4.133

(3) ① 此问是典型的分类讨论问题. 当 $AC = BC$ 时, 易知 $\triangle ABD$ 为等腰直角三角形, 得 $BD = 6$, 由于 G、E 均为中点, 故 $BE = \frac{1}{4}BD$. 当 $AC = BH$ 时, 利用 $\triangle ABE$ 与 $\triangle DBA$ 的相似关系即可求解. 当 $AC = CH$ 时, 利用等腰三角形的性质、圆周角定理、圆内接四边形对角互补进行角度关系的推导, 得出 $CG \parallel AE$. 再利用相似比便可算出 BE 的长. ② 由垂直平分线和圆周角定理推出 $AC = CH$. 于是可利用①中情况Ⅲ的结论, 得到 AE 的长. 然后通过解 $\triangle ABE$ 得到 BP 的值. 最后利用平行线分线段成比例定理得出所求面积公式中各边的关系.

45. (1) 如图 4.134 所示, 连接 OE,
∵ OC 为 ⊙P 的直径,
∴ $OE \perp BC$.
又 $EB = EC$,
∴ $OC = OB = 5$, 即 $m = 5$.

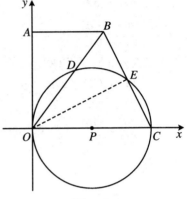

图 4.134

(2) Ⅰ. 当 $OD = OA$ 时, 如图 4.135 所示, 过点 D 作 $DH \perp OA$ 于点 H.
∵ $OD = OA = 4$, $\triangle ODH \backsim \triangle OBA$,
∴ $\frac{OD}{OB} = \frac{OH}{OA} = \frac{DH}{AB}$, 得 $OH = \frac{16}{5}$, $DH = \frac{12}{5}$,
∴ $D\left(\frac{12}{5}, \frac{16}{5}\right)$.

Ⅱ. 当 $DO = DA$ 时, 如图 4.136 所示, 过点 D 作 $DH \perp OA$ 于点 H.
∵ $DA = DO$,
∴ $\angle DAO = \angle DOA$.
又 $\angle DAO + \angle DAB = \angle DOA + \angle OBA = 90°$,
∴ $\angle DAB = \angle OBA$,
∴ $DA = DB = DO = \frac{16}{5}$, 即 D 为 OB 的中点,
∴ $DH = \frac{1}{2}AB = \frac{3}{2}$, $OH = \frac{1}{2}OA = 2$, 即 $D\left(\frac{3}{2}, 2\right)$.

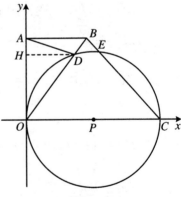

图 4.135

(3) ① 如图 4.137 所示, 过点 P 作 $PH \perp OB$ 于点 H. 设 $BQ = 3x$.
∵ $BQ \parallel CD$, $CD \perp OD$,
∴ $QB \perp OB$,
∴ $\angle HDP + \angle DPH = \angle HDP + \angle BDQ = 90°$,
∴ $\angle DPH = \angle BDQ$.

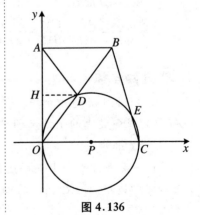

图 4.136

又 $DP = DQ$,
∴ $\triangle PDH \cong \triangle DQB$(AAS),
∴ $DH = BQ = OH = 3x$.
又 $\angle HOP = \angle ABO$,
∴ $\triangle POH \backsim \triangle OBA$,
∴ $PH = BD = 4x, OP = 5x$,
∴ $OB = OD + BD = 10x = 5$,得 $x = \dfrac{1}{2}$,
∴ $m = OC = 2OP = 10x = 5$.

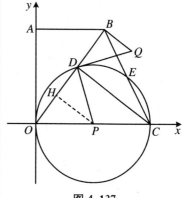

图 4.137

② 如图 4.138 所示,过点 P 作 $PM \perp OB$ 于点 M,过点 Q 作 $QN \perp OB$ 于点 N. 设 $MO = DM = 3x$.
∵ $\triangle POM \backsim \triangle OBA$,
∴ $\dfrac{PM}{OA} = \dfrac{OM}{AB}$,得 $PM = 4x$,
∴ $CD = 2PM = 8x$.
又 $\triangle PDM \cong \triangle DQN$,
∴ $NQ = DM = 3x, DN = PM = 4x$.
∵ $\triangle BNQ \backsim \triangle BDC$,
∴ $\dfrac{BN}{BD} = \dfrac{NQ}{CD}$,即 $\dfrac{5-10x}{5-6x} = \dfrac{3x}{8x}$,解得 $x = \dfrac{25}{62}$,
∴ $\tan \angle OBC = \dfrac{CD}{BD} = \dfrac{8x}{5-6x} = \dfrac{5}{4}$.

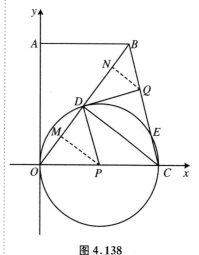

图 4.138

思路点拨

(1) 由于 OE 为垂直平分线,故 $OC = OB$.

(2) 根据等腰三角形的腰分类讨论. 情况 I 中,利用 A 字形相似即可求解. 情况 II 中,关键是 DH 为 $\triangle OAB$ 的中位线.

(3) 根据题干中 "DP 绕点 D 逆时针旋转 $90°$",可知会出现等腰直角三角形. ① 利用 K 字形全等和特殊直角三角形三边之比 $3:4:5$,巧设未知数,可以轻松求得 m 的值. ② 利用 K 字形全等和 A 字形相似列方程求解.

46. 如图 4.139 所示,过点 F 作 $FH \perp CD$ 于点 H.
∵ $\angle DEP + \angle FEH = \angle FEH + \angle EFH = 90°$,
∴ $\angle DEP = \angle EFH$,
∴ $\triangle EDP \backsim \triangle FHE$,
∴ $\dfrac{DE}{HF} = \dfrac{DP}{EH}$,即 $\dfrac{5}{10} = \dfrac{4}{EH}$,得 $EH = 8$,
∴ $AF = DH = DE + EH = 13$.

(2) ① 不变,理由如下:

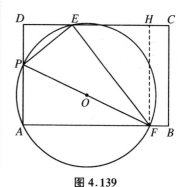

图 4.139

如图 4.140 所示,连接 AE.

$\because \angle PFE = \angle PAE$,

$\therefore \tan \angle PFE = \tan \angle DAE = \dfrac{DE}{AD} = \dfrac{1}{2}$.

② Ⅰ. 当 $\odot O$ 过点 A、D 时,点 P 与点 D 重合,如图 4.141 所示,$m = AD = 10$.

Ⅱ. 当 $\odot O$ 过点 A、B 时,点 B、F 重合,如图 4.142 所示.

$\because CE = CB = 10$,

$\therefore \angle BEC = 45°$,

$\therefore \angle DEP = 45°$,

$\therefore DP = DE = 5$,

$\therefore m = AP = 5$.

(3) $\because OA = OH = OP = OF$,

$\therefore$ 四边形 $APHF$ 是矩形,

$\therefore FH = AP = m$.

Ⅰ. 当 $HC = HE$ 时,如图 4.143 所示,延长 FH 交 CD 于点 M.

$\because \triangle EDP \backsim \triangle FME$,

$\therefore \dfrac{DE}{FM} = \dfrac{DP}{EM}$,即 $\dfrac{5}{10} = \dfrac{10-m}{EM}$,得 $EM = 20 - 2m$.

又 $HE = HC$,

$\therefore EC = 2EM = 40 - 4m = 10$,得 $m = \dfrac{15}{2}$.

Ⅱ. 当 $EC = EH = 10$ 时,如图 4.144 所示,延长 FH 交 CD 于点 M.

$\because \triangle EDP \backsim \triangle FME$,

$\therefore \dfrac{DE}{FM} = \dfrac{DP}{EM}$,即 $\dfrac{5}{10} = \dfrac{10-m}{EM}$,得 $EM = 20 - 2m$.

又 $MH = FM - HF = 10 - m$,$EM^2 + MH^2 = EH^2$,

$\therefore (20 - 2m)^2 + (10 - m)^2 = 10^2$,解得 $m = 10 - 2\sqrt{5}$ 或 $10 + 2\sqrt{5}$.

当 $m = 10 + 2\sqrt{5}$ 时,如图 4.145 所示.

Ⅲ. 当 $CE = CH = 10$ 时,如图 4.146 所示,延长 FH 交 CD 于点 M.

$\because \triangle EDP \backsim \triangle FME$,

$\therefore \dfrac{DE}{FM} = \dfrac{DP}{EM}$,即 $\dfrac{5}{10} = \dfrac{10-m}{EM}$,得 $EM = 20 - 2m$,

$\therefore CM = EM - CE = 10 - 2m$.

又 $MH = FM - HF = 10 - m$,$MH^2 + CM^2 = CH^2$,

$\therefore (10 - 2m)^2 + (10 - m)^2 = 10^2$,解得 $m = 2$($m = 10$

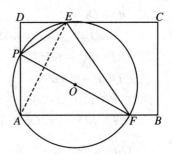

图 4.140

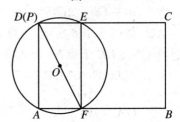

图 4.141

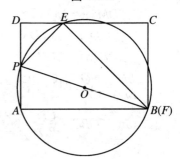

图 4.142

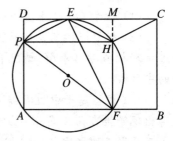

图 4.143

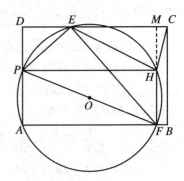

图 4.144

时点 D、H 重合,故舍掉).

思路点拨

(1) 通过构造 K 字形相似,可以快速求得 AF.

(2) ① 根据圆内同弧所对的圆周角相等,将 $\angle PFE$ 转化成 $\angle DAE$,即可发现变化中不变的 $\angle PFE$ 的三角函数. ② 此问是一个典型的分类讨论问题. PF 为圆的直径,AC 不可能恰好落在 $\odot O$ 上,剩下两种情况. 情况 I 中,点 P、D 重合,$m = AP = AD$. 情况 II 中,点 B、F 重合,易证 $\triangle DEP$ 是等腰直角三角形,得 $AP = \dfrac{1}{2}AD$.

(3) 根据题干中"P 是射线 AD 上一动点"和"$\triangle CEH$ 是等腰三角形"可知需要分类讨论. 对不确定的等腰三角形分别以 C、E、H 为顶点进行分类. 抓住四边形 $AFHP$ 为矩形,利用 K 字形相似和勾股定理,可推算出 m 的值. 使用勾股定理时会得到两个解,采用数形结合法进行取舍.

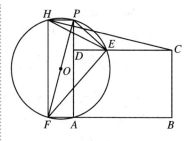

图 4.145

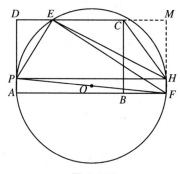

图 4.146

47. (1) ∵ OM 是 $\odot P$ 的直径,

∴ $\angle ODM = 90°$,

∴ $DM \parallel OA$.

又 M 为 AB 的中点,

∴ D 为 OB 的中点,即 $OD = BD$.

(2) 如图 4.147 所示,连接 OE.

∵ OM 为 $\odot P$ 的直径,

∴ $OE \perp AB$.

∵ $OA = 6$,$OB = 8$,

∴ $\cos\angle OBA = \dfrac{BE}{OB} = \dfrac{4}{5}$,$\sin\angle OBA = \dfrac{OE}{OB} = \dfrac{3}{5}$,

∴ $BE = \dfrac{32}{5}$,$OE = \dfrac{24}{5}$.

又 $ME = BE - BM = \dfrac{7}{5}$,$\angle MOE = \angle MDE$,

∴ $\tan\angle EDM = \tan\angle EOM = \dfrac{ME}{OE} = \dfrac{7}{24}$.

(3) 如图 4.148 所示,连接 CE.

∵ $CE \parallel OM$,

∴ $\angle ECA = \angle MOA$.

又 $\angle OME + \angle OCE = \angle OCE + \angle ECA = 180°$,

∴ $\angle ECA = \angle OME = \angle MOA$,

∴ $OA = MA$.

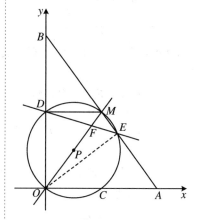

图 4.147

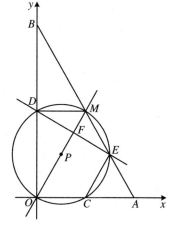

图 4.148

又 $MO = MA$,

∴ △OAM 为等边三角形,

∴ $m = OA = \dfrac{OB}{\sqrt{3}} = \dfrac{8\sqrt{3}}{3}$.

(4) Ⅰ. 当点 F 在线段 OM 上时,如图 4.149 所示,设直线 DE 交 x 轴于点 H,连接 OE.

∵ $DM \parallel OH$,

∴ $\dfrac{OH}{DM} = \dfrac{OF}{MF} = 3$,得 $OH = 3DM$.

又 $DM = \dfrac{1}{2}OA$,

∴ $AH = DM$,

∴ E 为 AM 的中点.

又 $OE \perp AM$,

∴ $OA = OM = AM$,

∴ △OAM 为等边三角形,

∴ $m = OA = \dfrac{OB}{\sqrt{3}} = \dfrac{8\sqrt{3}}{3}$.

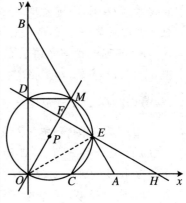

图 4.149

Ⅱ. 当点 F 在 OM 的延长线上时,如图 4.150 所示,连接 OE,过点 F 作 $FH \perp OB$ 交 AB 于点 N. 设 $HN = a$, $EM = b$.

∵ $DM \parallel FH$, $OD = 4$,

∴ $\dfrac{OM}{OF} = \dfrac{OD}{OH} = \dfrac{DM}{HF} = \dfrac{2}{3}$,得 $OH = 6$,即 H 为 BD 的中点,

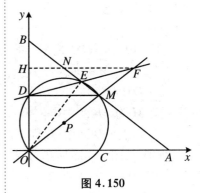

图 4.150

∴ $DM = 2HN = 2a$, N 为 BM 的中点,

∴ $HF = 3a$,

∴ $FN = DM = 2a$,

∴ $NE = EM = b$,

∴ $BM = 2MN = 4b$,

∴ $BE = BM - EM = 3b$, $AE = BM + EM = 5b$.

∵ △$OBE \sim$ △AOE,

∴ $\dfrac{BE}{OE} = \dfrac{OE}{AE}$,即 $OE^2 = BE \cdot AE = 15b^2$,得 $OE = \sqrt{15}b$,

∴ $\tan \angle OBA = \dfrac{OE}{BE} = \dfrac{OA}{OB}$,即 $\dfrac{\sqrt{15}b}{3b} = \dfrac{OA}{8}$,解得 $m = OA = \dfrac{8\sqrt{15}}{3}$.

思路点拨

(1) 易证 DM 为 Rt△OAB 的中位线.

(2) 求三角函数需要找到直角三角形.根据同弧所对的圆周角相等,将 ∠MDE 转化为 ∠MOE.此处需要利用 OE⊥AB 和直角三角形三边之比 3∶4∶5.

(3) 圆中弦 EC∥OM,根据平行线内同位角相等和圆内接四边形对角互补可以证得四边形 ECOM 为等腰梯形.再利用直角三角形斜边中线定理推出△OAM 为等边三角形.

(4) 由条件 $\dfrac{OF}{MF}=3$ 可想到相似比.利用平行线构造 8 字形相似和 8 字形全等,可轻松求解.本题根据点 F 在直线上的位置需要分类讨论.

48. 如图 4.151 所示,连接 CD.

∵ AC = AD,

∴ ∠ACD = ∠ADC = ∠ANC.

∵ ∠AND + ∠ACD = ∠ANC + ∠ANE = 180°,

∴ ∠ANE = ∠AND.

又 AC = AE,

∴ ∠E = ∠ACE = ∠ADN,

∴ △AND≌△ANE(AAS).

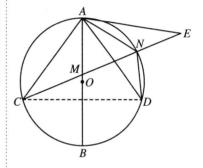

图 4.151

(2) 如图 4.152 所示,过点 A 作 AH⊥CE 于点 H,连接 BC,则 $BC = \sqrt{AB^2 - AC^2} = 6$.

∵ △ACE 为等腰直角三角形,

∴ $AC = \sqrt{2}AH = 8$,得 $AH = HE = 4\sqrt{2}$.

∵ ∠B = ∠ANH,

∴ △AHN∽△ACB,

∴ $\dfrac{AH}{AC} = \dfrac{HN}{BC}$,得 $HN = 3\sqrt{2}$,

∴ 由(1)可知 $DN = NE = HE - HN = \sqrt{2}$.

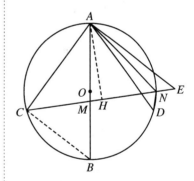

图 4.152

(3) Ⅰ.当 AM = AN 时,如图 4.153 所示,连接 BC.

∵ ∠ANM = ∠AMN = ∠ABC = ∠CMB,

∴ CB = CM.

又 ∠CAB = ∠DAB,

∴ ∠AMH + ∠MAH = 90°,

∴ HM = HN.

又 AC = AE,

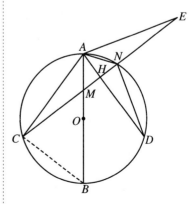

图 4.153

∴ $HC = HE$,

∴ $CM = NE = CB = 6$,

∴ $DN = NE = 6$.

Ⅱ. 当 $MA = MN$ 时, 如图 4.154 所示, 连接 BC, 过点 A 作 $AH \perp CE$ 于点 H.

∵ $\angle BAN = \angle ANC = \angle CBA$,

∴ $\angle CAB + \angle BAN = \angle CAB + \angle CBA = 90°$,

∴ CN 为 $\odot O$ 的直径,

∴ $CN = AB = 10$,

∴ $AN = \sqrt{CN^2 - AC^2} = 6$.

∵ $S_{\triangle ACN} = \dfrac{AH \cdot CN}{2} = \dfrac{AC \cdot AN}{2}$,

∴ $AH = \dfrac{AC \cdot AN}{CN} = \dfrac{24}{5}$,

∴ $HE = \sqrt{AE^2 - AH^2} = \dfrac{32}{5}$, $HN = \sqrt{AN^2 - AH^2} = \dfrac{18}{5}$,

∴ $NE = HE - HN = \dfrac{14}{5}$,

∴ $DN = NE = \dfrac{14}{5}$.

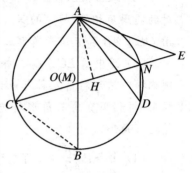

图 4.154

Ⅲ. 当 $NA = NM$ 时, 如图 4.155 所示, 连接 BC, 过点 A 作 $AH \perp CE$ 于点 H. 设 $HN = 3x$.

∵ $\angle NAM = \angle NMA = \angle BCN = \angle BMC$,

∴ $BM = BC = 6$,

∴ $AM = AB - BM = 4$.

∵ $\angle ANC = \angle ABC$,

∴ $\triangle AHN \sim \triangle ACB$,

∴ $\dfrac{AC}{AH} = \dfrac{AB}{AN} = \dfrac{BC}{HN}$, 得 $AH = 4x$, $AN = 5x$,

∴ $NM = AN = 5x$,

∴ $HM = NM - HN = 2x$.

∵ $AM^2 = AH^2 + MH^2$, 即 $4^2 = (4x)^2 + (2x)^2$, 解得 $x = \dfrac{2\sqrt{5}}{5}$,

∴ $AH = \dfrac{8\sqrt{5}}{5}$, $HN = \dfrac{6\sqrt{5}}{5}$.

又 $HE = \sqrt{AE^2 - AH^2} = \dfrac{16\sqrt{5}}{5}$,

∴ $NE = HE - HN = 2\sqrt{5}$,

∴ $DN = NE = 2\sqrt{5}$.

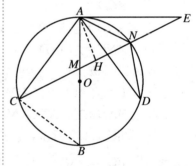

图 4.155

第四部分 圆100题解析

思路点拨

（1）利用两个等腰三角形和圆周角定理，根据圆内接四边形对角互补，可推出所证全等三角形的两组对应角相等.

（2）△ACE 为等腰直角三角形，利用"三线合一"定理求出 $AH = HE$. 又利用相似三角形求出 HN, 从而解得 DN.

（3）$\angle ANC = \angle ABC$ 是一个重要的条件. 利用等腰三角形的性质和圆内的导角技巧，得到一系列隐含条件，从而进行计算.

49. 如图 4.156 所示，连接 OB.

∵ OB 为定值，$\angle OEB = 90°$ 为定角，

∴ 点 E 在以 OB 为直径的 $\odot P$ 上，如图 4.156 所示.

∵ 当点 D 在点 B 处时，点 E 也在点 B 处；当点 D 运动到点 C 时，点 E 运动到如图 4.157 所示的位置，

∴ 点 E 运动的路程为优弧 $\overset{\frown}{BE}$（图 4.157），

∴ $\angle BOD = 2\angle A = 120°$,

∴ $\angle BOE = 60°$, $OB = \dfrac{BD}{\sqrt{3}} = 4\sqrt{3}$,

∴ △OPE 是等边三角形，

∴ $\angle BPE = 120°$,

∴ $l_{\overset{\frown}{BOE}} = \dfrac{240°}{360°} \cdot \pi \cdot 4\sqrt{3} = \dfrac{8\sqrt{3}}{3}\pi$.

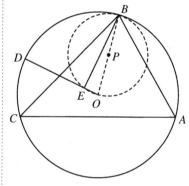

图 4.156

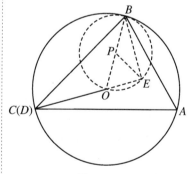

图 4.157

思路点拨

根据题意，OB 是定值，$\angle OEB = 90°$ 也为定值，由此可知点 E 的运动轨迹为圆. 要求运动路径的长度，需要计算运动轨迹对应的圆心角大小. 可采取极端值分析法，即找到运动开始和运动结束的两个端点，利用两个端点求出圆心角.

50. 如图 4.158 所示，连接 AG, P 为 AC 的中点，连接 PG.

∵ $\angle AGC = \angle AFC = 90°$,

∴ A、G、F、C 四点共圆，AC 为 $\odot P$ 的直径，

∴ $\angle GAC + \angle GFC = 180°$.

∵ $\angle BAC = 2\angle GAC$,

∴ $2\angle GFC + \angle BAC = 360°$.

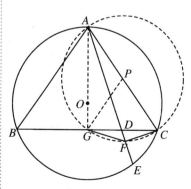

图 4.158

思路点拨

根据 G 为等腰 $\triangle ABC$ 底边的中点,可得 $AG \perp BC$,结合题中 $\angle AFC = 90°$,可发现 $\angle AGC = \angle AFC$,由"定弦定角出隐圆"可知 A、G、F、C 四点共圆. $\odot P$ 现身后,可根据圆内接四边形对角互补,圆心角为圆周角的两倍,即可得证.

51. 如图 4.159 所示,连接 BD、DN,DN 交 PH 于点 Q.

∵ $\triangle BDC \cong \triangle NDP$,

∴ $\angle BDN = \angle CDP$.

又 $DC = DP$,$DB = DN$,

∴ $\triangle DBN \sim \triangle DCP$,

∴ $\angle DNB = \angle DPC$.

又 $\angle PQD = \angle NQH$,

∴ $\angle QHN = \angle QDP = 90°$,

∴ $\angle CDB = \angle CHB = 90°$,

∴ B、D、C、H 四点共圆,BC 为 $\odot O$ 的直径,

∴ 当 A、O、H 三点共线时 AH 最大,此时 $AH = AO + OH = 2\sqrt{3} + 2$.

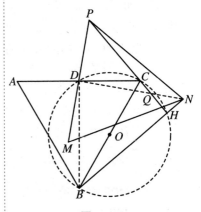

图 4.159

思路点拨

D 为 AC 的中点,则 $\angle BDC$ 和 $\angle NDP$ 恒为直角,在解决动点问题时,要紧抓"变化中不变的条件".本题有两个等边三角形,很容易想到手拉手全等或者手拉手相似,但是两个等边三角形的公共点 D 不是三角形的顶点,故暂时不能直接使用手拉手模型.可看出 $\triangle DBC$ 与 $\triangle DNP$ 全等且共顶点 D,从而得到手拉手相似 $\triangle DBN \sim \triangle DCP$.利用一个手拉手的结论,第三组对应边 PC 与 BN 的夹角为定值,与旋转角度大小无关,从而得到在变化中不变的 $\angle CHB = 90°$,进而根据"定弦(BC)定角($\angle BHC$)出隐圆"得到 B、D、C、H 四点共圆.由点到圆的距离关系可知,当圆外一点、圆上的点及圆心三点共线时取最值,求得 AH 的最大值(最大值做加法,最小值做减法).

52. ∵ 如图 4.160 所示,$\triangle AED \cong \triangle A'ED$,

∴ $AD = A'D$,$\angle A = \angle EA'D = \angle DA'O = 90°$.

∵ $\angle DA'O = \angle FCO$,$A'O = CO$,$\angle A'OD = \angle COF$,

∴ $\triangle A'OD \cong \triangle COF$,

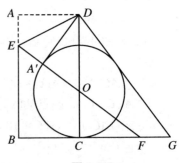

图 4.160

∴ $A'D = CF$.

设 $AD = x, AB = 2x$.

∵ $DG = DA' + GC$（切线长定理），$DG^2 = CD^2 + CG^2$,

∴ $(2x+1)^2 = (x+1)^2 + (2x)^2$,解得 $x = 2(x = 0$ 舍$)$,即 $AD = 2$.

∵ $OF^2 = CO^2 + CF^2$,

∴ $(4-r)^2 = r^2 + 2^2$,解得 $r = \dfrac{3}{2}$.

思路点拨

此题的关键在于挖掘一组隐藏的全等三角形 $\triangle A'OD \cong \triangle COF$,从而得到 $CF = AD$.圆 O 有三条切线,可考虑使用切线长定理.设未知数 $AD = CF = x$,则 CD 和 CG 可用未知数 x 表示,根据切线长定理也可用未知数表示 DG,于是可以利用勾股定理求出结果.

53. 如图 4.161 所示,连接 CF.设 $DE = x$.

∵ $BF = BC$,

∴ 点 F 在以点 B 为圆心、BC 为半径的圆上,

∴ 当 B、E、F 三点共线时 EF 最小.

∵ $\angle FBC = \angle BCD = \angle BFD = 30°$,$BF = BC$,

∴ $\angle BFC = \angle BCF = 75°$,

∴ $\angle DFC = \angle DCF = 45°$,

∴ $FD \perp AC$.

∵ $\angle EFD = 30°$,

∴ $DF = \sqrt{3}DE = \sqrt{3}x$,

∴ $CE = DE + CD = (\sqrt{3}+1)x = 1$,得 $x = \dfrac{\sqrt{3}-1}{2}$,

∴ $CD = \sqrt{3}x = \dfrac{3-\sqrt{3}}{2}$.

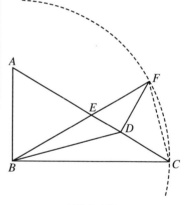

图 4.161

思路点拨

翻折问题很容易出现"隐圆",因为翻折前后对应线段相等.例如,本题中虽然 F 为动点,但点 F 到点 B 的距离不变,即 $BF = BC$,由"动点到定点的距离为定长"可知点 F 的运动轨迹为圆,点 B 为圆心,当 B、E、F 三点共线时 EF 最小.

54. 如图 4.162 所示,延长 ED 至点 H,使得 $ED =$

DH,连接 FH,过点 H 作 $HM \perp DF$ 于点 M.

∵ $\triangle ADE \cong \triangle BDH$(SAS),

∴ $BH = AE = BF = BD$,

∴ D、H、F 三点在以点 B 为圆心、BD 为半径的圆上.

又 $\angle HBC = \angle A + \angle CBA = 90°$,

∴ $\angle HDF = 180° - 45° = 135°$.

∵ $DH = DE = \sqrt{2}, DF = 2$,

∴ $HM = DM = 1$,

∴ $FH = \sqrt{MF^2 + MH^2} = \sqrt{10}$,

∴ $BF = BD = \dfrac{FH}{\sqrt{2}} = \sqrt{5}$,

∴ $AB = 2BD = 2\sqrt{5}$.

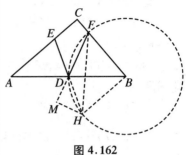

图 4.162

思路点拨

D 为 AB 的中点,中点的几种常规应用:① 中线平分面积;② 斜边上的中线等于斜边的一半;③ 中点线段倍长;④ 中位线;⑤ 垂径定理.结合条件中给出的 DE、DF 长度,推测应采用中点线段倍长法,构造8字形全等 $\triangle ADE \cong \triangle BDH$,将 $\angle A$ 转换到 $\angle HBD$,与 $\angle ABC$ 拼成直角 $\angle HBF$,可得 $\triangle HBF$ 为等腰直角三角形,只需求出 HF 即可求出 AB.已知 DF、DH,要求 FH 还需知道 $\angle HDF$ 的角度,此时如果使用圆,角度立现(不用圆的话,根据 $\triangle BDF$、$\triangle BDH$、$\triangle BFH$ 为等腰三角形进行导角,也可得到 $\angle HDF = 135°$).由于 $BD = BF = BH$,根据圆的半径处处相等,可得 F、D、H 三点在以点 B 为圆心、BD 为半径的圆上,从而利用圆心角和圆周角得到 $\angle HDF$.$135°$ 角的邻补角为 $45°$,通过构造等腰直角三角形即可求出 FH,于是此题得解.

55. ∵ $\angle MAN = \angle BAC = \angle DAE$,

∴ $\angle BAN = \angle CAM$.

又 $AB = AC, AN = AM$,

∴ $\triangle BAN \cong \triangle CAM$(SAS),

∴ $\angle ABN = \angle ACM$.

又 $\angle AHB = \angle CHP$,

∴ $\angle BAH = \angle HPC = 90°$,

∴ B、A、P、C 四点共圆(图 4.163),BC 为直径,点 O 为圆心.

∵ 当点 M 落在 AC 上时,点 P 与点 A 重合,

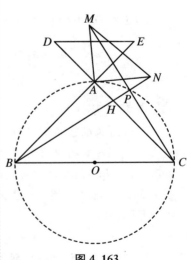

图 4.163

∴ 点 P 做往返运动.

∵ 点 N 的轨迹为⊙A(图 4.164),

∴ 当 BN 与⊙A 相切时,∠ABP 最大,点 P 运动得最远.

∵ $AB = 2AN$,∠$ANB = 90°$,

∴ ∠$ABP = 30°$,

∴ 点 P 运动的路径长为 $2 \times \dfrac{30°}{360°} \times 2\pi\sqrt{2} = \dfrac{\sqrt{2}}{3}\pi$.

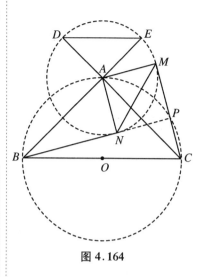

图 4.164

思路点拨

一眼可以看出本题很可能考查手拉手模型.手拉手全等和手拉手相似基础结论有:第三组对应边夹角为定值.在本题中△$BAN \cong$ △CAM,则第三组对应边为 BN 和 CM,延长 BN 可知 BN 与 CM 的夹角恒定,与旋转角无关,属于手拉手基础结论.接着根据"定弦(BC)定角(∠BPC)出隐圆",可知点 P 在以 BC 为直径的圆上运动.求点 P 运动的路径长,只需求出运动过程中的圆心角.圆弧形和直线形轨迹问题有一种不常见的考法,那就是"往返型运动轨迹",即动点的运动是一去一回的.利用极端点分析法可得初始点和末尾点为同一个点.但是它明明运动了,为何还在原地?那只能说明它运动到某一点后开始往回运动,最终回到起点.往返型轨迹问题通常难度会上升很多.此题的难点是判断在哪个点开始往回运动.不难分析,点 P 一定运动到某个极端点位置开始返回,此位置必定是一个特殊位置.可知点 P 位置其实是由△AMN 旋转决定的.在△AMN 运动过程中,∠ABN 先增大后减小,即∠CBP 先减小后增大,从而产生往返运动.当∠ABN 达到最大时开始返回,则问题转化为何时∠ABN 最大.B、A 为定点,由此可知 BN 与⊙A 相切时∠ABN 最大.

56. 如图 4.165 所示,延长 PB 至点 E,使得 $BE = BP$;延长 PC 至点 F,使得 $CP = CF$,连接 AE、DF.

∵ BC 是⊙O 的直径,

∴ ∠$BPC = 90°$.

∵ $BA = BC$,∠$ABE = ∠CBP$,$BE = BP$,

∴ △$ABE \cong$ △CBP,

∴ $AE = PC$,∠$E = ∠BPC = 90°$,

∴ $\tan \angle APB = \dfrac{AE}{PE} = \dfrac{PC}{2PB}$.

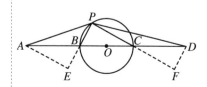

图 4.165

同理可得△CDF≌△CBP，$\tan\angle DPC = \dfrac{PB}{2PC}$．

∴ $\tan\angle APB \cdot \tan\angle DPC = \dfrac{PC}{2PB} \cdot \dfrac{PB}{2PC} = \dfrac{1}{4}$．

思路点拨

三角函数通常应用于直角三角形中，若尝试过点A作$AE\perp BP$，则可以发现8字形全等，关键是三等分点可视为中点．通过中线倍长构造8字形全等，实现线段间的等量转化，从而在计算的过程中直接抵消．

57. 如图4.166所示，构造△BCD的外接圆⊙O，连接OB、OC，延长AD交⊙O于点P，连接CP．设⊙O的半径为r．

∵ $\angle BDC = 120°$，

∴ $\angle BOC = 180° - 60° = 120°$，

∴ $BC = \sqrt{3}OB = \sqrt{3}r$．

∵ $\angle ACD + \angle DCB = \angle DCB + \angle CBD = 60°$，

∴ $\angle ACD = \angle CBD$，

∴ $\angle ACD = \angle P$，

∴ △ACD∽△APC，

∴ $\dfrac{AD}{DC} = \dfrac{AC}{CP}$．

∵ AC 为定长，点P在⊙O上运动，

∴ 当CP为直径时，$\dfrac{AC}{CP}$最小（图4.167），

∴ $\dfrac{AC}{CP}\bigg|_{\min} = \dfrac{\sqrt{3}r}{2r} = \dfrac{\sqrt{3}}{2}$，即$\dfrac{AD}{DC}$的最小值为$\dfrac{\sqrt{3}}{2}$．

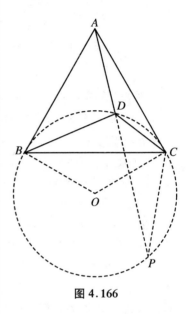

图 4.166

思路点拨

由$\dfrac{AD}{DC}$可联想到相似问题．但是本题的图形没有明显的相似形，故需要构造辅助线．根据"定弦(BC)定角($\angle BDC$)出隐圆"，可知点D在圆上运动，且BC弦所对的圆心角为120°，故先作出圆心O，画出圆．本题有一个类似于异侧型"一线三等角"相似的角度条件，通过导角可得$\angle ACD = \angle CBD$，再根据圆中同弧所对的圆周角相等转换为$\angle ACD = \angle P$，从而发现△ACD∽△APC，

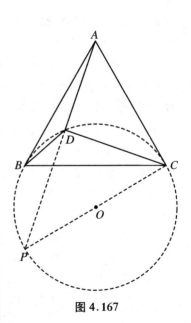

图 4.167

正好与 $\dfrac{AD}{DC}$ 呼应. 问题就转化为求 $\dfrac{AC}{CP}$ 的最小值. AC 为定值, CP 为圆中的弦,故当 CP 为圆的直径时, $\dfrac{AC}{CP}$ 取最小值.

58. 如图 4.168 所示,连接 CE.
∵ $\angle EBC = \angle EOC = 90°$,
∴ E、B、C、O 四点共圆,
∴ $\angle BCE = \angle BOE$.
∵ O 为 AC 的中点, $OE \perp AC$,
∴ $EA = EC$, $S_{\triangle AOE} = S_{\triangle COE}$,
∴ $S_{\triangle AEC} = 2S_{\triangle AOE} = 10 = \dfrac{1}{2} AE \cdot BC$,
∴ $AE = \dfrac{2S_{\triangle AEC}}{BC} = 5 = CE$,
∴ $BE = \sqrt{CE^2 - BC^2} = 3$,
∴ $\sin \angle BOE = \sin \angle BCE = \dfrac{BE}{CE} = \dfrac{3}{5}$.

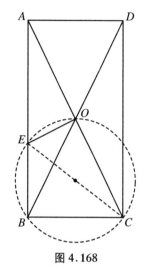

图 4.168

思路点拨

$\angle EOC + \angle EBC = 180°$,由"圆内接四边形对角互补"的逆命题可知 E、B、C、O 四点共圆,圆的出现将 $\angle BOE$ 转化为 $\angle BCE$,而 $\angle BCE$ 在直角三角形中,要求 CE,则只需求出 BE 的长度. 结合题中的面积条件求出 AE,再利用勾股定理即可求得 BE.

59. 如图 4.169 所示,延长 AO 交 $\odot O$ 于点 Q,连接 OB、QC.
∵ $OA = OQ$, $BC // AO$ 且 $BC = AO$,
∴ $BC // OQ$ 且 $BC = OQ$, $OB = OQ$,
∴ 四边形 $OQCB$ 为菱形.
∵ $\angle AOD = 120°$, $OQ = OD$,
∴ $QD = QO$,
∴ O、D、C 三点共圆,点 Q 为圆心, QO 为半径,
∴ 当 C、Q、D 三点共线时 CD 最大,如图 4.170 所示,此时 $\angle OQC = 120°$,
∴ $\angle COQ = \angle A = 30°$.

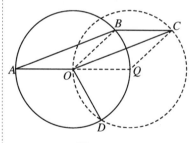

图 4.169

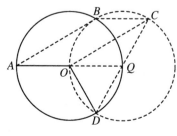

图 4.170

思路点拨

对于动态问题,抓住变化中不变的条件以寻找突破口.此题中点 B 在变化的过程中,平行四边形 $AOCB$ 在变化,但是 OB 不变,$BC = OA$ 不变.如何利用这两个不变的条件呢?需要寻找另一个点,即 AO 与圆的交点 Q,所构造的四边形 $OBCQ$ 也一定是平行四边形(菱形).由于 $QC = OB = QO$ 不变,结合圆的半径处处相等,可知点 C 在 $\odot Q$ 上运动.D 为定点,C 为圆上的动点,问题便转化为定点到圆的距离问题,可知当 D、Q、C 三点共线时 CD 最大,此时 $\angle A$ 的度数易求.

60. 如图 4.171 所示,延长 AP 至点 C,使得 $PC = PB$,取 $\overset{\frown}{AB}$ 的中点 Q,连接 QA、QB、AB.

$\because \angle AOB = 120°$,
$\therefore \angle APB = 120°$,
$\therefore \triangle PBC$ 为等边三角形,
$\therefore \angle C = 60°$.
$\because AB$ 为定长,$\angle C$ 为定角,
$\therefore$ 点 C 的轨迹为圆,弦 AB 所对的圆心角为 $120°$,Q 为点 C 运动的轨迹圆的圆心.
$\because \triangle AQB \cong \triangle AOB$,
$\therefore AQ = AO = 4$.
$\because PA + PB = PA + PC = AC$,
$\therefore$ 当 A、Q、C 三点共线时 AC 最大,即 $\odot O$ 的直径,
$\therefore (PA + PB)_{max} = 2AQ = 8$.

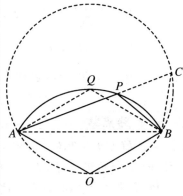

图 4.171

思路点拨

$120°$ 的常规处理方法是利用邻补角 $60°$,而 $60°$ 角一般用于构造直角三角形或者等边三角形,本题需要构造等边三角形将 $PA + PB$ "拉直",以达到类似于"将军饮马"模型的效果.此时 $\angle C = 60°$,根据"定弦(AB)定角($\angle C$)出隐圆"可知点 C 的运动轨迹为圆,$\odot Q$ 中弦 AB 所对的圆心角为 $120°$,故易得 $\odot Q$ 的半径等于 OA.于是问题由求 $PA + PB$ 最值转化为求 AC 最值,而 AC 为 $\odot Q$ 内的弦,可知 AC 为直径时最大,此题得解.

61. 如图 4.172 所示,以点 C 为圆心、AC 为半径作圆,交 DB 于点 G,在 $\odot C$ 上任取一点 P,连接 AP、BP、GC.

$\because \angle ACB = 60°$,

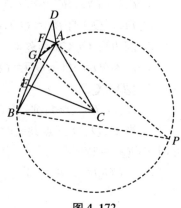

图 4.172

∴ ∠P = 30°.
∵ 四边形 AGBP 为 ⊙C 的内接四边形,
∴ ∠AGB + ∠P = ∠AGB + ∠AGD = 180°,
∴ ∠AGD = ∠P = 30°,
∴ △ADG 为等腰三角形.
又 AF⊥DG,
∴ DF = GF = 2.
又△CBG 为等腰三角形, CE⊥BG,
∴ BE = EG = 3.

思路点拨

解题的方法很多,此处给大家介绍一种利用圆推导角度关系的神奇方法. 本题不是常规的"隐藏圆"题目,因为本题没有符合"隐圆"特征的条件. 通过构造圆得到等腰三角形△ADG, 则 GF = 2, BG = 6. △CBG 为圆内等腰三角形, 根据"三线合一"定理可得 BE = 3.

62. 如图 4.173 所示,取 AB 的中点 H,连接 CH、DH.
∵ AB = √2 AC, H 为 AB 的中点,
∴ $\frac{AH}{AC} = \frac{AC}{AB} = \frac{\sqrt{2}}{2}$.
又∠HAC = ∠BAC,
∴ △ACH∽△ABC,
∴ ∠AHC = ∠ACD.
∵ E 为 Rt△ADC 斜边的中点,
∴ ED = EC,
∴ ∠CHF = ∠CDF,
∴ H、D、C、F 四点共圆,
∴ ∠HDB + ∠HDC = ∠HDC + ∠HFC = 180°,
∴ ∠HDB = ∠HFC.
又 H 为 Rt△ABD 斜边的中点,
∴ HB = HD,
∴ ∠B = ∠HDB = ∠BFC,
∴ BC = CF.

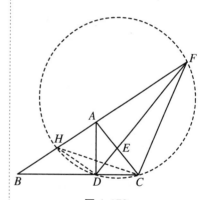

图 4.173

思路点拨

要证明 BC = CF, 即证 ∠B = ∠BFC. 题中 AB = √2 AC 和 E 为 AC 的中点这两个条件比较隐晦. 根据 AB = √2 AC 这个条件, 一般有两种构造方式: 一种是构造

等腰直角三角形;一种是取一边的中点,构造母子型相似,例如本题的 $\triangle ACH \backsim \triangle ABC$. 由相似关系得到角相等,结合 E 为斜边的中点,推导出 $\angle CHF = \angle CDF$. 然后由"圆中弦所对的圆周角相等"的逆定理可得 H、D、C、F 四点共圆,进而可用圆来进行导角.根据圆内接四边形对角互补和邻补角互补,得到 $\angle HDB = \angle HFC$. 又 H 为 Rt$\triangle ABD$ 斜边 AB 的中点,由等腰三角形得 $\angle B = \angle BFC$,从而此题得证.

63. (1) 如图 4.174 所示,过点 O 作 $OH \perp OP$ 交 BP 于点 H.

∵ $\angle AOB = \angle APB = 90°$,

∴ 点 O、P 在以 AB 为直径的圆上,

∴ $\angle OPB = \angle OAB = 45°$,

∴ $\triangle OPH$ 为等腰直角三角形.

∵ $\angle POA + \angle AOH = \angle AOH + \angle HOB = 90°$,

∴ $\angle POA = \angle HOB$.

∵ $OP = OH$,$\angle POA = \angle HOB$,$OA = OB$,

∴ $\triangle OPA \cong \triangle OHB$(SAS),

∴ $BH = PA$,

∴ $PB - PA = PB - BH = HP = \sqrt{2}OP = 2$.

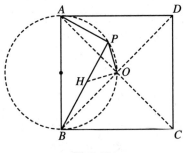

图 4.174

(2) 如图 4.175 所示,连接 OP、OE、OH.

∵ $\angle CHD = \angle COD = 90°$,

∴ 点 O、H 在以 CD 为直径的圆上,

∴ $\angle OHC = \angle ODC = 45°$.

又由(1)可得 $\angle OPB = 45°$,

∴ $\angle OPE = \angle BPE - \angle OPB = 45°$.

∵ $\angle OPE = \angle OHE$,

∴ O、E、H、P 四点共圆.

∵ $\angle PHE = 90°$,

∴ PE 为圆的直径,

∴ $\angle POE = 90°$,

∴ $\triangle POE$ 为等腰直角三角形.

∵ $\angle POD + \angle DOE = \angle DOE + \angle EOC = 90°$,

∴ $\angle POD = \angle EOC$.

∵ $OP = OE$,$\angle POD = \angle EOC$,$OD = OC$,

∴ $\triangle OPD \cong \triangle OEC$(SAS),

∴ $PD = CE$.

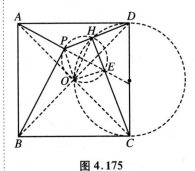

图 4.175

思路点拨

（1）隐藏条件 $\angle APB = \angle AOB = 90°$，根据"定弦（AB）定角（$\angle APB$）出隐圆"，可知点 P 的运动轨迹为以 AB 为直径的圆．利用圆周角定理发现 $\angle OPB = 45°$．由特殊角 $45°$ 可联想到构造等腰直角三角形．结合等腰 $Rt\triangle OAB$ 和 $PB-PA$，构造手拉手全等模型，过点 O 作 $OH \perp OP$，构造等腰直角三角形．

（2）$\angle CHD = 90°$，根据"定弦（CD）定角（$\angle CHD$）出隐圆"，可知 C、O、H、D 四点共圆，从而得到 $\angle OHC = \angle ODC = 45°$．由（1）可知 $\angle OPE = 45°$，则 $\angle OPE = \angle OHE$．根据"圆中同弧所对的圆周角相等"的逆命题，可知 O、E、H、P 四点共圆，易得 $\triangle OPE$ 为等腰直角三角形，从而出现手拉手全等 $\triangle OPD \cong \triangle OEC$，故 $PD = CE$．

64. 如图 4.176，连接 CE，过点 C 作 $CH \perp DE$ 于点 H．
∵ $\angle CDE = \angle ADC + \angle ADE = 120°$，$\angle CAE = 60°$，
∴ $\angle CAE + \angle CDE = 180°$，
∴ A、C、D、E 四点共圆，
∴ $\angle AEC = \angle ADC = 90°$，
∴ $CE = \dfrac{BE}{\sqrt{3}} = 3\sqrt{7}$．
∵ $\angle CDH = 90° - \angle ADE = 60°$，
∴ $DH = \dfrac{CD}{2} = 3$，$CH = \sqrt{3}DH = 3\sqrt{3}$，
∴ $EH = \sqrt{CE^2 - CH^2} = 6$，
∴ $DE = EH - DH = 3$．

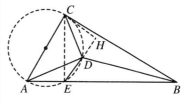

图 4.176

思路点拨

$\angle ADE = 30°$，结合旁边的 $\angle ADC = 90°$，得到 $\angle CDE = 120°$，又有 $\angle CAE = 60°$，则 $\angle CAE + \angle CDE = 180°$．由"圆内接四边形对角互补"的逆命题可得 A、C、D、E 四点共圆，则 $CE \perp AB$，结合 $30°$ 特殊角可解三角形得 AE、CE 的长度．在 $\triangle CDE$ 中，CE、CD 的长度和 $\angle CDE$ 的角度均知道，结合 $120°$ 角的邻补角 $60°$ 构造直角三角形，通过解三角形得 DH、CH，利用勾股定理求得 EH，从而解得 DE．

65. 如图 4.177 所示,在 AC 上取点 O,使得 $OB = OC$,以点 O 为圆心、OB 为半径作 $\odot O$,过点 P 作 $PH \parallel AC$ 交 BC 的延长线于点 H.

$\because AB = 1, BC = 2, AC \perp AB$,

$\therefore \angle ACB = 30°$.

又 $OB = OC$,

$\therefore \angle BOC = 120°$,

$\therefore OB = OC = \dfrac{BC}{\sqrt{3}} = \dfrac{2\sqrt{3}}{3}$.

$\because \angle BPC = \dfrac{1}{2}\angle BOC$,

$\therefore$ 点 P 在 $\odot O$ 上.

$\because PH \parallel AC$,

$\therefore \dfrac{PE}{BE} = \dfrac{CH}{BC}$.

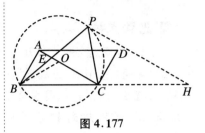

图 4.177

要使 $\dfrac{PE}{BE}$ 最大,只需使 CH 最大.

$\therefore$ 当 PH 与 $\odot O$ 相切时(图 4.178),CH 最大,

$\therefore CH_{\max} = 2OP = \dfrac{4\sqrt{3}}{3}$,

$\therefore \dfrac{PE}{BE} = \dfrac{CH}{BC} = \dfrac{2\sqrt{3}}{3}$.

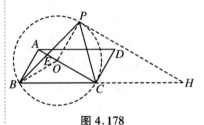

图 4.178

思路点拨

P 为动点,但 $\angle P = 60°$ 固定,根据"定弦(BC)定角($\angle P$)出隐圆"可知点 P 的运动轨迹为圆. 根据圆心角等于圆周角的两倍,确定圆心 O 的位置,结合其他条件可知点 O 在 AC 上. 由 $\dfrac{PE}{BE}$ 想到相似比,但是找不到相关的相似三角形,故需要添加辅助线,过点 P 构造 $PH \parallel AC$. 由平行线分线段成比例定理可知 $\dfrac{PE}{BE} = \dfrac{CH}{BC}$,而 BC 为定值,只需求 CH 的最大值. 又点 P 在 $\odot O$ 上运动时 PH 始终平行于 AC,所以 PH 与 $\odot O$ 相切时 CH 最大.

66. 如图 4.179 所示,连接 AE,过点 A 作 $AM \perp DE$ 于点 M.

$\because \angle CAD = \angle CED = 90°$,

$\therefore A、C、E、D$ 四点共圆,

$\therefore \angle AED = \angle ACD = \angle ACB$.

$\because \angle ADE + \angle ACE = \angle ACE + \angle ACB = 180°$,

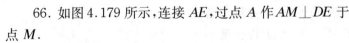

图 4.179

∴ ∠ACB = ∠ADE，
∴ ∠AED = ∠ADE，
∴ △ADE 是等腰三角形，
∴ ME = MD = AB = 4，
∴ DE = 8.

思路点拨

∠CAD + ∠CED = 180°，根据"圆内接四边形对角互补"的逆命题可得 A、C、E、D 四点共圆，巧用圆推出角度关系 ∠AED = ∠ADE，从而利用等腰三角形和矩形的性质求解.

67. 如图 4.180 所示，延长 AC 至点 F，使得 CA = CF，连接 BF、DF.

∵ A、B、F、D 四点共圆，

∴ ∠AFD = ∠ABD，∠AFB = ∠ADB.

∵ ∠ABF = ∠ADF = 90°，

∴ $\tan \angle ABD \cdot \tan \angle ADB = \frac{AD}{DF} \cdot \frac{AB}{BF} = \frac{AD \cdot AB}{DF \cdot BF}$.

∵ $S_{\triangle ABD} = \frac{1}{2} AB \cdot AD \cdot \sin \angle BAD$，$S_{\triangle BFD} = \frac{1}{2} FB \cdot FD \cdot \sin \angle BFD$，

又 ∠BAD + ∠BFD = 180°，

∴ $\sin \angle BFD = \sin \angle BAD$，

∴ $\frac{S_{\triangle ABD}}{S_{\triangle BFD}} = \frac{\frac{1}{2} AB \cdot AD \cdot \sin \angle BAD}{\frac{1}{2} FB \cdot FD \cdot \sin \angle BFD} = \frac{AB \cdot AD}{FB \cdot FD}$，

∴ $\tan \angle ABD \cdot \tan \angle ADB = \frac{S_{\triangle ABD}}{S_{\triangle BFD}} = \frac{AE}{EF} = \frac{1}{3}$.

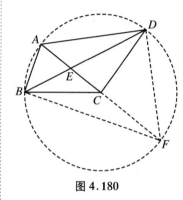

图 4.180

思路点拨

CA = CB = CD，根据"圆内半径处处相等"的逆命题可得 B、A、D 均在⊙C 上，故构造圆. 从问题入手可知，三角函数的使用需要结合直角三角形，而圆的直径可以引出直角三角形，故延长 AC 交圆于点 F. 这样可将 ∠ABD、∠ADB 分别转化为 ∠AFD、∠AFB，结合正切值为直角边之比，将问题转化为求 $\frac{AD \cdot AB}{DF \cdot BF}$. 由于 ∠BAD 与 ∠BFD 互补，互补的两个角的正弦值相等，结合面积法，将 $\frac{AD \cdot AB}{DF \cdot BF}$ 转化为 $\frac{S_{\triangle ABD}}{S_{\triangle BFD}}$，进而转化为 $\frac{AE}{EF}$.

68. 如图 4.181 所示,过 A、B、C 三点作圆,圆心为 O,过点 O 作 $OH \perp BC$ 于点 H,过点 A 作 $AM \perp BC$ 于点 M,过点 O 作 $ON \perp AM$ 于点 N,连接 OB. 设 $AN = x$.

$\because BH = CH = \dfrac{5}{2}, DH = \dfrac{3}{2}, \angle BOH = \angle BAC$,

$\therefore \tan \angle BOH = \dfrac{BH}{OH} = 3$,

$\therefore OH = MN = \dfrac{5}{6}$,

$\therefore OA = OB = \sqrt{OH^2 + BH^2} = \dfrac{5\sqrt{10}}{6}$.

$\because DM = AM = x + \dfrac{5}{6}$,

$\therefore ON = HM = DM - DH = x - \dfrac{2}{3}$.

$\because AN^2 + ON^2 = OA^2$,

$\therefore x^2 + \left(x - \dfrac{2}{3}\right)^2 = \left(\dfrac{5\sqrt{10}}{6}\right)^2$,解得 $x = \dfrac{13}{6}$,

$\therefore AM = 3$,

$\therefore AD = 3\sqrt{2}$.

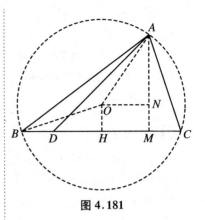

图 4.181

思路点拨

看到条件"$\tan \angle BAC = 3$"时第一反应是如何将条件放到直角三角形中使用. 尝试过点 C 作垂线,发现无效,故此题需要使用特殊的构造方式. 可在 BC 上取点 P,使得 $\angle APB = \angle BAC$,构造母子型相似 $\triangle BAC \backsim \triangle BPA$;过点 A 作 $AQ \perp BC$ 于点 Q,设 $PQ = x$,则 $AQ = 3x$;由相似关系可得 $BA^2 = BP \cdot BC$,又 $BA^2 = AQ^2 + BQ^2$,所以有 $(3x)^2 + (3x+1)^2 = 5(4x+1)$,解得 $x = 1$,从而可得 $AD = 3\sqrt{2}$. 这种构造相似形的方法很精彩. 此处介绍一下巧用圆来解题的方法. 构造 $\triangle ABC$ 的外接圆,根据圆心角是圆周角的两倍,结合垂径定理,将不好使用的 $\angle BAC$ 转化到 Rt$\triangle OBH$ 中. BH 为 BC 的一半,故可以快速求出 OH 的长度. 结合等腰 Rt$\triangle ADM$,设 AN,利用勾股定理求出 AM 的长度,于是此题得解.

69. 如图 4.182 所示,过点 C 作 $CH \parallel AB$ 交 AP 的延长线于点 H,连接 BH.

$\because \angle 5 = \angle 1 = \angle 3$,

$\therefore B$、P、C、H 四点共圆,

$\therefore \angle HBC = \angle HPC = \angle 2 + \angle 4 = \angle BAC$.

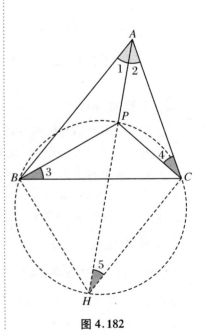

图 4.182

又 $CH \parallel AB$,

∴ $\angle ABC = \angle HCB$,

∴ $\triangle BCH \sim \triangle ABC$,

∴ $\dfrac{BC}{AB} = \dfrac{CH}{BC}$, 得 $BC^2 = AB \cdot CH$.

∵ $\angle 2 = \angle 5$,

∴ $CH = CA$,

∴ $BC^2 = AB \cdot AC = 24$, 得 $BC = 2\sqrt{6}$.

题中点 P 称为布洛卡点,本题的解题过程涉及初中范围内关于布洛卡点的结论 $BC^2 = AB \cdot AC$ 的证明,利用圆来进行导角,从而得到相似关系.

70. 如图 4.183 所示,取 BC 的中点 O,以 OC 为斜边向上构造等腰 Rt$\triangle OEC$,连接 OA、BE、DE,过点 E 作 $EH \perp BC$ 于点 H.

∵ $\triangle DAC$ 为等腰直角三角形,

∴ $\angle BAC = 90°$,

∴ 点 A 在以 BC 为直径的圆上,

∴ $OA = \dfrac{1}{2}BC = 4$.

∵ $\angle OCE = \angle ACD = 45°$,

∴ $\angle ACO = \angle DCE$.

又 $\dfrac{AC}{CD} = \dfrac{OC}{CE} = \sqrt{2}$,

∴ $\triangle AOC \sim \triangle DEC$,

∴ $\dfrac{OA}{DE} = \sqrt{2}$, 得 $DE = 2\sqrt{2}$.

∵ $EH = OH = CH = 2$,

∴ $BH = 6$,

∴ $BE = \sqrt{BH^2 + EH^2} = 2\sqrt{10}$.

∵ E 为定点,BE、DE 为定长,

∴ 当 B、E、D 三点共线时有 $BD_{\max} = BE + DE = 2\sqrt{10} + 2\sqrt{2}$.

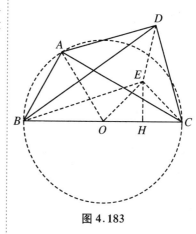

图 4.183

由 $\angle BAD = 135°$ 和 $\angle CAD = 45°$ 可得 $\angle BAC$ 恒等于 $90°$,故根据"定弦(BC)定角($\angle BAC$)出隐圆"可知点 A 在以 BC 为直径的圆上运动.在点 A 运动的过程中,点 D

会发生变化,故 BD 也会发生变化.以 OC 为斜边向上构造等腰 $\text{Rt}\triangle OEC$,与 $\triangle ACD$ 共顶点 C,可形成手拉手相似 $\triangle AOC \backsim \triangle DEC$,且相似比易求,故可求出 $DE = 2\sqrt{2}$.由于 DE 为定值,而 E、B 为定点,BE、DE 为定值,故当 B、E、D 三点共线时 BD 取最值.

71. 如图 4.184 所示,连接 CD.
∵ D 为 AB 的中点,$\triangle ABC$ 为等边三角形,
∴ $\angle DCE = 30° = \dfrac{1}{2}\angle DFE$.
又 $FE = FD$,
∴ C、E、D 三点在 $\odot F$ 上,
∴ $CF = FE = DE = 12$.

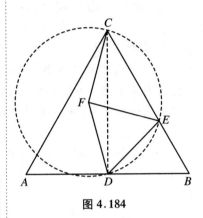

图 4.184

思路点拨

此题出现两个等边三角形,可以构造手拉手全等,在 BC 上取一点 H,使得 $BH = BD$,构造等边 $\triangle BDH$,连接 FH,出现手拉手全等 $\triangle DFH \cong \triangle DEB$,则 $\angle FHD = \angle B = 60°$,从而 $\angle CHF = 60°$.又因 D、H 为中点,故可再证 $\triangle FHC \cong \triangle EBD$,则 $CF = DE$.此处介绍的是如何巧用圆来解题.因为 $\triangle ABC$ 为等边三角形,D 为中点,所以 $\angle DCE$ 为 $\angle DFE$ 的一半,对应"圆中同弧所对的圆心角是圆周角的两倍",同时 $FE = FD$,故 C、E、D 三点共圆,点 F 为圆心,从而直接可得 $CF = DE$.

72. 如图 4.185 所示,连接 CO,过点 C 作 $CM \perp OA$ 于点 M,过点 C 作 $CN \perp OB$ 交 OB 的延长线于点 N.
∵ $\angle AOD = \dfrac{1}{2}\angle ACD$,
∴ O、A、D 三点在 $\odot C$ 上,
∴ $CO = CA$,
∴ $AM = OM = 2$.
∵ 四边形 $MONC$ 为矩形,
∴ $CN = OM = 2$.
∵ $\angle ABO + \angle CBN = \angle CBN + \angle BCN = 90°$,
∴ $\angle ABO = \angle BCN$.
又 $\angle AOB = \angle N$,$AB = BC$,
∴ $\triangle ABO \cong \triangle BCN$(AAS),
∴ $OB = CN = 2$.

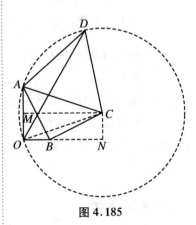

图 4.185

思路点拨

由等腰 Rt△ABC 易想到 K 字形全等 △ABO ≌ △BCN，然而求解 OB 依然没有头绪，我们发现 ∠AOD = 30° 这个条件没办法使用. 本题属于八年级题目. 延长 OB，以 OD 为边构造等边三角形，利用手拉手全等将 OA 转化到右边与 CN 建立联系. 此处把注意力集中在 30° 角与等边三角形上，发现角度存在两倍关系，对应"圆中同弧所对的圆心角是圆周角的两倍"，同时 CA = CD，故 O、A、D 三点共圆，点 C 为圆心. 从而挖掘出隐藏的等腰 △CAO，利用等腰三角形和矩形的性质可求出 CN 的长度.

73. 如图 4.186 所示，连接 BI、BD，连接 DO 并延长交 ⊙O 于点 E，连接 BE，过点 I 作 IH⊥AC 于点 H.

∵ ∠ABI = ∠CBI，∠BAD = ∠CAD = ∠CBD，
∴ ∠DBI = ∠DBC + ∠CBI = ∠ABI + ∠BAI = ∠BID，
∴ DB = DI.
∵ ∠BED = ∠BAD = ∠DAC，∠EBD = ∠AHI = 90°，
∴ △EBD ∽ △AHI，
∴ $\dfrac{ED}{ID} = \dfrac{AI}{IH}$，
∴ AI · ID = ED · IH = 20.

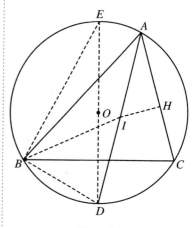

图 4.186

思路点拨

此题的关键在于构造直径，从而出现两个直角三角形相似，这样可以将内切圆的半径和外接圆的半径联系起来.

74. 如图 4.187 所示，连接 DA、DB. 设 ⊙O 的半径为 r.

∵ ∠DAB = ∠DCB = ∠ACD = 45°，∠CAE = ∠BAE，∠DAE = ∠DAB + ∠BAE，∠AED = ∠ACD + ∠CAE，
∴ ∠DAE = ∠DEA，
∴ DA = DE.
∵ △ABD 为等腰直角三角形，
∴ DE = DA = $\dfrac{AB}{\sqrt{2}} = \sqrt{2}r$，为定长，
∴ 点 E 的运动轨迹为以点 D 为圆心、$\sqrt{2}r$ 为半径的 ⊙D.
∵ 点 C 从点 M 到点 N 运动轨迹所对的圆心角为

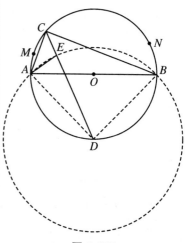

图 4.187

∠MON，此时点 E 运动轨迹所对的圆心角为 $\angle MDN$，
又 $\angle MON = 2\angle MDN$，

$$\therefore \frac{l_C}{l_E} = \frac{\frac{\angle MON}{360°} \cdot 2\pi r}{\frac{\angle MDN}{360°} \cdot 2\pi \sqrt{2} r} = \sqrt{2}.$$

思路点拨

点 O 为 $\triangle ABC$ 的外心，点 E 为 $\triangle ABC$ 的内心，故存在一个结论 $DA = DE$，进而可知 DE 是定长，从而由圆的定义（到圆心为定长的所有点的组合为圆）可得点 E 的运动轨迹为圆．要计算轨迹长度之比，需弄清运动轨迹所对的圆心角之比和两个圆的半径之比．

75. 如图 4.188 所示，连接 AE、BE．设 $AD = a$，$BD = b$，$\odot O$ 的半径为 R．

由切线长定理可知 $AC = a + 4$，$BC = b + 4$.

由射影定理可知 $DE^2 = ab = 128$.

$\therefore S_{\triangle ABC} = \dfrac{AC \cdot BC}{2} = ab = 128$，

$\therefore \dfrac{(a+4)(b+4)}{2} = ab = 128$，解得 $a + b = 28$，

$\therefore R = \dfrac{a+b}{2} = 14$.

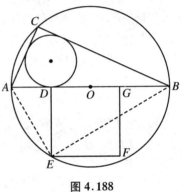

图 4.188

思路点拨

AB 为 $\mathrm{Rt}\triangle ABC$ 外接圆的直径，则 $\angle AEB = 90°$，结合 $ED \perp AB$ 可得 $\triangle ADE \backsim \triangle EDB$，进而由射影定理可得 $DE^2 = ab = 128$．因为 $\triangle ABC$ 为直角三角形，所以可以利用切线长定理得 AC、BC 的长度．此处需要用到一个拓展结论，在"思路点拨"中给出了证明．

拓展 如图 4.189 所示，若 $\odot O$ 为 $\mathrm{Rt}\triangle ABC$ 的内切圆，切点分别为 D、E、F，则 $S_{\triangle ABC} = AD \cdot BD$（注意，对于非直角三角形不成立）.

证明 设 $AD = a$，$BD = b$，$\odot O$ 的半径为 r．

由切线长定理可知 $AC = a + r$，$BC = b + r$，$AB = a + b$.

$\therefore AC^2 + BC^2 = AB^2$，

$\therefore (a+r)^2 + (b+r)^2 = (a+b)^2$，整理得 $ab = r^2 + (a+b)r$，

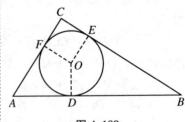

图 4.189

$$\therefore S_{\triangle ABC} = \frac{AC \cdot BC}{2} = \frac{(a+r)(b+r)}{2} =$$
$$\frac{ab+(a+b)r+r^2}{2} = \frac{ab+ab}{2} = ab.$$

76. 如图 4.190 所示,过点 A 作 $AH \perp CD$ 于点 H.
$\because AB = AC$,
$\therefore \angle ABC = \angle ACB$.
又 $\angle ACB = \angle ADB$, $\angle ABC + \angle ADC = \angle ADC + \angle ADH = 180°$,
$\therefore \angle ADE = \angle ADH$,
$\therefore AE = AH$,
$\therefore Rt\triangle ADE \cong Rt\triangle ADH(HL)$,
$\therefore DH = DE = 1, AH = AE = 3$.
$\because \angle ABD = \angle DBC = \angle ACD = \angle DAC$,
$\therefore AD = CD = \sqrt{AE^2 + DE^2} = \sqrt{10}$,
$\therefore S_{\triangle ACD} = \frac{CD \cdot AH}{2} = \frac{3\sqrt{10}}{2}$.

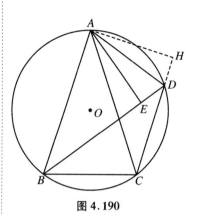

图 4.190

思路点拨

此类型的题其实很多,当等腰三角形内接于圆时,常常隐藏着一条角平分线,例如本题中 AD 平分 $\angle BDH$.此角平分线的证明,需要利用圆内的导角技巧.由 $\angle ABC = \angle ACB$,结合圆内接四边形对角互补和邻补角互补,很容易证明.利用角平分线的性质得到 $AE = AH$,从而利用 HL 证明两个直角三角形全等,求出线段的长度,然后代入三角形面积表达式.

77. 如图 4.191 所示,过点 E 作 $EF \perp AC$ 于点 F,点 P 为 $\triangle CDE$ 的外心,连接 CP 并延长交 $\odot P$ 于点 Q,连接 EQ. 设 $\triangle ABC$ 内接圆的半径为 r.
$\because \angle CAD = \angle CBD = \angle BCD$, $\angle DCE = \angle CED$,
又 $\angle DCE = \angle ECB + \angle BCD$, $\angle CED = \angle CAD + \angle ACE$,
$\therefore \angle ACE = \angle ECB$,
$\therefore CE$ 平分 $\angle ACB$, $\angle ACE = 45°$.
又 AD 平分 $\angle CAB$,
$\therefore$ 点 E 为 $\triangle ABC$ 的内心,
$\therefore r = EF = \frac{AC + BC - AB}{2} = \frac{2 + 4 - 2\sqrt{5}}{2} = 3 - \sqrt{5}$,

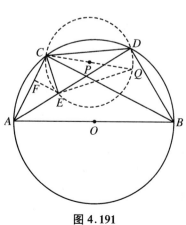

图 4.191

∴ $CE = \sqrt{2}r = 3\sqrt{2} - \sqrt{10}$.

∵ $AB = \sqrt{AC^2 + BC^2} = 2\sqrt{5}$,

∴ $\sin\angle ABC = \dfrac{AC}{AB} = \dfrac{\sqrt{5}}{5}$.

∵ $\angle CQE = \angle CDA = \angle ABC$,

∴ $\sin\angle CQE = \dfrac{CE}{CQ} = \dfrac{\sqrt{5}}{5}$,

∴ $CQ = 3\sqrt{10} - 5\sqrt{2}$,即 △CDE 外接圆的直径为 $3\sqrt{10} - 5\sqrt{2}$.

思路点拨

由 $DC = DE$ 得 $\angle DCE = \angle CED$,由 $DC = DB$ 得 $\angle BCD = \angle CBD$,结合外角的性质得到 CE 平分 $\angle ACB$,从而可知点 E 为 △ABC 的内心.利用直角三角形内接圆的半径公式 $r = \dfrac{a+b-c}{2}$(其中 a、b 为直角边,c 为斜边),直接求解半径,从而求出 CE.接着求 △CDE 外接圆的直径.已知 CE 的长度和 $\angle CQE$ 的正弦值,解直角三角形即可得 CQ.

78. 如图 4.192 所示,连接 FD、FE.

∵ 由弦切角定理可知 $\angle MDF = \angle HEF$,$\angle FEN = \angle FDH$,

∴ △FMD∽△FHE,△FNE∽△FHD,

∴ $\dfrac{FM}{FH} = \dfrac{FD}{FE}$,$\dfrac{FN}{FH} = \dfrac{FE}{FD}$,

∴ $\dfrac{FM}{FH} = \dfrac{FH}{FN}$,

∴ $FM \cdot FN = FH^2 = 16$.

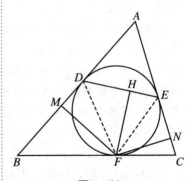

图 4.192

思路点拨

由 $FM \cdot FN$ 可想到相似知识,而图 3.78 中无明显的相似形,且题目只给了 FH 的长度,故需要添加辅助线.若了解弦切角,则可以轻松地得到相似关系.(很多地区中考不考查弦切角了,所以不能直接使用弦切角定理,不过该定理的证明很简单.)得到两组相似形后,以两组相似比中均存在的线段比 $\dfrac{FD}{FE}$ 作为桥梁得到一组新的等式,即可求得.

拓展 弦切角定理:弦切角的度数等于它所夹的弧所对的圆心角度数的一半,等于它所夹的弧所对的圆周角度数.

如图4.193所示,AB 为 $\odot O$ 的切线,AC 为圆的任意一条弦,则 $\angle CAB = \angle D$($\angle CAB$ 为弦 AC 与切线 AB 的夹角,称为弦切角;$\angle D$ 为弦所对的圆周角).

证明 延长 AO 交 $\odot O$ 于点 E,连接 CE.

∵ $\angle EAC + \angle CAB = \angle EAC + \angle E = 90°$,

∴ $\angle CAB = \angle E = \angle D$.

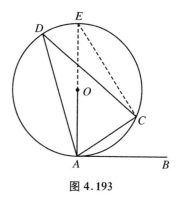

图 4.193

79.(1)如图4.194所示,连接 OD. 设 $DF = 2x$,$\odot O$ 的半径为 r.

∵ $OA \parallel DF$,

∴ $\angle C = \angle B$.

又 $\angle C = \angle A = \angle B = \angle ADC$,

∴ $OF \perp CD$.

∵ $\triangle OAE \sim \triangle FDE$,

∴ $\dfrac{OE}{EF} = \dfrac{OA}{DF} = \dfrac{3}{2}$,

∴ $OA = OD = 3x$.

∵ $OF^2 + FD^2 = OD^2$,即 $5^2 + (2x)^2 = (3x)^2$,解得 $x = \sqrt{5}$,

∴ $r = 3x = 3\sqrt{5}$.

(2)① ∵ $\angle A = \angle C$,$\angle B = \angle D$,

∴ $\triangle AEB \sim \triangle CED$,

∴ $\dfrac{AB}{CD} = \dfrac{BE}{DE}$.

∵ O 为 AB 的中点,G 为 CD 的中点,

∴ $\dfrac{OB}{GD} = \dfrac{AB}{CD} = \dfrac{BE}{DE}$,

∴ $\triangle OEB \sim \triangle GED$,

∴ $\angle BEO = \angle DEG$.

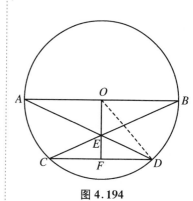

图 4.194

② 如图4.195所示,过点 F 作 $MN \parallel AB$ 交 BC 延长线于点 M、交 AD 于点 N,延长 OF 交 $\odot O$ 于 P、Q 两点,连接 CP、DQ. 设 $OA = r$.

∵ $MN \parallel AB$,

∴ $\triangle AOE \sim \triangle NFE$,$\triangle BOE \sim \triangle MFE$,$\angle M = \angle B$,

∴ $\dfrac{OA}{FN} = \dfrac{OE}{EF} = \dfrac{4}{3}$,$\dfrac{OB}{MF} = \dfrac{OE}{EF} = \dfrac{4}{3}$,

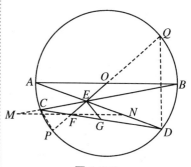

图 4.195

$\therefore FN = \frac{3}{4}OA = \frac{3}{4}r, FM = \frac{3}{4}OB = \frac{3}{4}r.$

$\because \angle M = \angle B = \angle FDN,$

$\therefore \triangle MFC \backsim \triangle DFN,$

$\therefore CF \cdot DF = FN \cdot MF = \frac{9}{16}r^2.$

又 $\triangle CFP \backsim \triangle QFD,$

$\therefore PF \cdot FQ = CF \cdot DF,$ 即 $(r-7)(r+7) = \frac{9}{16}r^2,$ 解得 $r = 4\sqrt{7}.$

(3) 如图 4.196 所示,延长 OF 交 $\odot O$ 于点 P、Q,连接 CP、BQ,过点 D 作 $DH \perp BC$ 于点 H. 设 $AC = a, BD = b.$

$\because \angle AEC = \angle BED = 30°, \angle ACB = \angle ADB = 90°,$

$\therefore CE = \sqrt{3}a, AE = 2a, DE = \sqrt{3}b, BE = 2b.$

$\because$ 由(2)中②得 $r = 4\sqrt{7},$

$\therefore EP = OP - OE = 4\sqrt{7} - 4, EQ = OQ + OE = 4\sqrt{7} + 4.$

$\because \triangle ECP \backsim \triangle EQB,$

$\therefore EC \cdot BE = EQ \cdot EP,$

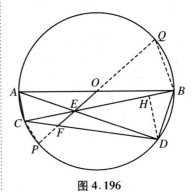

图 4.196

$\therefore 2\sqrt{3}ab = (4\sqrt{7}-4)(4\sqrt{7}+4) = 96,$ 得 $ab = 16\sqrt{3}.$

又 $AC^2 + BC^2 = AB^2,$

$\therefore a^2 + (\sqrt{3}a + 2b)^2 = (8\sqrt{7})^2,$ 整理得 $4(a^2+b^2) + 4\sqrt{3}ab = 448,$ 解得 $a^2 + b^2 = 64,$

$S_{四 ACDB} = S_{\triangle ABC} + S_{\triangle BCD} = \frac{AC \cdot BC}{2} + \frac{BC \cdot DH}{2} = \frac{\sqrt{3}a^2 + 2ab}{2} + \frac{\sqrt{3}b^2 + \frac{3ab}{2}}{2} = \frac{\sqrt{3}}{2}(a^2+b^2) + \frac{7}{4}ab = 60\sqrt{3}.$

思路点拨

(1) 由平行线很容易想到 8 字形相似,结合 OE、EF 的长度已知,即相似比已知,利用相似比设未知数,从而表示出线段的长度,最后利用勾股定理求解.

(2) ① 在圆中容易利用相似 $\triangle AEB \backsim \triangle CED$(相交弦定理由此而来),结合同弧的圆周角相等,很容易证得 $\triangle OEB \backsim \triangle GED$,从而得到此题结论. ② 此问难度非常大,给出 OE、EF 的长度,与(1)问非常类似,但是此时 AB 与 CD 不再平行,如何处理呢?既然不平行,那就构造平行关系. 然后类比(1)问,由 OE、EF 的长度提供相似比,先用 r 表示出 FM、FN 的长度,此处隐藏的

△MFC∽△DFN 是解题的关键,相似的证明不难,但是很难想到要以此作为关联半径的桥梁,由此得到 $CF \cdot DF = \frac{9}{16}r^2$,再结合相交弦定理得到 $PF \cdot FQ = CF \cdot DF$,从而解方程可得半径.

(3)在(2)②的基础上继续延伸,引入特殊角度,根据三角函数巧设未知数,利用相交弦定理和勾股定理求出 ab、$a^2 + b^2$,最后在求解面积时将其整体代入即可.

80. 如图 4.197 所示,连接 BD、BC,过点 B 作 $BH \perp DE$ 于点 H,过点 C 作 $CF \perp CD$ 交 BD 于点 F.

∵ C 为弧 $\overset{\frown}{AB}$ 的中点,
∴ $CA = CB$,$\angle CAB = \angle BDE = 45°$,
∴ $CD = CF$,$HD = HB$.
∵ $\angle DCF = \angle ACB$,
∴ $\angle DCA = \angle FCB$,
∴ $\triangle ACD \cong \triangle BCF$(SAS),
∴ $BF = AD = 6$,
∴ $DF = BD - BF = 2$,
∴ $CD = CF = \sqrt{2}$.
∵ $DH = HB = \frac{BD}{\sqrt{2}} = 4\sqrt{2}$,$CA = CB = CE = \frac{AB}{\sqrt{2}} = 5\sqrt{2}$,
∴ $EH = DC + CE - DH = 2\sqrt{2}$,
∴ $BE = \sqrt{HE^2 + BH^2} = 2\sqrt{10}$.

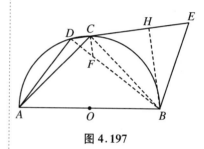

图 4.197

思路点拨

根据 C 为 $\overset{\frown}{AB}$ 的中点,易知 $\triangle ABC$ 为等腰直角三角形,从而推出 $\angle BDE$ 为 $45°$,结合 $\triangle CDF$ 为等腰直角三角形,构造手拉手全等关系,求得 CD 的长度,再结合 $CE = AC$,利用勾股定理进行计算即可.

81. 如图 4.198 所示,连接 BF,过点 B 作 $BH \perp AF$ 于点 H,$BM \perp AC$ 于点 M.设 $HF = 1$,$OH = x$.

∵ $\angle BEC + \angle AEB = \angle AEB + \angle F = 180°$,
∴ $\angle F = \angle BEC$,
∴ $\tan \angle F = \frac{BH}{HF} = \sqrt{2}$,得 $BH = \sqrt{2}$.
∵ $OB = OF = x + 1$,$OH^2 + BH^2 = OB^2$,
∴ $x^2 + (\sqrt{2})^2 = (x + 1)^2$,解得 $x = \frac{1}{2}$.

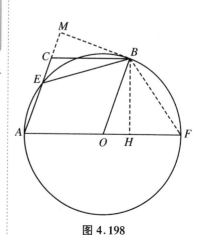

图 4.198

∵ 四边形 ABCD 是菱形,
∴ BM = BH(高相等),
∴ Rt△BMC≌Rt△BHO(HL),
∴ MC = OH = $\frac{1}{2}$.
∵ ∠M = ∠BHC, ∠BEM = ∠F, BM = BH,
∴ △BME≌△BHF(AAS),
∴ ME = HF = 1,
∴ CE = ME - MC = $\frac{1}{2}$, AE = AC - CE = 1,
∴ $\frac{CE}{AE} = \frac{1}{2}$.

思路点拨

首先根据圆内接四边形对角互补和邻补角互补,得到∠F 的正切值. 由于本题未给出边长的数据,为了表述方便, 设 HF = 1, 结合△OBF 是等腰三角形, 求得 OH 的长度. 根据菱形的高相等, 轻松得到两组三角形全等, 从而求出 AE、CE 的长度, 即可得到它们的比值.

82. (1) ∵ AB = AD = 2AO, ∠OAP = 90°,
∴ tan∠ADO = $\frac{OA}{AD} = \frac{1}{2}$.

(2) ① 如图 4.199 所示, 连接 BC.
∵ DA、DC 均为 ⊙O 的切线,
∴ DA = DC.
又 OA = OC,
∴ OD⊥AC(垂直平分线),
∴ ∠BAC + ∠CAD = ∠CAD + ∠ADE = 90°,
∴ ∠BAC = ∠ADE.
又 ∠ACB = ∠AED, AB = AD,
∴ △ABC≌△DAE(AAS),
∴ AE = BC = CE,
∴ △BCE 为等腰直角三角形,
∴ ∠AEB = 135°.

② 过点 B 作 BM⊥CH.
∵ ∠ACH = ∠ABH = 45°,
∴ ∠BCM = 45°,
∴ △BCM 是等腰直角三角形,

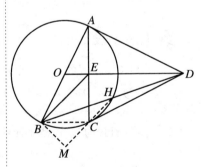

图 4.199

$\therefore BM = CM = \dfrac{BC}{\sqrt{2}} = \dfrac{\sqrt{2}}{2}$.

$\because \angle BHC = \angle BAC = \angle ADO$,

$\therefore \tan\angle BHM = \dfrac{BM}{MH} = \dfrac{1}{2}$,得 $MH = 2BM$,

$\therefore CH = MC = \dfrac{\sqrt{2}}{2}$.

思路点拨

(1) 根据已知条件可立即得到 $\tan\angle ADO = \dfrac{1}{2}$. 这一结果将在(2)②中用到.

(2) ① $\triangle ABD$ 为等腰直角三角形,此题图形里有常规的"赵爽弦图",一眼就可看出 $\triangle ABC \cong \triangle DAE$,进而可得 $\triangle BCE$ 为等腰直角三角形. ② 由等腰 $\text{Rt}\triangle ABD$ 可发现 $\angle ACH = 45°$,从而 $\angle BCH = 135°$,于是利用它的 $45°$ 邻补角构造等腰 $\text{Rt}\triangle BCM$,得到 CM 的值. 最后由 $\angle BHM = \angle ADO$ 得到 $\angle BHM$ 的正切值,进而可知 $CH = CM$.

83. 如图 4.200 所示,连接 BD 交 AC 于点 P,过点 P 作 $PH \perp AB$ 于点 H. 设 $BC = 6a, EF = 3x$.

$\because AD = CD$,

$\therefore \angle ABD = \angle CBD$,

$\therefore PH = PC$.

$\because \sin\angle CAB = \dfrac{BC}{AB} = \dfrac{3}{5}$,

$\therefore AB = 10a, AC = 8a$.

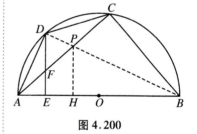

图 4.200

$\because S_{\triangle ABC} = S_{\triangle ABP} + S_{\triangle CBP}$,即 $\dfrac{BC \cdot AC}{2} = \dfrac{AB \cdot PH}{2} + \dfrac{BC \cdot PC}{2}$,

$\therefore \dfrac{6a \cdot 8a}{2} = \dfrac{10a \cdot PH}{2} + \dfrac{6a \cdot PC}{2}$,得 $PH = PC = 3a$,

$\therefore \tan\angle CBP = \dfrac{PC}{BC} = \dfrac{1}{2}$.

$\because \angle ABD + \angle BDE = \angle BDE + \angle ADE = 90°$,

$\therefore \tan\angle EBD = \tan\angle ADE = \dfrac{DE}{BE} = \dfrac{AE}{DE} = \dfrac{1}{2}$.

$\because \sin\angle FAE = \dfrac{EF}{AF} = \dfrac{3}{5}$,

$\therefore AF = 5x, AE = 4x$,

∴ $DE = 2AE = 8x = DF + EF = 5 + 3x$，得 $x = 1$，
∴ $AE = 4, DE = 8, BE = 2DE = 16$，
∴ $AB = AE + BE = 20$，
∴ $BC = \dfrac{3}{5} AB = 12$.

思路点拨

由 $AD = CD$ 得到 BD 为 $\angle ABC$ 的平分线，利用角平分线的性质可得 $PH = PC$，然后利用面积法可以轻松求得 $\angle CBD$ 的正切值，再根据角度的等量关系可得 $\angle EBD$ 和 $\angle ADE$ 的正切值，从而与题目条件中的 $DF = 5$ 联系起来，可以求出各线段的长度.

84. 如图 4.201 所示，连接 AC、OM、ON，过点 O 作 $OE \perp BC$ 于点 E，$OF \perp CD$ 于点 F，$OH \perp MN$ 于点 H.
∵ $OE = OH = OF$，
∴ Rt△OEM ≌ Rt△OHM（HL），Rt△OFN ≌ Rt△OHN（HL），
∴ $S_{\triangle EMO} = S_{\triangle OHM}, S_{\triangle FNO} = S_{\triangle HNO}$.
∵ O 为 AC 的中点，
∴ $S_{\triangle AMO} = S_{\triangle CMO}, S_{\triangle ANO} = S_{\triangle CNO}$，
∴ $S_{\triangle AMN} = S_{\triangle AMO} + S_{\triangle OHM} + S_{\triangle HNO} + S_{\triangle ANO} = S_{\triangle CMO} + S_{\triangle EMO} + S_{\triangle FNO} + S_{\triangle CNO} = S_{正OECF} = 4$，
∴ $OE = r = 2$.

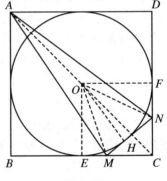

图 4.201

思路点拨

本题是基于正方形内半角模型的背景命制的. 在正方形 $OECF$ 中，由 $OE = OH = OF$ 可推导出△OEM≌△OHM，△OFN≌△OHN，利用这两组全等关系，将△OMN 的面积转移到△OEM 与△OFN. 然后结合点 O 为 AC 的中点，将△AMO 与△ANO 的面积转移到四边形 $OMCN$. 于是，得到△AMN 的面积即为正方形 $OECF$ 的面积，即可得⊙O 的半径为 2.

85.（1）如图 4.202 所示，延长 BF 交⊙O 于点 P，连接 AP，过点 O 作 $OM \perp CD$ 于点 M 并延长交 AP 于点 N.
∵ $AE \perp CD, BF \perp CD$，
∴ $AE // BP$.
∵ AB 为⊙O 的直径，

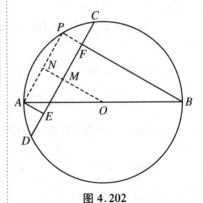

图 4.202

∴ ∠P = ∠DFB = ∠AEF = 90°,
∴ 四边形 AEFP 为矩形.
∵ OM⊥CD,ON⊥AP,
∴ DM = CM,AN = PN = EM = MF(垂径定理),
∴ CM + EM = DM + MF,即 CE = DF.

(2) 如图 4.203 所示,连接 OD. 设 AE = MN = PF = 2a,BF = 2b.
∵ AB = 10,CD = 8,
∴ DM = CM = 4,OA = OB = OD = 5,
∴ OM = $\sqrt{OD^2 - DM^2}$ = 3.
∵ O 为 AB 的中点,ON // BP,
∴ ON = $\frac{BP}{2}$ = $\frac{2a+2b}{2}$ = a + b,
∴ OM = ON - MN = a + b - 2a = b - a = 3,
∴ BF - AE = 2b - 2a = 2(b - a) = 6.

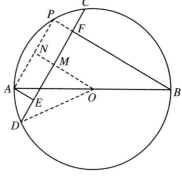

图 4.203

思路点拨

(1) 由 AE、BF 均垂直于 CD,联想到垂径定理,要证明 CE = DF,即证明 CF = DE,只需证明 EM = MF 即可. 根据直径所对的圆周角为 90°,结合多个垂直条件,可证明四边形 AEFP 为矩形. 再由垂径定理即可证明 EM = MF.

(2) 此问是(1)的延伸. 根据 O 为 AB 的中点,可发现 ON 为 △APB 的中位线. 这是解题的关键. 根据需求巧设未知数,先设而不求,再利用勾股定理求出线段的长度.

86. 如图 4.204 所示,过点 P 作 PM⊥AB 于点 M,延长 MP 交 CD 于点 N. 设 OA = a,OB = b(a<b).

∵ AB = OP = r,$S_{△ABP} + S_{△CDP} = \frac{AB \cdot h_1}{2} + \frac{CD \cdot h_2}{2}$ = $\frac{r \cdot (h_1+h_2)}{2} = \frac{r^2}{2}$,$S_{扇EOF} = \frac{\pi r^2}{4} = \frac{25\pi}{4}$,

∴ r = 5,$S_{△ABP} + S_{△CDP} = \frac{r^2}{2} = \frac{25}{2}$,

∴ $S_{△ABP} = \frac{ab}{2} = \frac{25}{2} - \frac{13}{2} = 6$,

∴ $\begin{cases} ab = 12 \\ a^2 + b^2 = r^2 = 25 \end{cases}$,

∴ $(a+b)^2 = a^2 + b^2 + 2ab = 49$,得 a + b = 7,

∴ $C_{五OBCDA}$ = 7 + 5 + 5 + 5 = 22.

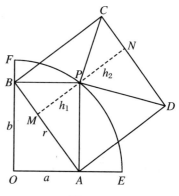

图 4.204

思路点拨

矩形 $OAPB$ 的对角线相等,则 $AB = OP$ 为定值,故可得正方形 $ABCD$ 的面积.此处需要用到一个关于面积的结论:$S_{\triangle ABP} + S_{\triangle CDP} = \dfrac{S_{\text{正}ABCD}}{2}$(此结论适用于平行四边形,很容易证明).这样就可以得到 $S_{\triangle ABP}$.求五边形的周长,即求 $OB + OA$ 的长度.利用 $S_{\triangle ABP}$ 和勾股定理可以求出 $a + b$.

87. 如图 4.205 所示,连接 AD,取 AD 的中点 O,连接 OF 交 AC 于点 H.

$\because \sin C = \dfrac{AB}{AC} = \dfrac{DE}{CD} = \dfrac{3}{5}$,得 $DE = 3$,

$\therefore CE = \sqrt{CD^2 - DE^2} = 4$,即 E 为 AC 的中点.

$\because \angle B = 90°$,

$\therefore AD$ 为圆的直径,

$\therefore \angle AED = 90°$.

又 E 为 AC 的中点,

$\therefore AD = CD = 5$.

$\because O$ 为圆心,F 为弧 $\overset{\frown}{AE}$ 的中点,

$\therefore OF \perp AE$,$AH = EH = 2$,$OF = OA = OD = \dfrac{5}{2}$.

$\because O$ 为 AD 的中点,H 为 AE 的中点,

$\therefore OH = \dfrac{1}{2}DE = \dfrac{3}{2}$,

$\therefore FH = OF - OH = 1$,

$\therefore S_{\triangle AEF} = \dfrac{AE \cdot FH}{2} = 2$.

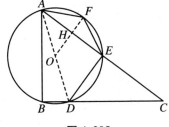

图 4.205

思路点拨

由 $\angle B = 90°$ 可知 AD 为圆的直径,从而可得 $DE \perp AC$.利用已给的条件可求出 $\angle C$ 的三角函数,进而求出 DE、CE 的长度,挖掘出 E 为 AC 的中点,再利用垂直平分线的性质得 AD 的长度,从而可知 OF 的长度.由垂径定理知 $AH = EH = 2$,利用中位线定理可知 OH 的长度,从而可得 FH 的长度,则 $S_{\triangle AEF}$ 的面积可求出.

88. 如图 4.206 所示,连接 DA、DO、CO,过点 E 作 $EH \perp OB$ 于点 H.设 $DE = 2x$,$BE = x$.

$\because AB = \sqrt{2}CD$,

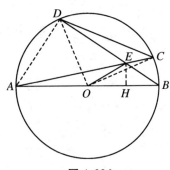

图 4.206

∴ $CD = \sqrt{2}OD$,

∴ △OCD 为等腰直角三角形,

∴ ∠DAC = 45°.

∵ AB 为 ⊙O 的直径,

∴ ∠ADE = 90°,

∴ △ADE 为等腰直角三角形,

∴ $AD = DE = 2x$.

∵ $AD^2 + DB^2 = AB^2$,

∴ $(2x)^2 + (3x)^2 = (2\sqrt{13})^2$,解得 $x = 2(x = -2$ 舍$)$,

即 $BE = 2$.

∵ $\sin B = \dfrac{AD}{AB} = \dfrac{EH}{BE} = \dfrac{4}{2\sqrt{13}}$,

∴ $EH = \dfrac{4\sqrt{13}}{13}$,$BH = \dfrac{6\sqrt{13}}{13}$,

∴ $OH = OB - BH = \dfrac{7\sqrt{13}}{13}$,

∴ $OE = \sqrt{OH^2 + EH^2} = \sqrt{\left(\dfrac{4\sqrt{13}}{13}\right)^2 + \left(\dfrac{7\sqrt{13}}{13}\right)^2} = \sqrt{5}$.

思路点拨

由 $AB = \sqrt{2}CD$ 联想到等腰直角三角形,连接 OC、OD 构造等腰 Rt△OCD,从而得到隐含的等腰 Rt△ADE.结合 $\dfrac{DE}{BE} = 2$,巧设未知数,对 Rt△ABD 应用勾股定理可求出 AD、BE 的长度.△ABD 各边的长度已知,故 ∠B 的三角函数可求.过点 E 作 EH⊥AB,在 Rt△BHE 中利用 ∠B 的三角函数求出 EH,从而可得 OH.最后利用勾股定理即可求出 OE 的长度.

89. 如图 4.207 所示,连接 AD、DB、BC、OC,将 △CAD 绕点 C 逆时针旋转 90°至△CBP 处,过点 O 作 OH⊥CD 于点 H.

∵ C 为半圆的中点,

∴ $AC = BC$,∠ADC = ∠CDB = 45°.

∵ ∠CAD + ∠CBD = 180°,∠CAD = ∠CBP,

∴ ∠CBD + ∠CBP = 180°,即 D、B、P 三点共线,

∴ △CDP 为等腰直角三角形.

∵ ∠ACD = ∠ABD,

∴ $\tan \angle ABD = \dfrac{AD}{BD} = \dfrac{3}{4}$.

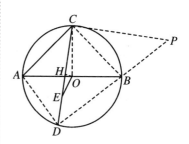

图 4.207

设 $AD = 3x$,则 $BD = 4x$.

∵ $AD^2 + BD^2 = AB^2$,

∴ $(3x)^2 + (4x)^2 = 10^2$,解得 $x = 2(x = -2$ 舍$)$,

∴ $AD = BP = 6, BD = 8$,

∴ $DP = DB + BP = 14$,

∴ $CD = \dfrac{DP}{\sqrt{2}} = 7\sqrt{2}$,

∴ $CH = HD = \dfrac{CD}{2} = \dfrac{7\sqrt{2}}{2}$.

又 $CE = CA = \dfrac{AB}{\sqrt{2}} = 5\sqrt{2}$,

∴ $HE = CE - CH = \dfrac{3\sqrt{2}}{2}$.

∵ $OH = \sqrt{OC^2 - CH^2} = \dfrac{\sqrt{2}}{2}$,

∴ $OE = \sqrt{OH^2 + HE^2} = \sqrt{5}$.

思路点拨

本题是在圆内接四边形对角互补模型的背景下命制的,由四边形 $ACBD$ 对角互补且 $CA = CB$,可想到将 $\angle CAD$ 旋转至对角 $\angle CBD$ 旁边,将 DA、DB 拼凑成 DP,从而求出 CD.结合 CD 为圆内的弦,为了使用垂径定理,过点 O 作 $OH \perp CD$.通过解等腰直角三角形得到 CH 和 CE,从而求出 OH 和 HE 的长度.最后利用勾股定理即可解出 OE 的长度.

90. 如图 4.208 所示,连接 OD 交 BC 于点 P,连接 BD.

∵ D 为弧 $\overset{\frown}{BC}$ 的中点,

∴ $\angle CAD = \angle DAB = \angle CBD, OD \perp BC, PC = PB$.

∵ $\angle DAE + \angle ADE = \angle ADE + \angle BDE = 90°$,

∴ $\angle DAB = \angle BDE = \angle DBP$,

∴ $\triangle DBP \cong \triangle BDE$(AAS),

∴ $DP = BE = 2$,

∴ $HP = \sqrt{HD^2 - DP^2} = 1$,

∴ $\tan \angle HDP = \dfrac{HP}{DP} = \dfrac{1}{2}$.

∵ $\angle HDP = \angle DAB = \angle BDE$,

∴ $\tan \angle BDE = \tan \angle DAE = \dfrac{1}{2}$,

∴ $DE = 2BE = 4, AE = 2DE = 8$,

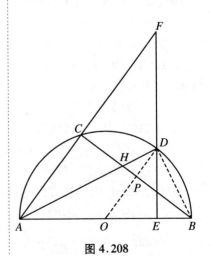

图 4.208

$\therefore OD = \dfrac{AB}{2} = 5, OE = 3,$

$\therefore \tan\angle FAE = \tan\angle DOE = \dfrac{DE}{OE} = \dfrac{4}{3},$

$\therefore EF = \dfrac{4}{3}AE = \dfrac{32}{3},$

$\therefore DF = EF - DE = \dfrac{20}{3}.$

思路点拨

D 为弧 BC 的中点,利用垂径定理,可以发现隐藏的全等三角形 $\triangle DBP \cong \triangle BDE$,再根据勾股定理可得 HP,从而得到 $\angle HDP$ 的正切值.接下来根据角度的等量关系,利用此正切值解三角形,从而得到 DF 的值.

91. 如图 4.209 所示,连接 GO 并延长交 AD 于点 P,连接 EH,过点 H 作 $HQ \perp CD$ 于点 Q.设 $OE = OG = r$.

$\because \angle ABE + \angle AEB = \angle AEB + \angle DEF = 90°,$

$\therefore \angle ABE = \angle DEF.$

又 $BE = EF, \angle A = \angle EDF,$

$\therefore \triangle BAE \cong \triangle EDF,$

$\therefore DE = AB = 8.$

$\because OP \perp DE$ 于点 P,

$\therefore EP = DP = \dfrac{1}{2}DE = 4.$

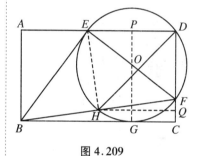

图 4.209

$\because OP = PG - OG = AB - OG = 8 - r, OP^2 + EP^2 = OE^2,$

$\therefore (8-r)^2 + 4^2 = r^2$,解得 $r = 5$,

$\therefore DF = 2OP = 6,$

$\therefore FC = CD - DF = 2.$

$\because EF$ 为 $\odot O$ 的直径,

$\therefore \angle EHF = 90°.$

又 $\triangle BEF$ 为等腰直角三角形,

$\therefore H$ 为 BF 的中点.

又 $HQ \parallel BC,$

$\therefore Q$ 为 CF 的中点,即 $FQ = 1,$

$\therefore DQ = 7.$

$\because \angle HDE = \angle HFE = 45°,$

$\therefore \angle HDQ = 45°,$

$\therefore \triangle DHQ$ 为等腰直角三角形,

$\therefore DH = \sqrt{2}DQ = 7\sqrt{2}.$

思路点拨

题目条件中有明显的等腰 Rt△BEF，由此易想到 K 字形全等，从而求得 $DE=8$. ⊙O 与 BC 相切于点 G，连接 OG，又 O 为 EF 的中点，故可以利用垂径定理得到 $EP=4$. OP 可用半径表示，OE 为半径，故利用勾股定理求出半径. 由 OP 可得 DF. $\angle EHF=90°$ 且 $HE=HF$，可将 △HED 绕点 H 顺时针旋转至 HE 与 HF 重合，将 DE 与 DF 拼凑成以 DH 为直角边的直角三角形的斜边，故 $DH=\dfrac{DE+DF}{\sqrt{2}}=7\sqrt{2}$. 这种方法在第 89 题介绍过，故此题换一种方法解题. 利用勾股定理求解，过点 H 作 $HQ\perp CD$，易得 △DHQ 为等腰直角三角形，求出 DQ 即可. 利用 BF 的中点 H 所引出的中位线即可求解.

92. 如图 4.210 所示，连接 BD 并延长交⊙O 于点 E，连接 AE. 设 $AE=x$.

∵ $\angle ACB=90°$,

∴ $\angle ADO=45°$.

∵ D 为△ABC 的内心,

∴ $\angle CAD=\angle BAD,\angle ABD=\angle CBD$,

∴ $\angle EDA=\angle BAD+\angle ABD=45°$,

∴ $\angle ODE=90°$,

∴ $ED=BD$.

又 $\angle E=90°$,

∴ $AE=ED=x,BE=2x$.

∵ $AE^2+BE^2=AB^2$,

∴ $x^2+(2x)^2=10^2$, 解得 $x=2\sqrt{5}$,

∴ $AD=\sqrt{2}x=2\sqrt{10}$.

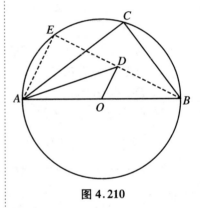

图 4.210

思路点拨

△ABC 为直角三角形，D 为内心，由三角形角平分线的角度结论很容易得到 $\angle ADB=90°+\dfrac{1}{2}\angle ACB=135°$. 此处利用外角性质求出 $\angle ADE=45°$，从而得到 $OD\perp BE$，再利用垂径定理可知 $DE=DB=AE$，则 Rt△ABE 的边长比为常见的 $1:2:\sqrt{5}$，解三角形即可得 AD.

93. 如图 4.211 所示,过点 O 作 $OM \perp CD$ 于点 M,
$ON \perp AB$ 于点 N.

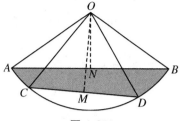

图 4.211

$\because \angle OAB = \angle OBA, \angle OCD = \angle ODC, \angle OAB + \angle ODC = 90°$,

$\therefore \angle OAN = \angle COM$.

又 $OA = OC, \angle ANO = \angle CMO = 90°$,

$\therefore \triangle AON \cong \triangle OCM$,

$\therefore S_{\triangle OAB} = S_{\triangle OCD}$,

$\therefore S_{阴} = S_{扇AOB} - S_{\triangle OAB} - S_{弓CD} = \dfrac{\angle AOB}{360°}\pi - S_{\triangle OAB} -$

$\left(\dfrac{\angle COD}{360°}\pi - S_{\triangle OCD}\right) = \dfrac{\angle AOB - \angle COD}{360°}\pi = \dfrac{\pi}{9}$.

思路点拨

由条件 $\angle OAB + \angle ODC = 90°$ 挖掘出隐藏的 $\triangle AON \cong \triangle OCM$. 求不规则形状的面积可采用作差法和分割法. 此题采用作差法,其中需要求三角形的面积,故想到作垂线,从而可以得到全等三角形. 求阴影的面积时全等的两个三角形面积抵消,故只需使用已知的角度条件 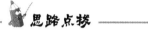 $= 40°$ 即可得解.

94. (1) $\because AC$ 是 $\odot O$ 的直径,

$\therefore \angle ABC = 90°$,

$\therefore DF \parallel BC$,

$\therefore \angle CBP = \angle DFB = \angle DAB$.

又 $\angle PCB + \angle DCB = \angle DCB + \angle DAB = 180°$,

$\therefore \angle PCB = \angle DAB = \angle PBC$,

$\therefore PC = PB$.

(2) 如图 4.212 所示,连接 OD.

$\because \angle ADC = \angle AGB = 90°$,

$\therefore DC \parallel BG$.

又 $BC \parallel DE$,

$\therefore$ 四边形 $BCDH$ 为平行四边形,

$\therefore DH = BC = 1$,

$\therefore AC = \sqrt{AB^2 + BC^2} = 2$,

$\therefore \angle CAB = \angle BDC = 30°, \angle ACB = 60°$,

$\therefore \angle ADB = \angle ADC - \angle BDC = 60°$.

$\because DH = BC = OD = 1$,

$\therefore \angle DOH = \angle DHO = 80°$,

$\therefore \angle ODH = 20°$.

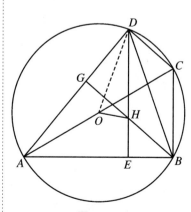

图 4.212

又 $\angle DAC = \angle DBC = \angle BDE = \angle ADO$,

∴ $\angle BDE = \angle ADO = \dfrac{\angle ADB - \angle ODH}{2} = 20°$.

思路点拨

(1) 根据平行线同位角相等,同弧所对的圆周角相等,圆内接四边形对角互补,以及邻补角互补,得到 $\angle PCB = \angle PBC$.

(2) 解决此问需要技巧.通过观察可发现平行四边形 $BCDH$,进而将散乱的 DH 和 AB 聚合到 $\triangle ABC$ 中,得出特殊角度30°.然后挖掘出隐藏的等腰 $\triangle DOH$,求出 $\angle ODH$ 的度数.最后根据圆中同弧所对的圆周角相等,结合平行关系求得 $\angle BDE$.

95. (1) ∵ 四边形 $EBDC$ 为菱形,

∴ $\angle D = \angle BEC$.

∵ $\angle A + \angle D = \angle BEC + \angle AEC = 180°$,

∴ $\angle A = \angle AEC$,

∴ $AC = CE$.

(2) 如图 4.213 所示,将 $\triangle BCD$ 绕点 C 顺时针旋转至与 $\triangle HCA$ 重合.

∵ $\angle D + \angle BAC = 180°$,

∴ $\angle HAC + \angle BAC = 180°$,

∴ B、A、H 三点共线.

又 $\angle HBC = \angle DBC = \angle DCB = \angle H = \angle ACH$,

∴ $\triangle HCA \backsim \triangle HBC$,

∴ $\dfrac{HC}{HA} = \dfrac{HB}{HC}$,得 $HC^2 = HA \cdot HB$.

又 $HC = BC, HA = AC$,

∴ $BC^2 = AC \cdot (AC + AB)$,整理得 $BC^2 - AC^2 = AB \cdot AC$.

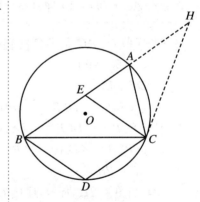

图 4.213

(3) ① 如图 4.214 所示,连接 OD 交 BC 于点 M,连接 OB.设 $AC = 3x, AB = 5x$.

∵ 由(2)得 $BC^2 - (3x)^2 = 5x \cdot 3x$,解得 $BC = 2\sqrt{6}x$,

∴ $BM = CM = \sqrt{6}x$.

又 $BD = AC = 3x$,

∴ $DM = \sqrt{BD^2 - BM^2} = \sqrt{3}x$,

∴ $OM = 3 - \sqrt{3}x$.

又 $OM^2 + BM^2 = OB^2$,

∴ $(3-\sqrt{3}x)^2 + (\sqrt{6}x)^2 = 3^2$,解得 $x = \dfrac{2\sqrt{3}}{3}$,

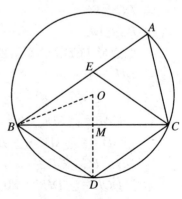

图 4.214

$\therefore BC = 2\sqrt{6}x = 4\sqrt{2}$.

② 设 $OM = y$.

$\because BM^2 = OB^2 - OM^2 = 9 - y^2$,

$\therefore BD^2 = BM^2 + MD^2 = 9 - y^2 + (3-y)^2 = 18 - 6y$,

$\therefore BC^2 = 4BM^2 = 36 - 4y^2$.

$\therefore AB \cdot AC = BC^2 - AC^2 = 36 - 4y^2 - 18 + 6y = -4\left(y - \dfrac{3}{4}\right)^2 + \dfrac{81}{4}$,

$\therefore$ 当 $y = \dfrac{3}{4}$ 时，$AB \cdot AC$ 取得最大值，此时 $AC = \sqrt{18 - 6y} = \dfrac{3\sqrt{6}}{2}$，$AB = \dfrac{9\sqrt{6}}{4}$，

$\therefore$ 当 $\dfrac{AB}{AC} = \dfrac{3}{2}$ 时，$AB \cdot AC$ 的值最大.

思路点拨

（1）根据圆内接四边形对角互补，即可轻松得证.

（2）对角互补的四边形和等腰三角形的组合让人很容易想到旋转，利用母子型相似可轻松证得结论.

（3）① 巧设未知数，结合(2)中得到的结论，利用垂径定理和勾股定理进行计算.② 结合(3)①和(2)的结论，设未知数，利用勾股定理建立一个关于 $AB \cdot AC$ 的式子，最后利用二次函数求最值.

96．（1）$\because \angle A = 2\angle C$，$\angle D = 2\angle B$，$\angle A + \angle B + \angle C + \angle D = 360°$,

$\therefore \angle B + \angle C = 120°$.

（2）$\because BD = BO$，$\angle DBE = \angle OBE$，$BE = BE$（图 4.215），

$\therefore \triangle DBE \cong \triangle OBE$(SAS)，

$\therefore \angle BOA = \angle BDF = 2\angle ACB$.

$\because \angle OAC = \angle OCA$，$\angle AFE = 2\angle OAC$，

$\therefore \angle AOC = \angle DFC = 180° - 2\angle OAC = 2\angle ABC$，

$\therefore$ 四边形 $DBCF$ 为半对角四边形.

（3）如图 4.216 所示，连接 OC.

$\because$ 由(1)可知 $\angle ABC + \angle ACB = 120°$,

$\therefore \angle BAC = 60°$,

$\therefore \angle BOC = 120°$，$\angle OBC = 30°$,

$\therefore DH = BG = 2HG$,

$\therefore S_{\triangle BGH} : S_{\triangle BDH} = 1 : 2$.

$\because \angle BGD = \angle BAC = 60°$,

$\therefore \triangle BGD \backsim \triangle BAC$,

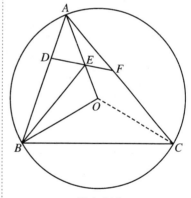

图 4.215

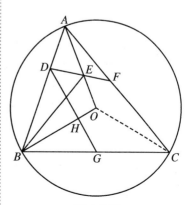

图 4.216

$$\therefore \frac{S_{\triangle BDG}}{S_{\triangle ABC}} = \left(\frac{BD}{BC}\right)^2.$$

$\because \angle BOC = 120°, OB = OC,$

$\therefore BC = \sqrt{3}BO = \sqrt{3}BD,$

$\therefore \dfrac{S_{\triangle BDG}}{S_{\triangle BCA}} = \dfrac{1}{3}.$

又 $S_{\triangle BDG} = 3S_{\triangle BHG},$

$\therefore \dfrac{S_{\triangle BGH}}{S_{\triangle ABC}} = \dfrac{1}{9}.$

思路点拨

(1) 根据四边形内角和与半对角四边形的概念进行计算,即可得出结果.

(2) 显然,△DBE≌△OBE,根据圆心角是圆周角的两倍,可得∠BDF=2∠ACB,剩下只需要证明∠DFC=2∠ABC. 从 2∠AFE=2∠EAF 处入手寻找突破口. 由 2∠EAF 联想到圆中等腰三角形,连接 OC,利用三角形内角和可推算出 ∠DFC = ∠AOC,又 ∠AOC = 2∠ABC,即可得到结论.

(3) 结合(1)的结论,得到∠OBC=30°,从而出现特殊 Rt△BHG,其边长比为 $1:\sqrt{3}:2$,进而得到△BHG 与△BHD 的面积比. 继续挖掘隐含条件,发现∠BGD = ∠BAC,从而得到△BGD∽△BAC,由 BD = BO 和 BC = $\sqrt{3}$BO 提供相似比.

97. (1) 如图 4.217 所示,连接 CD.

$\because BC$ 是⊙O 的直径,

$\therefore \angle BDC = 90°,$

$\therefore \angle A + \angle ACD = \angle ACD + \angle BCD = 90°,$

$\therefore \angle A = \angle BCD.$

又 $\angle F = \angle BCD,$

$\therefore \angle A = \angle F.$

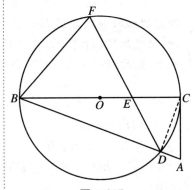

图 4.217

(2) 设 $\angle CBA = \alpha$,则 $\angle BCF = 2\alpha$.

$\because \angle CBA = \angle CFD = \alpha, \angle CBF = 90° - \angle BCF = 90° - 2\alpha,$

$\therefore \angle BFD = \angle BFC - \angle CFD = 90° - \alpha,$

$\therefore \angle DBF = \angle DBC + \angle CBF = 90° - \alpha = \angle BFD,$

$\therefore DB = DF.$

(3) 如图 4.218 所示,连接 DO 并延长交 BF 于点 M、交 BH 于点 N,连接 OF 交 BH 于点 P,连接 CD. 设 FH = 2x,则 CH = 4x.

$\because OF = OB, DB = DF,$

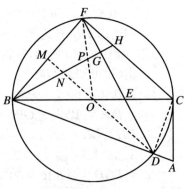

图 4.218

∴ $DM \perp BF$ 且 $BM = FM$,

∴ $DM // CF$.

∵ $OB = OC, MB = MF$,

∴ $MN = \frac{1}{2}FH = x, ON = \frac{1}{2}CH = 2x$.

∵ $OD // CF$,

∴ $\angle ODF = \angle CFD = \angle OFD$,

∴ $FP = FH = 2x$.

∵ $ON // FH, ON = FH$,

∴ $\triangle FHP \cong \triangle ONP$,

∴ $OP = FP = 2x$,

∴ $OF = OD = 4x$,

∴ $BM = MF = \sqrt{7}x, BF = 2\sqrt{7}x$.

∵ $\angle A = \angle BFG, \angle BFG = \angle BHF$,

∴ $\angle A = \angle BHF$,

∴ $\triangle BFH \sim \triangle CDA$,

∴ $\frac{BF}{CD} = \frac{FH}{AD}$, 即 $\frac{2\sqrt{7}x}{CD} = \frac{2x}{1}$, 得 $CD = \sqrt{7}$.

∵ $BD = \sqrt{BM^2 + MD^2} = \sqrt{(\sqrt{7}x)^2 + (7x)^2} = 2\sqrt{14}x$, $BC = 8x$,

∴ $CD^2 + BD^2 = BC^2$, 即 $(\sqrt{7})^2 + (2\sqrt{14}x)^2 = (8x)^2$, 解得 $x^2 = \frac{7}{8}$.

∵ $\triangle ODE \sim \triangle CFE$,

∴ $\frac{OD}{CF} = \frac{OE}{CE}$, 得 $OE = \frac{2}{5}OC = \frac{8}{5}x$,

∴ $BE = \frac{28}{5}x$.

∴ $S_{\triangle BEF} = \frac{BE \cdot BF \cdot \sin\angle FBE}{2} = \frac{\frac{28}{5}x \cdot 2\sqrt{7}x \cdot \frac{3}{4}}{2} = \frac{21\sqrt{7}}{5}x^2 = \frac{147\sqrt{7}}{40}$.

思路点拨

(1) 利用两个直角 $\angle ACB$ 和 $\angle BDC$ 进行导角,再根据同弧所对的圆周角相等,即可得证.

(2) 要证 $\triangle DBF$ 为等腰三角形,只需证明两个底角相等.利用(1)的结论和条件,可轻松得证.

(3) 求面积,即求线段的长度.结合(1)的结论,利用 $BH \perp DF$ 和 $\angle BFC = 90°$ 进行导角,可以得到 $\triangle BFH \sim \triangle CDA$,从而将两个核心条件 $\dfrac{FH}{HC} = \dfrac{1}{2}$ 和 $AD = 1$ 联系起来.在圆中等腰三角形($\triangle DBE$)"三线合一"的性质通常与垂径定理有关,故构造垂直关系($DM \perp BF$).结合 $\dfrac{FH}{HC} = \dfrac{1}{2}$,设未知数,利用垂径定理、中位线和勾股定理将线段全部表示出来,再利用相似比求出未知数,从而计算出面积.

98. (1) ∵ $EF = EC$, $\angle DEF = \angle CEB$, $ED = EB$,

∴ $\triangle DEF \cong \triangle BEC$ (SAS),

∴ $\angle FDE = \angle CBE$,

∴ $DF \parallel BC$.

(2) 如图 4.219 所示,过点 B 作 $BM \perp AD$ 于点 M,过点 C 作 $CN \perp AD$ 于点 N.设 $BC = x$.

∵ 由(1)可知 $\triangle DEF \cong \triangle BEC$, $DF \parallel BC$,

∴ $BC = DF = AF = x$, $\angle ADB = \angle CBD = \angle DAC = \angle ABD = \angle ACD$,

∴ $AB = AD = CD = 2x$,

∴ 四边形 $ABCD$ 为等腰梯形,

∴ $AM = DN = \dfrac{AD - BC}{2} = \dfrac{1}{2}x$,

∴ $\cos \angle DAB = \dfrac{AM}{AB} = \dfrac{1}{4}$.

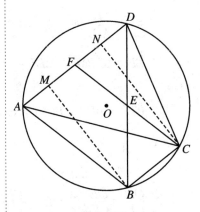

图 4.219

(3) ① 如图 4.220 所示,过点 F 作 $FP \perp AE$ 于点 P,过点 C 作 $CQ \perp AE$ 于点 Q,连接 OC.

∵ $\angle ADC = 75°$,

∴ $\angle AOC = 2\angle ADC = 150°$,

∴ $\angle QOC = 30°$,

∴ $CQ = \dfrac{1}{2}OC = \dfrac{\sqrt{6}}{2}$.

∵ $\angle FPE = \angle CQE$, $\angle FEP = \angle CEQ$, $EF = EC$,

∴ $\triangle FPE \cong \triangle CQE$ (AAS),

∴ $FP = CQ = \dfrac{\sqrt{6}}{2}$,

∴ 点 F 到 AE 的距离恒为 $\dfrac{\sqrt{6}}{2}$,即点 F 的运动轨迹为直线,

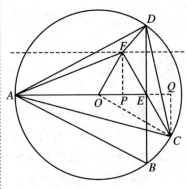

图 4.220

∴ 当 $OF \perp AE$ 时，OF 取最小值 $\dfrac{\sqrt{6}}{2}$.

② 如图 4.221 所示，以 AC 为斜边向下构造等腰 Rt$\triangle APC$，连接 PE. 设 $EF = CE = a$.

∵ $\triangle FAE \backsim \triangle FCA$，

∴ $\dfrac{EF}{AF} = \dfrac{AF}{CF} = \dfrac{AE}{AC}$，

∴ $AF = \sqrt{2}a$，

∴ $AC = \sqrt{2}AE = \sqrt{2}AP$，

∴ $AE = AP$.

∵ $\angle AOC = 150°$，

∴ $\angle OAC = 15°$，

∴ $\angle EAP = \angle EAC + \angle CAP = 60°$，

∴ $\triangle AEP$ 为等边三角形，

∴ $PE = PA = PC$，$\angle CPE = \angle APC - \angle APE = 30°$，

∴ $\angle PCE = 75°$，

∴ $\angle ACE = \angle PCE - \angle PCA = 30°$.

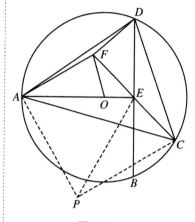

图 4.221

思路点拨

（1）由中点引出 8 字形全等，可得对应角相等，再利用内错角相等可证平行关系.

（2）出现等腰梯形，结合 $AB = AD = CD$，构造垂直关系，可轻松求解.

（3）① 对于动态问题，要在变化中寻找不变. 由 75° 的圆周角得到圆心角 150°，故构造垂直关系，出现含 30° 角的直角三角形，从而得到 CQ 为定长，结合 8 字形全等得到 FP 为定长，则点 F 的运动轨迹为直线，于是问题转化为点到直线的距离最值问题. ② 巧妙地利用数据特征 $\sqrt{2}$，结合图形中的 30° 和 15° 角，可联想到构造等腰直角三角形.

99.（1）如图 4.222 所示，连接 DE.

∵ $\angle ADC = 90°$，E 为 AC 的中点，

∴ $ED = EC$.

∵ $\angle FBD + \angle FED = \angle FED + \angle DEC = 180°$，

∴ $\angle DEC = \angle FBC$，

∴ $\triangle CED \backsim \triangle CBF$，

∴ $BF = BC$.

（2）连接 PH.

∵ $\angle BGE + \angle BDE = \angle BDE + \angle EDC = 180°$，

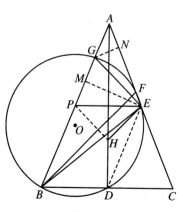

图 4.222

∴ ∠BGE = ∠EDC.

∵ DB = DC, EA = EC, PA = PB,

∴ ED // AB, PE // BC,

∴ ∠EDC = ∠ABC = ∠APE = ∠PGE,

∴ EG = EP = $\sqrt{2}$EH.

∵ HP = HE,

∴ $EH^2 + PH^2 = PE^2$,

∴ △EHP 为等腰直角三角形,

∴ ∠PEH = 45°.

又∠GEH = 90°,

∴ EP 平分∠GEH.

(3) 过点 E 作 EM⊥AB 于点 M, 过点 G 作 GN⊥AC 于点 N.

∵ EG = EP, ∠GEP = 45°,

∴ ∠APE = 67.5°, ∠GEM = 22.5°,

∴ ∠BAC = 45°,

∴ △EMA 为等腰直角三角形,

∴ EG 平分∠AEM,

∴ GM = GN = $\dfrac{AG}{\sqrt{2}} = \sqrt{2}$,

∴ AM = AG + GM = 2 + $\sqrt{2}$,

∴ AE = $\sqrt{2}$AM = $2\sqrt{2}$ + 2, AB = 2AP = 2AE = $4\sqrt{2}$ + 4,

∴ $S_{\triangle ABE} = \dfrac{AB \cdot EM}{2} = 8 + 6\sqrt{2}$.

思路点拨

(1) 在 Rt△ACD 中, 根据斜边上的中线等于斜边的一半, 可得△ECD 为等腰三角形. 再利用圆内接四边形对角互补和邻补角互补得∠DEC = ∠FBC, 推出△CED∽△CBF, 故证得 BF = BC.

(2) 条件中出现了 $\sqrt{2}$ 这个核心数据, 可猜测出此问需要从等腰直角三角形入手. 根据圆内接四边形对角互补和邻补角互补, 可得∠BGE = ∠EDC, 再由平行关系推出△EGP 为等腰三角形, 则 EP = $\sqrt{2}$EH, 故接下来△EHP 为等腰直角三角形.

(3) 利用(2)的结论和其他角度解三角形. 由 22.5°和 45°角可得角平分线 EG, 遇角平分线向两边作垂线即可求解, 难度不大.

100.（1）∵ DC 平分 $\angle ADB$，$\angle ADC = \angle ABC$，$\angle BDC = \angle BAC$，

∴ $\angle ABC = \angle BAC$，

∴ $AC = BC$.

(2) 如图 4.223 所示，连接 AO 并延长交 BC 于点 P.

∵ $\angle OAH = 90°$，$AH \parallel BC$，

∴ $AP \perp BC$，

∴ $BP = PC$，

∴ $AB = AC = BC$，即 $\triangle ABC$ 为等边三角形，

∴ $\angle F = \angle ABC = 60°$.

又 CF 为圆的直径，

∴ $\angle ACF = 30°$.

(3) 如图 4.224，将 $\triangle CBD$ 绕点 C 顺时针旋转 $60°$ 至 $\triangle CAQ$.

∵ $\angle DBC + \angle DAC = 180°$，

∴ $\angle QAC + \angle DAC = 180°$，

∴ Q、A、D 三点共线.

又 $CQ = CD$，$\angle ADC = \angle ABC = 60°$，

∴ $\triangle CDQ$ 为等边三角形，

∴ $S_{四ADBC} = S_{\triangle CDQ} = S_{\triangle ABD} + S_{\triangle ABC} = 6\sqrt{3} + 27\sqrt{3} = 33\sqrt{3}$.

又 $S_{\triangle CDQ} = \dfrac{1}{2} CD \cdot DQ \cdot \sin \angle QDC = \dfrac{\sqrt{3}}{4} CD^2 = 33\sqrt{3}$，

得 $CD = 2\sqrt{33}$.

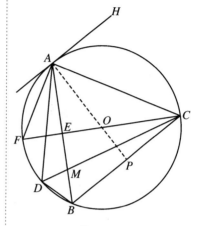

图 4.223

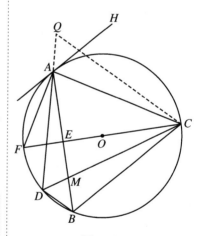

图 4.224

思路点拨

（1）同圆中，相等的圆周角所对的弦相等.

（2）根据 AH 为圆的切线且 $AH \parallel BC$，结合 $AC = BC$ 可推出 $\triangle ABC$ 为等边三角形.

（3）由等边 $\triangle ABC$ 和对角互补的四边形 $ADBC$ 联想到旋转法.旋转后可得新的等边三角形，使得四边形 $ADBC$ 的面积转换为 $\triangle CDQ$ 的面积，再根据等边三角形的面积公式可求得边长.

中国科学技术大学出版社中小学数学用书

原来数学这么好玩(3册)/田峰
小学数学进阶.四年级上、下册/方龙
小学数学进阶.五年级上、下册/饶家伟
小学数学进阶.六年级上、下册/张善计　莫留红
小学数学思维92讲(小高版)/田峰
小升初数学题典(第2版)/姚景峰
初中数学千题解(6册)/思美
初中数学竞赛中的思维方法(第2版)/周春荔
初中数学竞赛中的数论初步(第2版)/周春荔
初中数学竞赛中的代数问题(第2版)/周春荔
初中数学竞赛中的平面几何(第2版)/周春荔
初中数学进阶.七年级上、下册/陈荣华
初中数学进阶.八年级上、下册/徐胜林
初中数学进阶.九年级上、下册/陈荣华
新编中考几何:模型·方法·应用/刘海生
全国中考数学压轴题分类释义/马传渔　陈荣华
初升高数学衔接/甘大旺　甘正乾
平面几何的知识与问题/单墫
代数的魅力与技巧/单墫
数论入门:从故事到理论/单墫
平面几何强化训练题集(初中分册)/万喜人　等
平面几何证题手册/鲁有专

中学生数学思维方法丛书(12册)/冯跃峰
学数学(第1—6卷)/李潜
高中数学奥林匹克竞赛标准教材(上册、中册、下册)/周沛耕
平面几何强化训练题集(高中分册)/万喜人　等
平面几何测试题集/万喜人
新编平面几何300题/万喜人
代数不等式:证明方法/韩京俊
解析几何竞赛读本(第2版)/蔡玉书
全国高中数学联赛平面几何基础教程/张玮　等
全国高中数学联赛一试强化训练题集/王国军　奚新定
全国高中数学联赛一试强化训练题集(第二辑)/雷勇　王国军
全国高中数学联赛一试模拟试题精选/曾文军
全国高中数学联赛模拟试题精选/本书编委会
全国高中数学联赛模拟试题精选(第二辑)/本书编委会
全国高中数学联赛预赛试题分类精编/王文涛　等

高中数学竞赛教程(第2版)/严镇军　单墫　苏淳　等
第51—76届莫斯科数学奥林匹克/苏淳　申强
全俄中学生数学奥林匹克(2007—2019)/苏淳
圣彼得堡数学奥林匹克(2000—2009)/苏淳
平面几何题的解题规律/周沛耕　刘建业
高中数学进阶与数学奥林匹克.上册/马传渔　张志朝　陈荣华
高中数学进阶与数学奥林匹克.下册/马传渔　杨运新
强基计划校考数学模拟试题精选/方景贤　杨虎
数学思维培训基础教程/俞海东
从初等数学到高等数学.第1卷/彭翕成
从初等数学到高等数学.第2卷/彭翕成
高考题的高数探源与初等解法/李鸿昌
轻松突破高考数学基础知识/邓军民　尹阳鹏　伍艳芳
轻松突破高考数学重难点/邓军民　胡守标
高中数学母题与衍生.函数/彭林　孙芳慧　邹嘉莹
高中数学母题与衍生.概率与统计/彭林　庞硕　李扬眉　刘莎丽
高中数学母题与衍生.导数/彭林　郝进宏　柏任俊
高中数学母题与衍生.解析几何/彭林　石拥军　张敏
高中数学一题多解.导数/彭林　孙芳慧
高中数学一题多解.解析几何/彭林　尹嵘　孙世林
高中数学一点一题型(新高考版)/李鸿昌　杨春波　程汉波
高中数学一点一题型/李鸿昌　杨春波　程汉波
高中数学一点一题型.一轮强化训练/李鸿昌　等
数学高考经典(6册)/张荣华　蓝云波
函数777题问答/马传渔　陈荣华
怎样学好高中数学/周沛耕

初等数学解题技巧拾零/朱尧辰
怎样用复数法解中学数学题/高仕安
直线形/毛鸿翔　等
圆/鲁有专
几何极值问题/朱尧辰
有趣的差分方程(第2版)/李克正　李克大
面积关系帮你解题(第3版)/张景中　彭翕成
根与系数的关系及其应用(第2版)/毛鸿翔
怎样证明三角恒等式(第2版)/朱尧辰
向量、复数与质点/彭翕成
极值问题的初等解法/朱尧辰
巧用抽屉原理/冯跃峰
函数与函数思想/朱华伟　程汉波
统计学漫话(第2版)/陈希孺　苏淳